一遍仏教と時宗教団

長澤昌幸
Masayuki NAGASAWA

法藏館

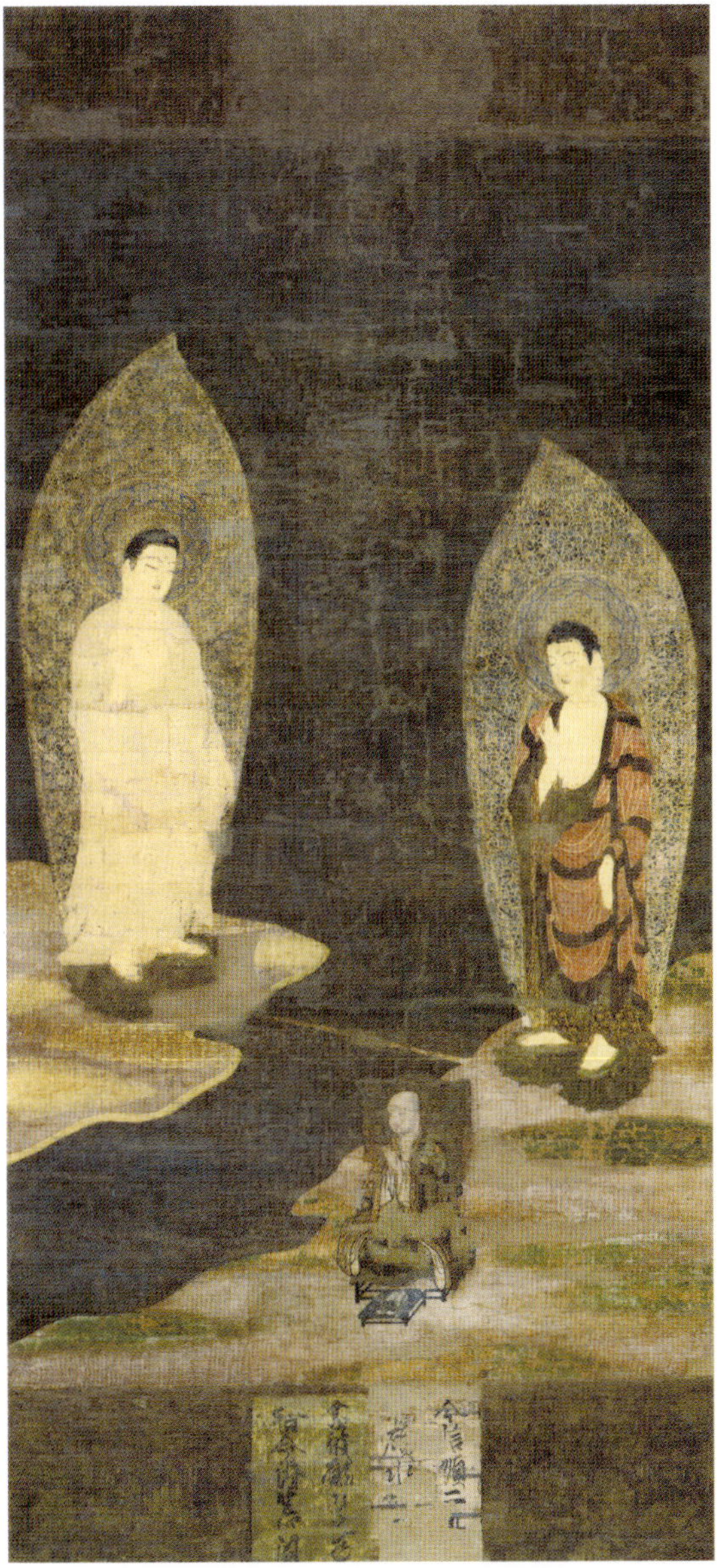

「絹本著色　二河白道図」 南北朝時代
清浄光寺（遊行寺）蔵

「絹本著色　熊野成道図」 江戸時代
清浄光寺（遊行寺）蔵

一遍仏教と時宗教団◎目次

目次

凡例

1　本文中、すべての尊称を省略した。

2　遊行・藤沢世代各歴代上人には、阿号を付した。また、遊行二祖他阿弥陀仏以降、遊行四十二代他阿尊任までの道号を同時代で確認できる史料がないが慣例に従った。

3　「時衆」「時宗」の語については、教団史として中世を扱う場合は「時衆」、近世以降は「時宗」を使用し、教学に関しては「時宗」を統一して用いた。

4　本文の表記は、常用漢字、現代仮名遣いで統一した。ただし、固有名詞・地名など特殊な場合は、この限りではない。

（例）證空　大宰府

5　本文の暦年は、原則として和暦で表記し、西暦を（　）で示した。

（例）延応元年（一二三九）

6　書名・経典名などには『　』を付し、学術雑誌所収論文などは「　」を付した。

7　遊行・藤沢各歴代上人の世代、巻数・頁数・年号などの数字は、漢数字を用いた。ただし、法数など慣用化されたものについては、通常の表記を用いた。

8　略称については、註記で左記のように表記した。

『宗典』　定本時宗宗典

『浄全』　浄土宗全書

9　本文の一遍法語は『宗典』より統一して引用した。

一遍仏教と時宗教団

カバー使用図版

表 『遊行上人縁起絵』巻三（清浄光寺蔵）より「四条大橋で賦算する一遍」

裏 『一遍聖絵』第七巻第一段（清浄光寺蔵）より「関寺にて七日の行法と共に踊り念仏を勤修する一遍」

背 絹本著色　一遍上人像（清浄光寺蔵）

序章　本書の目的と構成

本書の目的

一遍（一二三九―一二八九）を宗祖とする時衆教団は、日本中世仏教史の中ではたした役割も大きく、近年、歴史学的研究が盛んになり、時衆の多元的な解明も進みその方面での業績も多い。また、一遍の生涯を描いた『一遍聖絵』は祖師伝の域を超え、歴史学・国文学・民俗学・図像学など広い分野からの研究が進められている。しかし、その一方で一遍や時宗宗学の思想的研究は、決して多くないのが実情である。それは、一遍が自己の思想を著作として残すことなく、あくまでも実践行として南無阿弥陀仏の六字名号への絶対性を主張したことに起因するからであろう。筆者は、教団の信仰的主体となる宗祖の著作がないまま、一遍の思想がどのように教団内で解釈され、それを伝統化し、「時宗宗学」として形成されてきたのかを目的に研究する。これまで時宗教団内では、積極的に伝統的な宗学の規範について議論あるいは研究されてこなかったといえる。そもそも宗祖の精神を信仰の大前提として修学・実践し、時代に応じて深化させていくものが伝統的な宗学であろう。この伝統的な宗学については、一遍の思想形成、時宗宗学の基底、宗学と儀礼の接点から考察を行うものである。そのため、思想的な解明を本研究の主軸とすることを本書の目的とする。

時宗宗学研究の回顧

考察を行うにあたり、ここでは時宗宗学の研究成果を時宗宗典の変遷、時宗宗学の概説書に分類整理し、現在までの思想的研究の動向を回顧したい。特にここで取り扱う著書は、時宗関係者による先行研究を中心とした。もとより時宗関係外の研究者の先行研究の成果もたくさんあることを認めているがあえて割愛した。それは、本書の目的でも述べたが、一遍の思想が時宗宗学の伝統的解釈としてどう展開したのか、それを確認するためでもある。

時宗宗典の変遷

大正五年（一九一六）から時宗宗学林編纂による『時宗聖典』全四巻（上巻・一九一六年三月、中巻・一九一六年八月、下巻一・一九一八年十月、下巻二・一九二一年十一月）が刊行されている。時宗教団では、安永年間に多数の宗典が遊行五十三代他阿尊如の命により刊行されているが、この『時宗聖典』発刊により、長らく版本のみでしか宗典を修学できない制約から、広く学ぶことができるようになった。その後、『時宗宗典』（時宗総本山代表者飯田良伝、平凡社、第一・一九三一年、第二・一九三三年）、大橋俊雄校注『時宗全書』（芸林舎、一九七四年七月）で翻刻され、これらに所収されていない宗典類を含めて開宗七百年『定本時宗宗典』上・下巻が出版されている。昭和四十七年（一九七二）十二月に第一回実行委員会が行われ、宗祖開宗七百年記念事業の一環として『定本時宗宗典』の編纂が企画され編集委員会が発足した。その編集委員長に就任したのが河野憲善（後、遊行七十三代他阿一雲）である。編集委員には、星徹心・木本教乗・橘俊道・川崎玄海・清水昭善・石岡信一・牧野素山・梅谷繁樹・竹内明正・石田文昭・浅山円祥（編集委員名簿順）の各氏が就任し、七年後の昭和五十四年（一九七九）十二月に『定本時宗宗典』上下二巻が上梓された。

時宗宗学の概説書

明治二十六年（一八九三）十二月に兵庫真光寺住職河野往阿（生善）『時宗綱要』は、歴史篇で宗史を時系列で略述し、特に宗祖一遍・二祖他阿真教・中興尊観法親王についてその生涯を述べている。また、宗義についても所依の経典・宗名論・教判・宗意・仏身仏土・安心などまとまった形で学ぶことができる。

加藤実法は、昭和四年（一九二九）六月に島根県安来市向陽寺から『時宗概説』（後に東方書院から一九三五年一月再版）を発刊している。この『時宗概説』も、宗史と宗義について宗典を始めとした史料を列挙しまとめている。

昭和八年（一九三三）十一月に佛教年鑑社より寺沼琢明（後、遊行七十二代他阿一心）が『時宗綱要』（後に改訂増補され『時宗の歴史と教理』と改題し一九七一年四月に時宗宗学林より発刊）を著した。この『時宗綱要』では歴史を時代区分してまとめ、教理は相承・宗名論・所依の経論・教判・仏身・仏土・宗要について体系的にまとめられている。

これまで取り上げた宗学者である、河野往阿・寺沼琢明・加藤実法の著作における宗史的な記述は、いずれも時宗遊行派中心視史観の伝統的宗史の羅列であり、宗義も近世の伝統的な宗学を踏襲する形跡が見られるため客観的考察に欠けている。しかし、この三師の著作は、各時代における時宗教団の伝統的な歴史認識と伝統的な宗学のあり方を今日に伝える貴重な史料といえよう。

また、近代の時宗教団内では、『大悲之友』（愛友社）、『妙好華』（清蓮社）、『聖衆之友』（遊行登霊会本部）、『聖泉』（聖泉社）、『遊行』（遊行青年同志会）、『日輪』（日輪寺安心講）、『和合』（時宗静和会）、『時衆のあゆみ』（時宗あゆみ会)、『遊行新聞』(遊行新聞編集部)、『一遍上人』(宝厳寺)、『遊行』(時宗宗務所)などの数種類の冊子が発行されていたが、現在、それらすべての冊子を創刊号から最終刊まで架蔵し閲覧できる施設はなく、今後蒐集することが急務といえよう。筆者が一部蒐集した冊子には、内容として時宗宗学に関する念仏思想や安心問題を取り上げた小論や対論、当時の教団内での情勢や時宗宗学林の動向を示す貴重な記事が多く掲載されている。しかし、これらの冊子は諸般の事情により廃刊・休刊を余儀なくし、現在、継続して発刊されているのは時宗の檀信徒向けに発刊されている布教冊子としての『遊行』(時宗宗務所、一九六六年六月創刊)のみである。[1]

さらに、時宗宗学を研究し次世代を担う若手の育成のために時宗教学研究所が昭和二十七年(一九五二)に創設され、初代所長に浅山円祥が就任した。同所では、若手の研究者育成とともに年一回『時宗教学年報』を発行している。さらに、橘俊道・石岡信一・長島尚道・梅谷繁樹・竹内明正・高野修を委員とし宗祖一遍上人御入滅七百年御遠忌記念事業の一環で『時宗辞典』を編集し平成元年(一九八九)三月に刊行している。また、時宗宗学や教団史を平易にまとめ『時宗入門』(時宗宗務所、一九九七年二月)を刊行した。

さて、他宗の伝統的な宗学においては歴史学的・文献学的研究が盛んに行われているようであるが、著作のない一遍の思想研究においては遺文の文献・書誌・歴史的な研究を踏まえることができず、そのほかの時宗宗典においても同様にこの研究方法は積極的に取られていないのが実情である。そのため、一遍の思想研究には、門下門流の編纂による『一遍聖絵』『一遍上人語録』からの研究や伝統的解釈を行うが、それとて註釈書が豊富にあるわけではない。

では、次に『一遍聖絵』『一遍上人語録』の研究史を振り返りたい。

『一遍聖絵』

『一遍聖絵』は、国内に現存する絹本着色絵巻物の最高峰といっても過言ではない。また、一遍の伝記の中でも没後十年と早期に成立しているため、史実として信憑性の高い史料といえる。『一遍聖絵』は、全十二巻四十八段から構成されている。別伝には、『一遍上人縁起絵』（『一遍上人絵詞伝』『遊行上人縁起絵』）があり、原本に相当するものが現存しないため不詳であるが、絵巻は二祖他阿真教（一二三七―一三一九）が当麻山無量光寺（現、神奈川県相模原市南区）で歳末別時念仏会を修した嘉元元年（一三〇三）の場面で終わっており、また、一模本（金蓮寺本）が成立した徳治二年（一三〇七）までの間と推定されている。編者は、奥書から二祖他阿真教の弟子宗俊であるが、宗俊については不明な点が多い。全十巻四十三段から構成されている。全十巻中、前半四巻十七段は一遍伝であり、後半六巻二十六段は他阿真教伝である。これは、遊行派を中心として一遍の後継者が他阿真教であるということを強調し布教する意図が見られる。そのため、本来『一遍上人縁起絵』と呼ばれていたが『遊行上人縁起絵』と呼ばれるようにもなったのである。

他阿真教の他阿の称号であるが、他阿弥陀仏の略称である。この称号は、他阿真教が一遍に入門した際に授かっている。一遍は時衆の男僧に阿弥陀仏号（省略して阿号）を、尼僧の弌房号あるいは仏房号を授けている。他阿真教は、三代となる量阿智得に遊行世代を継承する際に次のように定めている。

> 然れども知識のくらゐになりては、衆生の呼ところの名なれば、自今已後は量阿弥陀仏を捨て他阿弥陀仏と号せらるべし。この名は一代のみならず、代々みな遊行かたにうけつぐべきなり。これへのふみのうら書には、本の名をかゝるとも、他所へのふみには他阿弥陀仏とかゝるべきなり。(2)

とある。他阿真教は、自らの後継として量阿智得を定めて他阿を継承すること、さらには代々継承することまで定めている。このことは、他阿真教以後の代々の遊行上人は他阿弥陀仏を継承することとなった現在も継続されている。また、中世史料では、「他阿弥陀仏」「量阿弥陀仏」など阿弥陀仏号で記されているが、「真教」「智得」などの道号を記した史料は近世になってから現れてくる。しかし、そのまま阿弥陀仏号のみで表記すると煩雑になるので、本書では「他阿真教」のように阿号に慣例の道号を加えた表記にした。

現在『一遍聖絵』は、日本中世史研究史料の第一級として扱われている。しかし、中世から近代において時宗遊行派を中心とした歴史的展開の中では、あくまでも宗俊編『一遍上人縁起絵』が一遍の生涯および時宗教団の成立を伝承する第一の史料として扱われてきた。おそらく、歴史的に一遍の思想研究としてその価値を『一遍聖絵』に照射したのは、明和年間に『一遍上人語録』を改版した西山派の学僧俊鳳妙瑞（一七一四―一七八七）であろう。

さて、時宗内において『一遍聖絵』を研究対象として取り扱った本格的な著書は、浅山円祥『六條縁起』がはじめてであろう。初版が昭和十五年（一九四〇）、続いて昭和二十七年（一九五二）に第二版、昭和五十一年（一九七六）二月に改訂増補第三版がいずれも山喜房佛書林から出版されている。『一遍聖絵』を底本に御影堂本と校合し、安永五年版本との異同を明確にした上で岩波本『一遍上人語録』なども校合している。あわせて『一遍上人縁起絵』も金蓮寺本、真光寺本と校合し所収されており、地名や引用文献などに付けられた註釈は極めて精密である。今なお珠玉の著書といっても過言ではない。また、橘俊道は『一遍聖絵』の価値が絵画の部分に注目される中、内容そのものへの価値を見出すべく著されたのが『現代語訳・一遍ひじり絵――遊行念仏者の生涯――』（山喜房佛書林、一九七八年三月）である。この作業は梅谷繁樹との共著である『一遍上人全集』（春秋社、一九八九年十一月）へと引き継がれている。これには、一遍の法語として『播州法語集』を中心に現代語訳されている。

『一遍上人語録』

また、一遍の法語としては、『一遍聖絵』『一遍上人縁起絵』『播州法語集』から抜粋編集した『一遍上人語録』上下二巻がある。これは、遊行五十二代他阿一海（一六八七―一七六六）が一遍の消息法語類やその他のものを集録し宝暦十三年（一七六三）に出版した。出版の際には、江戸小林宗兵衛（円意居士）が資金を提供し開版した。後扉には、「相州藤沢山蔵版」とのみあり上下二巻からなっており、宝暦版と呼ばれている。この『一遍上人語録』は、宝暦十三年に出版されたのであるが、その翌年の明和元年（一七六四）に火災で版木もろともに灰燼に帰した。明和七年（一七七〇）秋、俊鳳妙瑞が『一遍上人語録』を改版した。これは、明和元年の火災にあい版木が焼失したこともあり、全面的に検討を加え、明和七年に改版したのが明和版である。この時、宝暦版を出版した小林宗兵衛の子である小林勘平が亡き小林宗兵衛の菩提を弔うために資金を提供している。内容であるが、上巻は『一遍聖絵』『一遍上人縁起絵』などから「別願和讃」「誓願偈文」などや「六十万人頌」「十一不二頌」といった偈頌、そして消息法語や和歌を所収している。下巻には、『播州法語集』から法語を所収しているが順序などは大幅に改訂されている。さらに再度火災により、文化八年（一八一一）十一月に再版された。

『一遍上人語録』研究に拍車をかけたのは、昭和十年（一九三五）頃、京都在住の時宗教師や時宗寺院関係学生らが集合し、時宗青年同盟が結成されたことによるだろう。この時宗青年同盟では、平田諦善・吉川賢善らが中心となり毎月研究集会が開催されていたようである。時代的には宗祖六百五十年御遠忌の頃であり、その記念として恩賜京都博物館（現在の京都国立博物館）で一遍上人絵巻展覧会が開催され、そして、記念論叢として京都時宗青年同盟代表者である織田正雄編『一遍上人の研究』が昭和十三年（一九三八）九月に上梓された。この論文集には、宗門内から吉川賢善・下村稟然・織田正雄・福島邦祥・橘俊道・平田諦善が投稿し、宗門外からは、望月信成・多屋頼俊・高千穂徹乗・山口光圓ら著名な研究者が寄稿している。この中で平田諦善は「一遍上人語録の研究」を投稿しているが、この論文により『一遍上人語録』に宝暦版・明和版・文化版の存在を世に知らしめたのである。この『一遍上人語録』研究は、その後、他阿尊光校訂・武田賢善編『一遍上人法語集』（永田文昌堂、一九六一年九月）は諸本を校訂したものであり、石田文昭『原文対照　意訳一遍上人語録法語』（山喜房佛書林、一九七五年九月）、時宗教学研究所編『原文対照　現代語訳　一遍上人語録』（岩田書院、二〇〇九年十二月）は、それ以前の研究成果を踏まえて現代語訳が試みられている。

次に、戦後の時宗教団関係者で著された研究書について概観すれば、吉川清（喜善）『遊行一遍上人』（紙硯社、一九四四年三月）『時衆阿弥教団の研究』（池田書店、一九六一年五月）、平田諦善『時宗教学の研究』（時宗教史研究会、一九六五年八月）、望月華山『時衆年表』（角川書店、一九七〇年一月）、橘俊道『時宗史論考』（法藏館、一九七五年三月）、同遺稿集『一遍上人の念仏思想と時衆』（時宗教学研究所、一九九〇年四月）、河野憲善（後、遊行七十三代他阿一雲）『一遍教学と時衆史の研究』（東洋文化出版、一九八一年九月）、梅谷繁樹『中世遊行聖と文学』（桜楓社、一九八八年六月）、『捨聖・一遍上人』（講談社、一九九五年十二月）、『一遍の語録をよむ』（日本放送出版協会、二〇〇五年九月）、竹内明（明正）『仏教的伝統と教育——一遍仏教とその周縁とのダイアローグ——』（国書刊行会、二〇一四年三月）などがあげられる。それぞれ一遍・時宗研究を中心としてその研究方法も民俗学、歴史学、哲学、国文学、教育学など多方面にわたる研究成果が収められ、その成果の多くは一遍の生涯・思想、その後の時宗教団の変遷などを研究の主眼とし、時代的にも中世を中心に扱われている。ただし、一遍の思想が、近世・近代までどのように展開していったのか、伝統的な時宗宗学の中でいかに把握すればよいのか、また、どのような問題点がありそれをどう解明すればよいのかについては充分でないといえよう。

以上の歴史的実情および先行する研究成果を踏まえ、また、示唆を受けながら、伝統的な宗学として一遍の思想の展開を次のように考察する。

本書の構成

本書は、タイトルに『一遍仏教と時宗教団』とあるように、伝統的な宗学として一遍の思想がどのように位置づけられてきたかを中世から近代までを問題として扱う。具体的には、全体を三章に分け、第一章で一遍の思想形成を問題に、第二章で時宗宗学の全体像を把握し、第三章で宗学と儀礼の接点を問題として考察する。

第一章「一遍教学の形成」では、一遍の思想形成を思想背景から探り考察を行う。まず一遍は、修学した西山義をどのように継承し展開したのか、「機法一体」「このとき」をキーワードに探る。そして、同時代に活躍した念仏聖で、一遍と同様に「時衆」を呼称した一向俊聖との思想的比較を行った。さらに、一遍の生涯や思想については、従来、一遍個人に限定して考察されることが多いのであるが、門下門流への継承とその展開、そして「宗祖」として位置づけられた伝統的一遍像の解釈を門下門流の著作や法語から考察しようと試みた。

第二章「時宗宗学の基底」では、一遍の著作や法語などの遺文が事実上存在しない中で時宗宗学が形成されてきた実情をふまえ、中世から近世・近代における時宗宗学の歴史的な展開を概観する。特に近世に盛んに称揚される「神勅」に着目し、時宗宗学の基底を考察する。また、一遍の思想を伝統的解釈においてどのように位置づけたのかを所依の経典である「浄土三部経」と一遍の偈頌との関わり、さらに、その伝統的一遍解釈を時宗の僧侶がどのように修学していたのかを解明しようとした。

第三章「時宗宗学と儀礼の接点」では、時宗教団の歴史的展開の中で宗学と儀礼が、集団的行為の中でどう捉えられていたのか。現在も教団最大の行事である歳末別時念仏会や入門儀礼、今まで論じられることの少なかった密教修法との接点などについて検討した。

附録は、京都誓願寺所蔵で一遍著作と推定された『西山上人所持』を翻刻した。

註

(1) 冊子に関して筆者が調査した範囲での書誌情報は次のとおりである。欠巻が多く廃刊・休刊の年月が不明なため、調査した最新発刊の書誌情報をもとに下限として記載しており、今後の調査をもとに情報を更新したい。また、巻数などが記載されているものの統一性がないものなどさまざまなため、統一されたもののみ記載しほかは割愛した。『大悲之友』(愛友社、一八八九年九月創刊、一八九二年四月発行社名変更→大悲之友雑誌社、一八九三年三月まで)、『妙好華』(清蓮社、一九〇三年九月創刊、一九〇四年九月発行社名変更→時宗青年会、一九二〇年まで)、『聖衆之友』(遊行登霊会本部、一九一四年四月創刊、一九二七年三月まで)、『聖泉』(京都・聖泉社、一九三一年創刊—一九三三年まで)、『遊行』(遊行青年同志会平田諦善、一九二八年創刊—一九三二年まで)、『日輪』(日輪寺安心講、一九四一年一月)、『和合』(時宗静和会、一九五六年七月—一九六〇年まで)、『時衆のあゆみ』(時宗あゆみ会中村昌道、この冊子は一九五二年に創刊、一九六四年に第三七号を発刊し、その後、特集号を十一巻まで発刊、これらの冊子を集大成したのが一九七六年二月刊行の『時衆のあゆみ』〈一遍の念仏〉である)、『遊行新聞』一—一七号(遊行新聞編集部、一九六九年九月創刊、一九七二年九月廃刊)、『一遍上人』一—三(宝厳寺、一九七三年創刊、その後、古川雅山個人雑誌『一遍上人』第四号、雅山洞、一九七六年七月発刊)、『遊行』(時宗宗務所、一九六六年六月創刊、現在、継続中)。

このほかにも発刊された雑誌や書籍があると思われるが、今後の調査蒐集を待ちたい。

(2) 『宗典』上巻、一二五頁、下段。

第一章　一遍教学の形成

第一節　證空教学から一遍教学へ

はじめに

平安後期、比叡山において「智慧第一法然房」といわれた俊才法然（一一三三—一二一二）は、自らを「我三学非器」と称している。その法然は、末法の世にあって凡夫である我々が唯一救済される方法として阿弥陀仏の本願により往生できるという称名念仏を提唱している。そして、法然の門下には、優れた数多くの弟子たちが存在している。法然の門下については、『七箇条起請文』（一二〇四年）に一九〇名が署名している。そのほか、日蓮『一代五時図』（一二五九年成立）、東大寺凝然『浄土法門源流章』（一三一一年成立）[1]、静見編『法水分流記』（一三七八年成立）[2]、また、住信『私聚百因縁集』（一二五七年成立）などの史料が存在している。これらの史料から、法然面授の弟子は、優に数百名を超えていたと推測される。

その門流のなかでも聖光房弁長（一一六二—一二三八）を流祖とする鎮西義では、然阿良忠（一一九九—一二八七）

の門下に七流（白旗派寂恵良暁、藤田派唱阿性心、名越派良弁尊観、一条派礼阿然空、三条派了慧道光、木幡派慈心良空、一向派一向俊聖）が分流している。

また、證空（一一七七―一二四七）を流祖とする西山義の門下門流には、六流（西谷義法興浄音、深草義円空立信、本山義康空示導、嵯峨義道観證慧、東山義観鏡證入、六角義了音）が存在していたことが知られる。

このなかでも西山義の流れから一遍（一二三九―一二八九）を宗祖とする時宗教団が成立している。そのため、一遍を宗祖とする時宗宗学は、いうまでもなく西山義に端を発して展開している。しかし、宗祖である一遍は、入滅に先立って所持していた聖教類を除き書物を焼却しているため、「宗義無きを宗義とする」宗風が存在している観がある。

そこで、本節では、西山義、とくに證空教学と一遍教学の接点について、「機法一体」をキーワードに一遍教学に継承された證空教学について考察を試みる。

この「機法一体」は、西山義、浄土真宗や時宗の典籍においてその使用例が多い。浄土真宗の開祖親鸞には「機法一体」の使用例が見られないものの覚如（一二七〇―一三五一）や存覚（一二九〇―一三七三）に多くその使用例が見られることが指摘されている。浄土真宗で機法一体の使用例が見られるのは、覚如や存覚が樋ノ口安養寺阿日房彰空に西山義を学んだことによると推定されている[3]。

おそらく、西山義において創設された「機法一体」の語は、證空の孫弟子の代に、西山義・浄土真宗・時宗の間で使用されていたのであろう。おおよそ、「機法一体」とは、西山義および浄土真宗の用語として用いられ、衆生の機と仏の教えである法が一体であること、また一体となることを意味していると捉えられている。

また、西山義では、衆生を救おうとして悟りを開いた阿弥陀仏の慈悲心（仏体）とは、とりもなおさず衆生を離れることがないものであるから、南無たのむ衆生の心と阿弥陀仏の慈悲心とが一つになり、南無阿弥陀仏としての行体が成し遂げられ、衆生と仏とが仏の慈悲心において一つになることを機法一体というとされている(4)。

一　證空教学と一遍教学の接点

證空と一遍との接点について考察する上で、欠かすことのできない人物がいる。それは、證空の門下であり一遍の師である聖達（一二〇三—一二七九）である。

現在、時宗教団では、一般的に「ショウダツ」と呼称しているが、深草義では、哲空叙舜『矢石鈔』、大光演冏

法然門下門流人物相関図

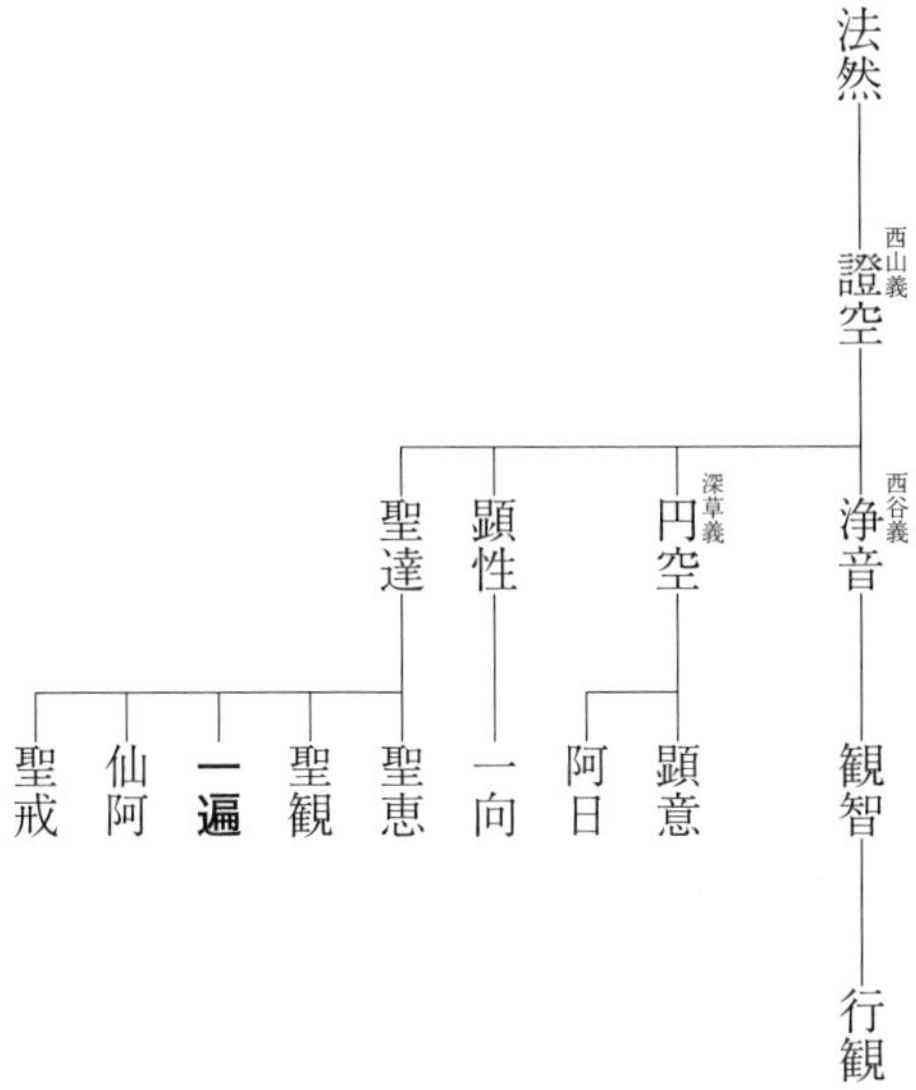

『楷定記先聞録』などにおいて「セイダ」とルビのある文献が近世に撰述されている。この聖達にも著作や伝記などの史料は現存していない。また、聖達に関する先行研究も、管見の限りでは徳岡賢秀「聖達の伝記について」[5]、竹内明正「法然、證空、聖達」[6]のみである。

次に、永和四年（一三七八）に成立した静見編『法水分流記』[7]から聖達とその周辺にいる人物関係を探ることにする（前頁の**法然門下門流人物相関図**参照）。

この静見編『法水分流記』で、聖達の箇所には、

聖達　　住筑紫原山・筑前大村正覚寺　道教継父　又予州住　十九日亡[8]

とある。聖達は、「住筑紫原山」とあるこの記述から、現在の福岡県太宰府市三条・連歌屋付近からその後背部に位置する四王寺山の南東部を指す原山の地に居住していたと推測される。なお、この付近には、中世に原山寺、原八坊などと称された無量寺が存在していたことから、聖達はこの一画に居住していたことになるのではないだろうか[9]。

さらに、「道教継父」とあることから、深草義を大成した顕意道教（一二三七―一三〇三）とは俗縁関係にあったと考えられる。

また、深草義祖である円空立信（一二一三―一二八四）について『法水分流記』においては、

円空（深草立イ隆信）住深草真宗院、又遣迎院、西山往生時三十五歳
弘安七年甲申四十八入滅、四十二歳　聖達真弟云々(10)

と記されている。さらに、顕意道教については、

顕意（道教）住同所、立信入滅時四十五歳、嘉元元癸卯五十九巳時往生、六十六歳
予州川野《カウノ》執行息、聖達上人継子、嵯峨二尊院・中院・竹林寺各々暫住(11)

とある。そして、聖達門下の箇所には、

聖恵　竹林寺　若年時(12)

とある。この『法水分流記』から、聖達は、円空立信と俗縁・師弟関係があり、顕意道教とも俗縁および師弟関係があったことがうかがえる。

続いて、東大寺凝然『浄土法門源流章』には、

洛陽西山ノ證空大徳（道号善慧）門人甚多シ。並ニ随テ学フレ法ヲ。乃チ證入大徳（房号観鏡）、観真大徳、実真大徳、聖達大徳（西鎮）、證慧大徳（房号道観）、

修観大徳、浄音大徳、道門大徳、隆信大徳、仏教大徳、遊観大徳等也[13]。

と述べられている。この『浄土法門源流章』において、聖達は地方にいながらも證空門下として四番目にその名を連ねており重要視されていたことがうかがえる。

特に、一遍が聖達に入門した後、顕意道教とともに過ごした時期がある。このことから聖達は、円空立信、顕意道教、そして一遍の思想に、大きな影響を与えたことが推察できる。つまり、聖達の著作や法語などは現存していないものの、円空立信、顕意道教、一遍らの初期教学の形成にその思想がいかに大きく影響を与えたか計り知れないものがあるのではないだろうか。また、「機法一体」の用語も、證空門下特に聖達やその周辺の人師によって造語された可能性が推定される。

二　證空教学における機法一体

では證空教学における機法一体とはいかなるものであろうか。ここでは、證空の著作『述誠』『西山善慧上人御法語』を使用し考察を試みる。そもそも證空自身は、阿弥陀仏と衆生の相互関係をどのように考えていたのであろうか。

この点について『述誠』では、

然るに、念仏の帰命の、仏体につきて云へば、先づ彼の阿弥陀仏の覚体にこの命を惜みたる我等凡夫を自ら摂して成仏したまへる故に、今始めて命を帰せざれども、彼の仏体に往生は成ぜられけり、と意得べし。これす

なはち、一心廻願往生浄土為体なれば、衆生の往生を覚体に成じ玉へるなり。(14)

とある。この引用箇所からは、念仏による帰命が仏体に付くというのは、阿弥陀仏の覚体に命を惜しむ我ら衆生を自ら摂取して正覚された仏であるからであり、我々が、今はじめて帰命するのではなく、阿弥陀仏の覚体に、往生は成就されていると心得るべきであるという考えが読み取れる。

そして、これを善導は「一心廻願往生浄土為体」と解釈している。そのため、往生はすでに阿弥陀仏が正覚を成就した時に成し遂げられていると、證空は考えていたようである。さらに、

爾れば、念仏三昧は能帰所帰一体に成ずる相なれば、南無は帰命亦は能帰、阿弥陀仏は所帰なり。(15)

とある。ここでの念仏三昧とは、能帰所帰一体によって成り立っているが、南無とは帰命または帰命する衆生である能帰であり、阿弥陀仏は所帰であると述べている。

また、證空は『西山善慧上人御法語』では、

迷ひは穢土、悟りは浄土也。さとりといふは阿弥陀仏の体より外には諸仏もなきいはれ也。迷の我等が上におひて正覚を成ずる時、迷悟が一になりたる所を南無阿弥陀仏六字の名号と申す也。然る間、南無は迷の衆生の体也。覚りと云ふは阿弥陀仏の体なり。この二が一になりたる所を仏につけては正覚といひ、凡夫につけては往生と云ふ也。(16)

と述べる。

迷いは穢土であり、悟りは浄土である。悟りとは阿弥陀仏の覚体以外に存在しない。「迷いの我等」である衆生と阿弥陀仏が正覚した時に、迷いも悟りも一体となるところから、南無阿弥陀仏の六字名号というのである。そのため、南無とは、迷える衆生の体であり、「覚り」というのは阿弥陀仏の覚体である。この二つが一体になるところを阿弥陀仏についていては正覚といい、凡夫である衆生についていては往生といっているのである。

続いて、

かく心えたる所がやがて名号にてはある也。必ずしも口にとなへたるばかりが名号にてはなき也。念声一体と云ふはこれにてあるなり。此の謂れをこゝろえんずるを即便往生ともいひ、機法一体ともいひ、証得往生とも云ふ也。仏の悟りが衆生の往生の体にて、衆生の往生の外に仏の正覚もなき也。此の南無と云ふはまさしき我等が体なり。則ち三心也。三心と云ふは心うる心也。心うると云ふはしるなり。しると云ふはきくなり。聞は知なり。是を心想といひ、是を南無といふなり。此の南無、阿弥陀仏のさとりの体に具せられて名号となるぞとこゝろうる所が往生にてある也[17]。

と述べている。これは、必ずしも口称念仏ばかりが六字の名号ではない。念と声とが一つであるということは、ここからいうのである。このことを心得るということを即便往生といい、機法一体といい、証得往生ともいうのである。阿弥陀仏の正覚が衆生の往生の体であり、衆生の往生のため以外に阿弥陀仏が正覚を得た理由もないのである。このことを西山義では、「往生正覚同時倶時」といっている。

また、證空の機法一体には、救済成立の根源的な原理をあらわす機法一体と救済概念をあらわす機法一体が存在していることがすでに指摘されている[18]。他力領解の上に立った念仏体内の功徳によるものであることがうかがえるが、あくまでも阿弥陀仏の側に具わっていることを論じているのである。

三　一遍教学における機法一体

ここでは、一遍教学に西山義から継承された「機法一体」の思想について考察する。

一遍法語に見られる機法一体の使用例について『一遍上人語録』を見ていくと、次の使用例を見出すことができる。これには、機法一体と同様の意義をもつ能所一体を含めている。そのため、一遍教学における阿弥陀仏と衆生との相互関係について『一遍上人語録』一〇をもとに考察を試みる。

又云（く）、『「念々不捨者」といふは、南無阿弥陀仏の機法一体の功能なり。或人の義には機に付（く）といひ、或は法に付（く）ともいふ。いづれも偏見なり。機も法も名号の功能と知（り）ぬれば、機に付（く）れどもたがはず、法に付（く）れどもたがはず。其ゆへは、機法不二の名号なれば、南無阿弥陀仏の外に能帰もなく、又所帰もなき故なり[19]。』

善導『観無量寿経疏』（以下『観経疏』）散善義「念々不捨者」を引用し、この文言から念々に捨てざる者というのは、六字名号である南無阿弥陀仏の機法一体の働きによるものである。それをある人の解釈には、衆生に付くといい、阿弥陀仏に付くとしている。しかし、いずれの解釈も偏見である。それは、衆生も阿弥陀仏もともに南無阿弥陀仏の六字名号の働きによるものであると知ったならば、それは、衆生に付いても阿弥陀仏に付いてもいずれも間違いではない。そのため、衆生と阿弥陀仏とが一体であることを説く六字名号であるため、南無阿弥陀仏のほかに帰依する衆生も帰依される阿弥陀仏も存在しないのであると述べている。

あるいは『一遍上人語録』二四に、

又云（く）、『安心といふは南無なり。起行といふは阿弥陀の三字なり。作業といふは仏なり。機法一体の南無阿弥陀仏に成（り）ぬれば三心四修五念は皆もて名号なり。[20]』

とある。安心というのは南無であり、起行というのは阿弥陀であり、作業というのは仏である。それは、衆生と阿弥陀仏が一体である機法一体の南無阿弥陀仏であるため、三心、四修、五念というものはすべて南無阿弥陀仏の六字名号に摂取されているのであるという。

さらに『一遍上人語録』四九では、

又云（く）、『南無とは十方衆生なり。阿弥陀とは法なり。仏とは能覚の人なり。六字をしばらく機と法と覚との三に開して、終（ひ）には三重が一体となるなり。しかれば、名号の外に能帰の衆生もなく、所帰の法もなく、能覚の人もなきなり。是則（ち）自力他力を絶し、機法を絶する所を、南無阿弥陀仏といへり。火は薪を焼（く）に、たきゞ尽（く）れば火滅するがごとく、機情尽（き）ぬれば、法も又息するなり。しかれば金剛宝戒章と云（ふ）文には「南無阿弥陀仏の中には機もなく法もなし」といへり。いかにも、機法をたて、迷悟をかば、病薬対治の法にして、真実至極の法体にあらず。迷悟機法を絶し、自力他力のうせたるを、不可思議の名号とはいふなり。[21]』

と述べる。南無阿弥陀仏の六字名号を仮に、南無を機、阿弥陀を法、仏を覚に分けただけである。これもついには、南無阿弥陀仏の六字名号の中に三者が摂取されるのである。そして、これこそが、自力他力を絶し衆生も教えも絶したところが南無阿弥陀仏の六字名号であるということである。

また、「或人、念仏の法門を尋（ね）申（し）けるに、書（き）てしめしたまふ御法語」に、

念仏往生とは、念仏即（ち）往生なり。南無とは能帰の心、阿弥陀仏とは所帰の行、心行相応する一念を往生といふ。南無阿弥陀仏と唱へて後、我（が）心の善悪是非を論ぜず、後念の心をもちひざるを、信心決定の行者とは申（す）なり。只今の称名のほかに臨終有（る）べからず。唯南無阿弥陀仏なむあみだ仏となへて、命終するを期とすべし。南無阿弥陀仏。[22]

とある。念仏往生とは、念仏がそのまま往生である。南無とは衆生の帰依する心、阿弥陀仏とは帰依される仏の行であり、衆生の帰依の心と仏の起行が六字名号において一致融合することを往生としている。南無阿弥陀仏と称えて、自身の心の善悪是非を問わず、次のことを考えないことを、信心が定まった行者というのである。この今の念仏のほかに臨終はあるはずがない。ただ、南無阿弥陀仏なむあみだ仏と称えて、命が終わるのを往生として待ち受けるべきであるといい、『一遍上人語録』三には、

深心とは、「自身現是罪悪生死凡夫」と釈して、煩悩具足の身を捨（て）て本願の名号に帰するを深心の体とす。然れば至誠心深心の二心は衆生の身心のふたつをすて、、他力の名号に帰する姿なり。回向心とは、自力我執の時の諸善と名号所具の諸善と一味和合するとき、能帰所帰一体と成（り）て、南無阿弥陀仏とあらはる、なり。此うへは、上の三心は即施即廃して、独一の南無阿弥陀仏なり、然れば三心とは身心を捨（て）て念仏申（す）より外に別の子細なし。其身心を、棄（て）たる姿は南無阿弥陀仏是なり。[23]

その本願というのは名号そのもののことである。だから、至誠心、深心の二心は衆生が身と心の二つを捨てて、他力の名号に帰する姿のことである。

また、回向心とは、己を頼りにしたときの諸善行と名号そのものに具わった善行とが一つに融合するとき、衆生と阿弥陀仏が一体となり、南無阿弥陀仏の六字名号になって現れるのである。以上から、三心は自力我執の衆生に施され、その三心を捨てて六字名号に帰依できたならば三心自体が必要なくなり、ただ、南無阿弥陀仏そのものになるのである。そのため、三心というのは、身命を捨てて念仏するほかに別の理由があるわけでもない。その身命を捨てた姿こそが南無阿弥陀仏そのものであるという。また『一遍上人語録』一五では、

又云（く）、『能帰といふは南無なり、十方衆生なり。是すなはち命濁中夭の命なり。然（る）に常住不滅の無量寿に帰しぬれば、我執の迷情をけづりて、能帰所帰一体にして、生死本無なるすがたを、六字の南無阿弥陀仏と成就せり。かくのごとく領解するを三心の智慧といふなり。その智慧といふは、所詮、自力我執の情量を捨（て）うしなふ意なり。[24]』

と、帰依するということは「南無」であり衆生である。その衆生は、短命の衆生のことである。しかし、その衆生も常住不滅の無量寿に帰入することにより、我執の迷いを削り取り、衆生と阿弥陀仏が一体であることから、生死の迷妄が無となる姿を六字名号として完成している。このように理解することを三心の智慧というのである。その智慧は、自力我執の心で推し量ることを捨て失うことを意図しているのだという。

さらに、『一遍上人語録』七では、

又云（く）、『「自身現是罪悪生死凡夫乃至無有出離之縁」と信じて、他力に帰する時、種々の生死はとゞまるなり。いづれの教にも、この位に入（り）て生死を解脱するなり。今の名号は能所一体の法なり。[25]』

善導『観経疏』散善義の文を引用し、その文言の内容を信じて他力に帰依したとき、諸々の生死の迷いはなくなるのである。どんな教えも、名号に帰依したならばその迷いから抜け出すことができるのである。そのことから、今いうところの名号は、衆生と阿弥陀仏が一体となった真理である。

『一遍上人語録』六七に、

又云（く）、『心外に境を置（き）て罪をやめ善を修する面にては、たとひ塵劫をふるとも生死をば離るべからず。いづれの教に（て）も、能所の絶する位に入（り）て生死を解脱するなり。今の名号は能所一体の法なり。[26]』

そして、衆生は生死の迷いから離れられない。しかし、衆生と阿弥陀仏とは、六字名号において一体となることにより生死の苦悩がやむのである。そのため、今いうところの六字名号は、衆生と阿弥陀仏とが一体になった真実の教えであると述べる。

このようなことから、一遍の「機法一体」には、救済概念を表す用語としての使用が見られ、阿弥陀仏と衆生との関係を南無阿弥陀仏の六字名号の中に見出していることがうかがえる。このことから南無阿弥陀仏においては六字名号の中に阿弥陀仏も衆生も摂取され、その存在を超越している状態が機法一体なのである。

おわりに

本節では、證空教学から一遍教学に継承された思想として「機法一体」に着目し、考察を行った。證空教学から一遍教学へと継承された思想は、時宗宗学ではどのようにして変容・伝統化したのか、試みに、次に法語を引用しまとめたい。

ここで引用する法語は、『一遍上人語録』に所収されている一遍と心地覚心との参禅譚を示すものである。

宝満寺にて、由良の法灯国師に参禅し給ひけるに、国師、念起即覚の話を挙せられければ、上人かく読（み）て呈したまひける

となふれば仏もわれもなかりけり南無阿弥陀仏の声ばかりして

国師、此歌を聞（き）て『未徹在』とのたまひければ、上人またかくよみて呈し給ひけるに、国師、手巾薬籠を附属して印可の信を表したまふとなん

となふれば仏もわれもなかりけり南無阿弥陀仏なむあみだ仏(27)

とある。この参禅譚は、すでに先行研究によって、一遍の参禅を示すものではなく後世の創作によるものであることが指摘されている(28)。しかし、この法語の内容は、證空教学から一遍教学へ継承された機法一体の思想的内容の相違を明示していると考えられる。

それは、最初の句に見られる「南無阿弥陀仏の声ばかりして」の解釈による。これは、機法一体が、あくまでも阿弥陀仏の側に具わっているため、衆生の側からすればそのような表現が成り立つのではないだろうか。つまり、證空教学による機法一体のように、あくまでも阿弥陀仏の側に具わっていることを示すものである。

それに対し次の句では、「南無阿弥陀仏なむあみだ仏」とあり、これは一遍教学を示すものである。機法一体が、あくまでも六字名号そのものに具わっているため、我々が思慮する次元をはるかに超越した次元に六字名号が存在することを表現しつつ、その究極としている。ゆえに、一遍教学は、證空教学を継承しているものの、あくまでも南無阿弥陀仏の六字名号そのものを絶対視している。この点において、一遍教学は證空教学をいっそう深化させた思想ということができよう。

註

（1）『浄全』第十五巻所収。
（2）野村恒道・福田行慈編『法然教団系譜選』（青史出版、二〇〇四年九月）所収。
（3）この西山義および時宗学の視点から機法一体を捉えた先行研究は、管見の限りで、次のものがある。

・森英純「西山の機法一体説抄出」(『浄土学』第二五巻所収、一九五七年一月)。
・平田諦善「西山と時宗」(『西山禅林学報』第六号所収、一九六〇年十一月)改訂増補『時宗教学の研究』(山喜房佛書林、一九八〇年三月)。
・廣川堯敏「浄土教における「機法一体」について――とくに西山系仮名法語を中心として――」(『浄土宗学研究』第七巻所収、一九七三年三月、後、『鎌倉浄土教の研究』所収、文化書院、二〇一四年六月)。
・石岡信一「一遍聖の名号観――能所・機法一体を中心に――」(『東洋学研究』第一二巻所収、一九七七年三月)、「一遍の名号に対する一考察　その二」(『時宗教学年報』第六輯所収、一九七八年二月)。
・伊藤正順「機法一体について」(『西山学報』第三六号所収、一九八八年三月)。
・小島英裕・加藤義諦「西山派の典籍における「生仏一体」の研究」(『深草教学』第一三号所収、一九九三年三月)。
・今井雅晴「鎌倉時代の浄土真宗と時衆」(『蓮如上人研究――教義編――Ⅰ』所収、一九九八年二月)。
・拙稿「時衆教学における機法一体について」(『宗教研究』第八〇巻所収、二〇〇七年三月)。
(4)『新版仏教学辞典』(法藏館、一九九五年四月)、『西山教義概論』(西山浄土宗教学部、一九九二年四月)などを参照した。
(5)西山短期大学『西山学報』第一三号所収、一九六〇年七月。
(6)清浄光寺史編集委員会編『清浄光寺史』所収(二〇〇七年九月)。
(7)前掲註(2)。また、浅山円祥『一遍と時衆』(一遍会、一九八一年六月)では、證空門下門流の人師が伊予に在住していることが少なからず影響して一遍を西山義へ、そして、大宰府へ赴かせることになったのではないかと推考している。
(8)前掲註(2)二三頁。徳岡賢秀氏の論考では聖達の生没年代を一二〇四―一二七九年としているが、本書では、中西随功監修『證空辞典』(東京堂出版、二〇一一年七月)「聖達」の項に記された生没年代に拠った。
(9)「角川日本地名大辞典」編纂委員会編『角川日本地名大辞典　四〇、福岡県』(角川書店、一九八八年三月)一一

○五頁。
(10) 前掲註(2)八頁。徳岡賢秀氏の論考では、『法水分流記』の記載にある「真弟」を根拠に円空立信を聖達の実子としている。また、『顕意上人の世界』(浄土宗西山深草派宗務所、二〇〇三年五月)でも円空立信を聖達の実子とする説を紹介している。
(11) 前掲註(2)十八頁。
(12) 前掲註(2)二三頁。
(13) 『浄全』第一五巻、五九五頁下段。
(14) 森英純編『西山上人短篇鈔物集』(西山短期大学、一九八〇年三月)七七頁。『西山上人短篇鈔物集』では『述成』であるが、安井信雅『述誠』(西風会、二〇〇五年三月)により本文では、『述誠』に統一した。
(15) 前掲註(14)九五頁。
(16) 前掲註(14)一三一―一三二頁。
(17) 前掲註(14)一三二頁。
(18) 前掲註(3)廣川堯敏「浄土教における「機法一体」について――とくに西山系仮名法語を中心として――」。
(19) 『宗典』上巻、二七頁下段。
(20) 『宗典』上巻、二九頁上段。
(21) 『宗典』上巻、三一頁上段―下段。
(22) 『宗典』上巻、九頁下段。
(23) 『宗典』上巻、二六頁上段―下段。
(24) 『宗典』上巻、二八頁上段。
(25) 『宗典』上巻、二七頁上段。
(26) 『宗典』上巻、三三頁下段。
(27) 『宗典』上巻、一四頁下段。

(28)　竹田賢正「「南無阿弥陀仏の声ばかりして」ノート——時宗教学の課題と展望——」（『時宗教学年報』第十七輯所収、一九八九年三月）など。

第二節　一向俊聖の念仏思想

はじめに

江戸幕府は、幕府主導のもと社会体制における階級秩序を次々と整備させていった。とりわけ上下の身分関係を整備し厳しくしていったが、寺院体制もその例外ではなかった。その本末制度は、寺院の本寺と末寺とに格差を付けた階級制度である。

この本末制度が整備されるなか、元禄十年（一六九七）、浅草日輪寺二十四世其阿呑了（後、遊行四十八代他阿賦国）は、時宗教団統一を画策し『時宗要略譜』を著している(1)。

この『時宗要略譜』には、「宗義立派之事」の項を設け、いわゆる「時宗十二派」について次のように記している。

惣《シテ》而時宗有《ニ》二十二派一下《ニ》誌《ス》レ之《ヲ》

他阿上人　一遍上人正伝附法之弟子。遊行之二祖也。是ヲ言二遊行派一。

一向上人　一遍上人之弟子。住二江州番場蓮華寺《ニ》一建二一向派《ヲ》一。

心阿上人　一遍上人之弟子。住二予州奥《ノ》谷宝厳寺《ニ》一建二奥《ノ》谷派一。中古《ヨリ》遊行派《ニ》帰《ス》。

内阿上人　遊行二祖上人之弟子。住《ス》二相州当麻無量光寺《ニ》一。建二当麻派《ヲ》一。

浄阿上人　遊行二祖上人之弟子。住二京四条之道場金蓮寺《ニ》一。建二四条派一。
弥阿上人　遊行二祖上人之弟子。住二京六条之道場歓喜光寺《ニ》一。建二六条派《ヲ》一。今時帰二遊行派《ニ》一。
解阿上人　遊行二祖上人之弟子。住二常州海老島《カ》新善光寺《ニ》一。建二解意派《ヲ》一。
国阿上人　遊行十一代上人之弟子。住二京東山正法寺《ニ》一。建二霊山派《ヲ》一。
双林寺　国阿上人初住之地。在二京東山一建二国阿派《ヲ》一。一本寺。
金光寺　在二京五条寺町《ニ》一市屋道場《ト》云。初天台宗也。一遍上人之時帰二依《ス》時宗《ニ》一其後立二市屋派《ヲ》一。
仏光寺　在二羽州天童《ニ》一一向上人入寂之地。建二天童派《ヲ》一。今時帰《ス》二江州蓮華寺之末寺《ニ》一。
御影堂　一遍上人之守《ル》二御影《ヲ》一沙弥在《リ》二京五条《ニ》一曰二御影堂派《ヲ》一。
上件何《レモ》働二我意《ヲ》一建二立《シテ》一派《ヲ》一称《ス》二一本寺《ト》一。遊行一派之外相残《テ》十一末派。多《クハ》与二尼衆一同居《ス》。故《ニ》号《シテ》二破戒《ノ》時衆《ト》一遊行《ノ》坐下《ニ》避《ル》二参会《ヲ》一者也。(2)

とあり、一遍の門下門流に列した僧名や寺院名、派名などが記されている。しかし、ここに記された「時宗十二派」には、明らかに一遍とその法系を異にしている人物や、その関連を疑問視される人物・寺院名が存在している。一遍が活躍していた中世という時代には、各地を遊行し念仏勧進をしていた念仏聖・勧進聖が無数に存在していた。『時宗要略譜』に「一遍弟子」と記され旧時宗一向派・天童派の祖である一向俊聖（一二三九―一二八七）もそのひとりである。

諸本ある一向俊聖の伝記史料については、すでに整理し、その系統ごとに考察した。(3) しかし、現在、一向俊聖の思想を記した著作は、残念ながら一遍と同様に伝承されていない。そのため、一向俊聖の思想を垣間見る手がかりは、各種伝記史料に頼らざるを得ないのが現状である。

つまり、一向俊聖の思想を考察するには、各種伝記史料に散見する一向俊聖の思想を示す箇所を抜粋すること、同様の作業を、弟子であり一向派の二祖とされる礼智阿尊覚の法語『二祖礼智阿上人消息』（以下『礼智阿消息』）にも行うことである。しかし、一向俊聖の人物像や思想面を考察するにしても、それらの史料の信憑性や真偽の問題など、課題は山積している。

一向俊聖に関する先行研究は、大橋俊雄氏を先駆者として近年もいくつか発表されているが、伝記史料などを中心とした歴史学的考察がその大半である。(4) そのため教学的視点から考察をした論考は、管見では河野憲善氏のみではないだろうか。(5)

したがって本節においては、一向俊聖の念仏思想について論究し、その念仏思想について一遍との相違を考察する。

一　一向俊聖の思想に関する史料

1　『一向上人伝』

一向俊聖の著作と考えられるものは、一遍同様現存せず、史料としては伝記類のみである。しかし、『一向上人伝』（以下、『上人伝』）の原本に相当する伝記は現存していない。すでに、拙稿において各種伝記を三系統に分類しそれぞれを概観したが、各系統での類似性などは未考察である。

旧時宗一向派番場蓮華寺（現、滋賀県米原市番場　浄土宗本山）に伝来する『上人伝』には、番場蓮華寺三代同阿良向が嘉暦三年（一三二八）に記した次の奥書がある。

是故に向祖の行状、二祖の益物、吾か見聞する所にしたがひて、謹で是を記し、巻を五帖に調へて、一向上人伝と名づく。伏しておもんみれば、我祖、観音の応化として、扶桑辺小の西海に生れ、本師の誓ひを助て、専修の道を弘め、末世の機を鑑みて、同異二類の助業を捨て、宝号を所々に留て、一向を名としたまふ。庶幾くは、我門の末葉、先づ悪を捨、次に雑余の行を捨て、後に助業を捨て、一向是を勤めよや。嘉暦三歳仲冬元祖の諱日に当たりて、是を書し畢ぬ　八葉山蓮華寺三代同阿敬白[6]

このなかに「向祖の行状、二祖の益物」とあることから、一向俊聖と二祖礼智阿の二人の業績を称讃し、この『上人伝』を編纂した旨が述べられている。

2　『二祖礼智阿上人消息』

一向俊聖の門下であり一向派二祖礼智阿には、その法語類を後世に編纂した『礼智阿消息』が存在しているが、これにも原本に相当するものがなく、わずかに近世写本が現存しているだけである。

しかし、この『礼智阿消息』についても、すでに梯實圓氏が「礼智阿消息の真偽について[7]」の論考において、礼智阿に仮託し近世中期に時宗一向派が自派の正統性を主張するため編纂されたものであるとし、引用文献や諸史料などその根拠をあげ結論づけている。

このような現状から、一向俊聖の思想を考察する上で史料的価値を有する史料を見出し難いが、本節では『上人伝』の説示内容をもとに論究することにしたい。

二　一向俊聖の念仏思想

『上人伝』や『法水分流記』『吉水法流記』など[8]の系譜史料に拠ると、一向俊聖は、書写山円教寺（現、兵庫県姫路市）で剃髪受戒、南都遊学の後、鎌倉光明寺（現、神奈川県鎌倉市材木座　浄土宗大本山）に住していた浄土宗三祖で記主禅師と呼称される然阿良忠（一一九九―一二八七）に師事し、その門下に名を連ねていた。

そもそも一向俊聖の出自である筑紫草野家、特に一向俊聖の叔父である草野永平は、浄土宗二祖であり、良忠の師である聖光房弁長に帰依し、久留米善導寺（現、福岡県久留米市善導寺町　浄土宗大本山）を建立する際の大檀越であった。つまり、一向俊聖の思想背景には、浄土宗鎮西義特に然阿良忠の教学の影響があったことを推測できる。しかし、一向俊聖は、然阿良忠のもとで十五年間修行するものの、そのもとを辞して念仏勧進のため遊行へと旅立つ。そのことについて『上人伝』では、

> 浄土宗も機を見て、猶同異二類ひの助業を励む（勧）。此宝号に何の不足あらんやとて、浄土の宗名も棄捐し、経論の義学を放却し、一処不住に行脚して、念仏を四海に勧進し給ひけるに、其勧化に帰する者、星のごとくに馳せ、かく（雲）のごとく集まりて、門葉もまた盛なり[9]。

と記述している。この「浄土宗も機を見て、猶同異二類ひの助業を励む（勧）」とあるのは、いかなることであろうか。

一向俊聖が修学していた頃の鎮西義では、念仏一行だけでなく、そのほかの諸行でも往生できるとしていたのである。

この同異二類の助業について、浄土宗祖法然は、『選択本願念仏集』（以下『選択集』）第十六章において、

余行不レ爾。故知三経俱選二念仏一以為二宗致一耳。計《ミレバ》也。夫欲三速離二生死一二種勝法中且閣二聖道門一選入二浄土門一。欲レ入二浄土門一正雑二行中且抛二諸雑行一選応レ帰二正行一。欲レ修二於正行正助二業中一猶傍二於助業一選応レ専二正定一。正定之業者即是称二仏名一称レ名必得レ生。依二仏本願一故。(10)

と、生死を離れるための教えとして称名念仏の教えが阿弥陀仏の本願にもとづく教えであることを説き明かし、一向専念の念仏を助成するために諸行が説かれているとし、これには同類の善根と異類の善根があると述べている。この同類の善根とは、五種正行のなかの称名念仏を除く読誦・観察・礼拝・讃歎供養の前三後一の正行を指している。これらは、本願正因である正定業としての称名念仏ではないが、阿弥陀仏に関わる行であることから、念仏を助成していく助業であるとしている。また、異類の助業とは、同類の助業を除いたすべての行を指しているのである。これは、阿弥陀仏に対してその意を疎かにし、遠ざける行であるため、疎雑の行としている。

これを弁長は、聖道門・浄土門の二門を兼学してこそ念仏の真意を知り得るとして、念仏を総（六度万行）と別（称名）とに区分して説いている。そのため、弁長『浄土宗要集』（『西宗要』）第四「第六十　往生因縁特対法門事」には、

問善導和尚於二往生極楽《ニ》一待対法《ノ》釈《ヲ玉ヘリ》　若爾《ヘ》何《ナル》　法門《ヲ》以《テ》往生《ノ》待対《ト》為給《フ》乎答以二念仏《ノ》法《ヲ》一往生《ノ》待対《ノ》法《トシ》　給《フ》覧《ソ》難《カ》云爾也釈《ノ》所判也不レ明夫《レ》以二念仏《ヲ》一九品往生中《ニ》《ニハ》　下品三生《ニ》待対《セリ》　中輩《ノ》三生《ニハ》　戒行《ヲ》以《テ》待対《トセリ》　上輩《ニハ》　読誦大乗善解義趣菩提心《ソ》以《テ》待対《ノ》

> 法《トセリ》而《ニ》何《ゾ》総《ソ》以二念仏《ヲ》一為《ルニ》二待対《ノ》法《ト》乎答往生《ノ》行《ニ》有《リ》レ二通因《ノ》行別因《ノ》行也念仏《ハ》是《レ》阿弥陀仏《ノ》本願《之》故別因《ノ》行也。三福《ハ》是《レ》一切諸仏《ノ》通《ノ》因行也故《ニ》通因《ヲ》以《テ》上品《ノ》三生《ニ》待対《シ》中品《ノ》三生《ニ》待対《シ》別因《ヲ》以《テ》下品《ノ》三生《ニ》待対《スル》[11] 也

と述べ、二つの往生行を認めている。この点において、法然が諸行を廃捨したのに対して、弁長は、諸行を総念仏とし称名念仏を別念仏として不離仏・値遇仏の論理を説き、法然が示したように勝易の行であり万徳を有すると説かれた称名念仏の本質が最も優れていることを明らかにしている。この諸行と念仏との関係は、弟子である然阿良忠によってさらに深まり、いっそう明確となっていくのである。

このように、法然が提唱した称名念仏は、鎮西義において展開されるなか、一向俊聖は諸行往生を認め、さらに同異二類の助業を勧めることに疑問を持ちはじめ、然阿良忠のもとを辞して称名念仏に徹し、「一向専念の文」から名も一向へ改称している。

> 此宝号に何の不足あらんやとて、浄土の宗名も棄捐し、経論の義学を放却し、一処不住に行脚して、念仏を四海に勧進し給ひけるに、[12]

と『上人伝』は記している。一向俊聖は、称名念仏に何の不足があろうかと念仏を宝号と称し、遊行の旅に出たのである。そして、一向俊聖が念仏を宝号と称していることについて『上人伝』では、

> 此宝号を唱ふるには、身の浄・不浄をも顧みず。仏の接・不接をも論ぜず、仏の本願に帰命し奉り、知識の教

にまかせて唱ふべしと云云[13]。

と記されている。つまりは、この宝号を称えることにより、自らの存在や阿弥陀仏の救済有無を議論することなく阿弥陀仏の本願に帰依して、知識の教えにしたがい称名念仏を行うことが、凡夫が唯一往生できる方法であると述べている。

では、一向俊聖自身、正行と助業とについてどのように考えていたのであろうか。『上人伝』巻四では、弘安四年（一二八一）の春、因幡国を遊行中、智頭の順医師から読誦と念仏の優劣を問われ、次のように回答している。

読誦に二種あり。浄土の三経を読は正行也。其余の経を読は雑修なり。正行と言は五種の行に通ず。五つが中（の）、前三後一の四つは助業とて、念仏の助に修する事なり。念仏は弥陀の本願の行なれば、正定業と名づけて侍る。雑行助業も往生の行となれども、本願の行に非ず。行し易して、功高きは念仏に侍る。（中略）吾が弥陀は遥かに是をしろしめて、本願を立てたまひ、恒沙の諸仏は御舌を出して証誠し、教主釈尊は叮嚀に未来へ附属したまふ。三仏の大悲、三国の祖意、唯此念仏の一行を専としたまふ云云[14]。

これによると、一向俊聖は、雑行助業であっても往生の行であると認識しつつも、本願の行ではないと否定し、念仏の行のみが阿弥陀仏の本願の行であり、三国伝来の諸大祖師の真意であると論じている。また、礼智阿の『礼智阿消息』には、上人モ、摂州薬仙寺ノ虚白堂ニヲイテ、施食会ヲ勤メタマヘリ。余行余法ヲ嫌コトハ、心散乱シテ憶想間断スルガユヘニ、随縁雑善恐難生ト釈シ、嫌ヒタマフ。[15]

とあり、これによると、一向俊聖が摂津薬仙寺（現、兵庫県神戸市兵庫区　時宗薬仙寺）において施食会を厳修したものの、「心散乱シテ憶想間断スルガユエニ」という理由から積極的に厳修することを避けていた様子がうかがえるのである。この『礼智阿消息』上には、一向俊聖の思想をうかがえる説示がある。それには、次のように記されている。

念仏ヲ修行スルモマタ、是ノゴトク余行余法ヲ雑ヘテハ、念仏ニ等閑ノ思ヒアリ。唯心ヲ一筋ニシテ、往生ノ的ヲ念仏ノ一行ニ定ムルヲ肝要トス。[16]

一向俊聖は、本願の行である念仏一行のみを頼りとしていたことがうかがえるのである。また、『上人伝』では、礼智阿が宝号について述べている記述がある。これは、礼智阿が安芸国高田というところで波多野某という者から尋ねられた問いに答えたものであるが、

有るにも無きにも、苦となる物を、衆生妄りに宝とおもへり。漸く是を積み置て、一期守り居て、終に白日の下を辞し、独り黄泉の底に入る時、財宝は悉く他の有となり、誰か我か身に随はん乎。此宝の為に罪を作りて、三途に苦を受る時も、宝は吾が苦に代る物に非ず。今念仏の宝は、現当二世の利益あり。是無上の珍宝なれば、

宜く宝号と申べしと云云。[17]

と述べられている。礼智阿は、財宝などは、身を滅ぼすだけのものであり、現世と来世の現当二世にわたり利益があるのは念仏のほかになく、そのため、この念仏を宝号と称するのであると述べている。おそらく、礼智阿がこの念仏を宝号と称する思想は、一向俊聖の意を受けてそれを継承したものであろうことがうかがえる。

さて、至誠心・深心・回向発願心の三心について一向俊聖は、どのように捉えていたのであろうか。一向俊聖の三心については、『上人伝』巻三において直接記されていないが、礼智阿が安芸国宮島において草壁兵部という者に三心について尋ねられ、

所詮偽らず、かざらず、疑がひなく、西方に生ぜんと回向する事なければ、三心具足の念仏と云ふなり、単信の念仏に、自ら三心は籠る事なれば、三心の名義は、強て論じ給ふべからず。我上人の御心かくのことしと、[18]

と回答している。これによると、本願の行である念仏を疑いなく行うことで自ずから三心を具足した念仏となると述べられ、これは「我上人の御心」とあることから、一向俊聖の思想を継承し礼智阿が述べたことであると考えられる。

これらのことから、一向俊聖の念仏思想の特色としては、その思想背景に鎮西義、特に師事した然阿良忠の影響が垣間見られるものの、一貫して阿弥陀仏の本願の行である念仏一行に徹底していたことを考察できた。それは、自らの名を一向と称していることからもうかがえる。

ちなみに、『上人伝』において一向俊聖の呼称としては、「我上人」のほか、「向祖上人」「上人」「聖」が使用されている。

三　一向俊聖と一遍における念仏思想の相違について

ここでは、一向俊聖と一遍との念仏思想について比較しつつ、その相違などについて、仏と衆生、臨終と平生の関係についてそれぞれ考察する。

1　仏と衆生

一向俊聖は、仏と衆生の関係についてどのように考えていたのであろうか。『上人伝』には次のように記されている。

> およそ弥陀の成覚は、衆生によりてとりたまひ、衆生の往生が弥陀に依て遂る也。故に身命を仏に帰し奉る上に、称ふる念仏は、生仏不二能所一致の行にして、能化も阿弥陀所化の我等も、阿弥陀の故に、阿弥陀号を付るも是なりと、(19)

一向俊聖は、阿弥陀仏の成覚と衆生の往生が相応する関係にあり、念仏が生仏不二で能所一致の行であることから阿弥陀仏号を称すると述べている。つまり、一向俊聖は、『無量寿経』の説示に阿弥陀仏と衆生と念仏の関係を見出している。ここで使用されている「生仏不二」「能所一致」の語は、機法一体と同義語として用いられており、ややもすれば、一向俊聖の思想と一遍の思想が類似しているかのように論じられているが、そうではなかろう。[20]

一遍の機法一体について『一遍上人語録』一〇には、

又云（く）、『「念々不捨者」といふは、南無阿弥陀仏の機法一体の功能なり。或人の義には機に付（く）といひ、或は法に付（く）ともいふ。いづれも偏見なり。機も法も名号の功能と知（り）ぬれば、機に付（く）れどもたがはず、法に付（く）れどもたがはず。其ゆへは機法不二の名号なれば、南無阿弥陀仏の外に能帰もなく、又所帰もなき故なり。[21]』

とある。これにより、機である衆生と法である仏は一体であるが、それは南無阿弥陀仏の六字名号の中に摂取されているのである。それに対し一向俊聖は、あくまでも称名念仏の行において衆生と仏が一体であると説き、阿弥陀仏の本願を信ずることを大前提として阿弥陀仏号を授与していることから、仏と衆生との関係は継続するのである。

2　臨終と平生

一向俊聖における臨終と平生については、どうであろうか。『上人伝』巻二には、

世人彼一念を悪敷心得て、一念の外は無用ぞと云ふ由申伝る。或は臨終の十念にて助る間、平生は念仏もよしなきなと申者は、仏法非器にて侍る。一念にて生せば、多年は猶よかるべし。況や乃至の言は、上一形を取るに非ずや、亦臨終の十念を頼みて、平生おこたる人は、かならず臨終に十念おもひ出すべからす　世間の易き

事すら、其場に臨みては仕ぞこなふ事なり。いはんや死苦来逼の折節、日比すら心に欲せざる念仏をおもひ出すべけんや。古人も臨終の十念は、平生の積功によると　のたまひしなりとぞ[22]

と記されている。これにより、一向俊聖は、一念の解釈を誤解している者のいることを非難し、それを正そうとしている。さらに、臨終と平生に称える念仏については、臨終の念仏で往生が遂げられるとしても、一念の信を起こし念仏を称えることを前提としていることから、平生の念仏を怠ることなく相続することを勧めている。この念仏に対する受け止め方は、法然、弁長の思想を継承しているといえよう[23]。

これに対して、一遍はどうであろうか。『一遍上人語録』五二の法語では、

又云（く）、『往生は初（め）の一念なり。初（め）の一念といふもなを機に付（き）ていふなり。南無阿弥陀仏はもとより往生なり。往生といふは無生なり。此法に遇ふ所をしばらく一念といふなり。三世截断の名号に帰入しぬれば、無始無終の往生なり。臨終平生と分別するも、妄分の機に付（き）て談ずる法門なり。南無阿弥陀仏には、臨終もなく、平生もなし。三世常恒の法なり。出（づ）る息いる息をまたざる故に、当体の一念を臨終とさだむるなり。しかれば念々臨終なり。念々往生なり。故に「回心念々生安楽」と釈せり。おほよそ仏法は当体の一念の外には談ぜざるなり。故に三世すなはち一念なり[24]』。

と、一遍は、南無阿弥陀仏の六字名号がもとより往生そのものであり、往生とは、生死の迷いのない世界であると述べ、過去・現在・未来の時間の流れを断ち切り、その時を超越した名号に帰入してしまうと、始めも終わりもな

い永遠の往生であるとし、六字の名号には臨終と平生の別がなく、三世常恒の法門であるため、ただ今の一念を臨終と考えている。そのため、一遍は、一念一念に往生があると論じている。つまり、「当体の一念」が永遠の今にあると述べているのであるが、この思想的背景には、西山義の影響がうかがえる。

おわりに

以上、本節では一向俊聖の念仏思想を通じ、一遍との相違について考察を行った。一向俊聖は鎮西義を、一遍は西山義をそれぞれの思想背景に継承しつつも、自己の思想を展開していることがうかがえた。

また、一向俊聖も一遍も法然の門流であり、両者が各地を遊行し念仏勧進を行った聖であったため、類似した思想を見出せるのは自然なことであろう。しかし、一向俊聖は、思想背景にある鎮西義から脱却し、法然の念仏思想に立ち帰り、阿弥陀仏の本願に叶った行である称名念仏の行だけを徹底して勧めていった。

この一向俊聖に対して一遍は、西山義を継承しつつも南無阿弥陀仏の六字名号の中において、仏も衆生も摂取され一体となり、南無阿弥陀仏の六字名号がそれらすべてを超越した絶対的な存在であることを見出している。両者は、衆生救済を目的として、各地を遊行し踊り念仏を行い念仏勧進を行った点は共通しているが、一向俊聖は阿弥陀仏に、一遍は南無阿弥陀仏の六字名号に、それぞれ救済の拠りどころを見出していることが相違点である。

註

（1）『宗典』下巻、所収。
（2）『宗典』下巻、二三三頁上段―下段。

（3）拙稿「一向上人研究序説(1)『一向上人伝』について」（『時宗教学年報』第二七輯所収、一九九九年三月）。

（4）一向の伝記や教団史などに関する先行研究については、小野澤眞「一向俊聖教団文献目録」（『寺院史研究』七号所収、二〇〇三年）、同編『時衆文献目録』（高志書院、二〇一六年四月）に網羅されている。

（5）河野憲善「一向上人の念仏思想」（『藤沢市史研究』二一号所収、一九八八年一月、後、他阿一雲上人御本葬記念『時宗教学の基点』所収、時宗総本山遊行寺、二〇〇五年三月）。

（6）小川寿一編『浄土宗本山蓮華寺史料』（蓮華寺寺務所、一九八三年十月、以下『蓮華寺史料』）一四〇—一四一頁。河野憲善氏は、この『上人伝』と『一向上人縁起』を史料として論究されているが、『一向上人縁起』の説示内容は、近世遊行派との交渉後の改竄の痕跡もうかがえるため、本書では割愛した。

（7）梯實圓「二祖礼智阿消息について」（『龍谷教学』一〇号所収、一九七五年六月）。

（8）野村恒道・福田行慈編『法然教団系譜選』（青史出版、二〇〇四年九月）。

法然門下門流人物相関図（『法水分流記』より作成）

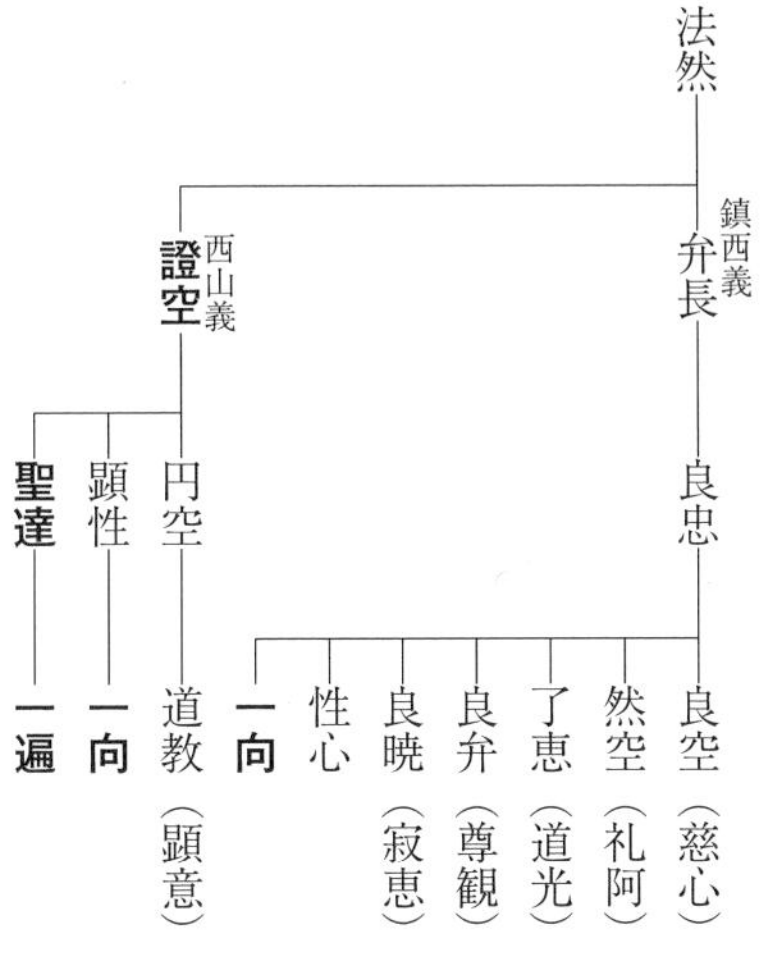

（9）『蓮華寺史料』九六頁。
（10）『浄全』第七巻、七〇―七一頁。
（11）『浄全』第一〇巻、二二二頁下段―二二三頁上段。
（12）『蓮華寺史料』九六頁。
（13）『蓮華寺史料』九七頁。
（14）『蓮華寺史料』一二一―一二二頁。
（15）『蓮華寺史料』一八〇頁。
（16）同前。
（17）『蓮華寺史料』一一二―一一三頁。
（18）『蓮華寺史料』一一一頁。
（19）『蓮華寺史料』一〇八―一〇九頁。
（20）河野憲善氏は、前掲註（5）「一向上人の念仏思想」において『上人伝』および『一向上人縁起』を要約して「そのどこに鎮西流であらねばならぬ必要性があろうか」と述べ「一遍教学と軌を一にするものではないか」と論じられている。
（21）『宗典』上巻、二七頁下段。
（22）『蓮華寺史料』一一六頁―一一七頁。
（23）髙橋弘次『改訂増補法然浄土教の諸問題』（山喜房佛書林、一九九四年一月）参照。
（24）『宗典』上巻、三一頁下段。

第三節　一遍教学における「このとき」攷

はじめに

『一遍聖絵』第九に拠れば、一遍が弘安十年（一二八七）に播磨国（現、兵庫県南西部）書写山円教寺を参詣後、松原というところで念仏の和讃を作成し、時衆に与えたのが「別願和讃」である、という記載がある。そもそも和讃とは、和語讃歎の略で仏教歌謡の一種である。仏や菩薩、教法などをほめたたえることを内容としており、形式的には七五調で四句以上で組み立てられている。(1)

この「別願和讃」には、

身を観ずれば水の泡　消（え）ぬる後は人もなし
命をおもへば月の影　出（で）入（る）息にぞとゞまらぬ(2)

とあり、人の身をしみじみと見ていくと、水の泡のように儚い存在であり、いつまでも生き残れる人はいない。人の命は、月が出て沈むように、息を吸い息を吐くそんなわずかな間に消えてしまうような存在であるという、人間の無常観を絶妙な表現を用いて述べている。

さらに、

仏も衆生もひとつにて　南無阿弥陀仏とぞ申（す）べき
はやく万事をなげ捨（て）て　一心に弥陀を憑（み）つ、
南無阿弥陀仏と息たゆる　是ぞおもひの限（り）なる
此時極楽世界より　弥陀・観音・大勢至
無数恒沙の大聖衆　行者の前に顕現し
一時に御手を授（け）つ、　来迎引接たれ給ふ(3)

と、仏も衆生もひとつになって、きっと南無阿弥陀仏と申すのであり、すみやかにすべてを捨てて、ひと筋に阿弥陀仏を頼みとし、南無阿弥陀仏と称えながら息絶えることこそ、最高の願いである。まさにその時に極楽世界から阿弥陀仏、観音菩薩、勢至菩薩や数多くの聖衆が現れ、手を差しのべて極楽世界へと導いてくれると述べられている。

さて、この「別願和讃」のなかで使用されている「此時」とは、一遍教学にとっていかなる時を表現しているのであろうか。

本節では、「此時」「このとき」の使用例から一遍教学特有の時間論について考察を試みる。

一　一遍の法語に見る「此時」「このとき」

一遍に関する法語から「此時」「このとき」の使用例について、近世に編纂された『一遍上人語録』をもとに考察を行いたい。その『一遍上人語録』巻上所収「土御門入道前内大臣殿より、出離生死の趣、御尋（ね）に付（き）て御返事」には、南無阿弥陀仏ととなへて、わが心のなくなるを、臨終正念といふ。此時、仏の来迎に預（り）て、極楽に往生するを、念仏往生といふなり。南無阿弥陀仏。[4]

と、この消息法語にも「此時」という語が使用されている。この消息法語で一遍は、南無阿弥陀仏と称えて自己の我執の心がなくなることを「臨終正念」といい、この時に仏の来迎があり、極楽に往生すると述べている。

一遍は、さらに「結縁したまふ殿上人に書（き）てしめしたまふ御法語」で、

現世の結縁は後生の為（め）にて候へば、浄土の再会疑（ひ）有（る）べからず候。名号の外に機法なく、名号の外に往生なし。一切万法はみな名号体内の徳なり。然ればすなはち、南無阿弥陀仏と息たゆる処に、得無生忍なりと領解する一念を、臨終正念とは申（す）なり。是則（ち）十劫正覚の一念なり。南無阿弥陀仏。[5]

とあり、南無阿弥陀仏の六字名号のほかに仏も衆生もなく往生もなく、すべての法は六字名号の中に摂取されているのである。その真理を悟ったことを知る一念のことを臨終正念というのであり、このことが「十劫正覚」の一念であると述べている。

一遍の「十劫正覚」については、次の偈頌に詳しく見ることができる。それは、一遍が文永八年（一二七一）に作成した四句の偈頌「十一不二頌」である。

十劫正覚衆生界　一念往生弥陀国　十一不二証無生　国界平等坐大会[6]

この「十一不二頌」の要旨は、十劫のはるか昔、法蔵菩薩が四十八願を建てて、その誓願が成就し、阿弥陀仏になった（第一句）。一度称える念仏により、衆生は阿弥陀仏の西方極楽世界に往生ができる（第二句）。十劫というはるか昔に、法蔵菩薩の正覚と衆生の西方極楽世界への往生は、一度称えた念仏により可能となり、六字名号によってそれぞれ同時に成就している。このことが無生つまり、悟りの境地である（第三句）。国つまり阿弥陀仏の西方極楽世界と界である衆生界と、阿弥陀仏の正覚と衆生の往生とが互いのその時空間を超越し、六字名号の中に摂取されている（第四句）、というのである。[7]

この「十一不二頌」の第一句・第二句は、「浄土三部経」『無量寿経』に説かれた経説どおりであり、この点に、西山義を学んだ一遍としてその経説・師説を継承している。また、第二句にある「一念往生」とは、一回という数的な表現ではなく質的内容を示しているのであろう。そして、第三句では、第一句と第二句の理論的帰結を述べ、第四句は、その理論の実践を意味する。

さらに、『一遍上人語録』一二五に、

又云（く）、『決定往生の信たゝずとて人ごとに歎くはいはれなき事なり。凡夫のこゝろには決定なし。決定は名号なり。しかれば決定往生の信たゝずとも、口にまかせて称名せば往生すべし。是故に往生は心によらず、名号によりて往生するなり。決定の信心をたてゝ後往生すべしといはゞ猶心品にかへるなり。わがこゝろを打（ち）捨てゝ一向に名号によりて往生すと意得れば、をのづから又決定の心はおこるなり。[8]』

と、西方極楽世界に往生する信心が立とうと立つまいと、凡夫である衆生の側には「凡夫のこゝろには決定なし」

と述べられている。これは、西方極楽世界に往生を決定する手がかりは衆生の側にはなく、まして「自力我執」に拠るものでもない。それは、凡夫たる衆生が西方極楽世界への往生に関してただ「決定は名号なり」と一遍は述べている。ここでは、南無阿弥陀仏の六字名号の中に往生のすべてが決定していることを説いているのである。

つまり、一遍は、法蔵菩薩が正覚し阿弥陀仏に成仏した時点と衆生の西方極楽世界への往生との両方が成就した時点は十劫の昔であり、このことを可能にしたのは、南無阿弥陀仏の六字名号である。そのため衆生の往生は、十劫の昔にすでに決定している。六字名号に、衆生の往生はすでに決定しているため、称えるだけで衆生の往生が可能であるとしている。この一遍の名号思想の背景には、西山義が説く「往生正覚同時倶時」の思想がうかがえるものの、六字名号に往生のすべてが具わっている、という唯一絶対的な立場を見出していることにこそ、一遍独自の名号観の展開を見ることができる。

また、一遍は、『一遍上人語録』上巻所収「或人、念仏の法門を尋（ね）申（し）けるに、書（き）てしめしたまふ御法語」において、

> 念仏往生とは、念仏即（ち）往生なり。南無とは能帰の心、阿弥陀仏とは所帰の行、心行相応する一念を往生といふ。南無阿弥陀仏と唱へて後、我（が）心の善悪是非を論ぜず、後念の心をもちひざるを、信心決定の行者とは申（す）なり。只今の称名のほかに臨終有（る）べからず。唯南無阿弥陀仏なむあみだ仏とをなへて、命終するを期とすべし。南無阿弥陀仏。(9)

と述べている。この消息法語で一遍は、念仏往生とは、念仏を称えることが即ち往生である、とし、南無とは衆生

の帰依する心であり阿弥陀仏とは帰依される仏の行である。この衆生の帰命の心と仏の行とが六字名号によって融合することを往生という。そして、ただ今称える名号のほかに臨終はなく、念仏を称えて臨終を期するのである。

『一遍上人語録』五二に、

又云（く）、『往生は初（め）の一念なり。初（め）の一念といふもなを機に付（き）ていふなり。南無阿弥陀仏はもとより往生なり。往生といふは無生なり。此法に遇ふ所をしばらく一念といふなり。三世截断の名号に帰入しぬれば、無始無終の往生なり。臨終平生と分別するも、妄分の機に就（き）て談ずる法門なり。南無阿弥陀仏には、臨終もなく、平生もなし。三世常恒の法なり。出（づ）る息いる息をまたざる故に、当体の一念を臨終とさだむるなり。しかれば念々臨終なり、念々往生なり。故に「回心念々生安楽」と釈せり。おほよそ仏法は当体の一念の外には談ぜざるなり。三世すなはち一念なり。[10]』

とある。この法語で一遍は、南無阿弥陀仏の六字名号がもとより往生そのものであり、往生とは生死の迷いのない世界である、と述べている。さらに、過去・現在・未来の時間の流れを断ち切り、その時を超越した六字名号に帰入してしまうと、はじめも終わりもない永遠の往生であるとし、六字名号には臨終と平生の別がなく、三世常恒の法門であるため、ただ今の一念を臨終と考えている。そのため、一遍は、一念一念に往生があると論じている。つまり、「当体の一念」が永遠の今にある、と述べている。

この「当体の一念」について河野憲善氏は、

只今の非連続の連続線上に臨終平生という妄分の機が位するだけであり、只今という主体的位相が臨終にも平生にも先駆する。(11)

と論じている。この河野氏の「非連続の連続」という表現は、一遍の念仏観を端的に表現している。

さらに、『一遍上人語録』七八では、

又云（く）、『臨終念仏の事、皆人の死苦病苦に責（め）られて、臨終に念仏せでやあらむずらむとおもへるは、是いはれなき事なり。念仏をわが申（し）がほに、かねて臨終を疑ふなり。既に念仏申（す）も仏の護念力なり。臨終正念なるも仏の加祐力なり。往生にをいては、一切の功能、皆もて仏力法力なり。たゞ今の念仏の外に、臨終の念仏なし。臨終即（ち）平生なり。前念は平生となり、後念は臨終と取（る）なり。故に「恒願一切臨終時」と云（ふ）なり。只今念仏申されぬ者が臨終にはえ申さぬなり。遠く臨終の沙汰をせずして、能々恒に念仏申（す）べきなり。(12)』

とある。この法語では、臨終の念仏について述べられ、一遍は、念仏を称えるのは阿弥陀仏の加護があるからだといい、往生は六字名号の力によるものであり、ただ今称える念仏のほかに臨終の念仏があるわけではない、つまり、臨終とは即平生のことであると述べている。これは、ただ今称える念仏を臨終の念仏として称え、過ぎればその念仏が平生の念仏となり、次に称える念仏は臨終の念仏となる、という一遍の念仏観を示しているのである。

このことから一遍は、「当体の一念を臨終とさだむるなり」あるいは、「たゞ今の称名の外に、臨終の念仏なし」

とあるように、一念一念つまり念々の称名に往生の時点を見出している。

また、「たゞだ今の念仏の外に、臨終の念仏なし。臨終即（ち）平生なり。前念は平生となり、後念は臨終と取るなり」と一遍にとって六字名号は、平生・臨終をも超越した唯一絶対的な存在であり、名号即往生であるため、平生・臨終という区別はなく、只今往生するとしていたことがうかがえる。

一遍の念仏観は名号至上主義あるいは念仏一行主義[13]といわれているが、それを端的に表現した法語が『一遍上人語録』二二である。

又云（く）、『中路の白道は南無阿弥陀仏なり。水火の二河は我等が心なり。二河におかされぬは名号なり。[14]』

この中路の白道とは南無阿弥陀仏であり、両側の水と火の河は我が人の心である、と述べている。この法語のいう白道とは、唐代の浄土教大成者である善導が説く「二河白道」の譬喩である。そもそも二河白道とは、善導の主著『観経疏』「散善義」で浄土往生を願う衆生のために説いた譬喩である。この二河白道の譬喩は、法然の「偏依善導」からも日本浄土教にその影響があり、寺院における絵解きなどにも用いられている。法然は、この譬喩を主著『選択集』第八章に引用している。それは、浄土往生を願う者が信心堅固にして外からの誤った思想を防ぐためである。念仏を称えながら此岸である娑婆世界から白道を渡り、彼岸である極楽世界に到達した時点を、往生と説いている。そして、白道そのものの解釈について廣川堯敏氏は、

また、たとえば二河喩の合喩の疏文「廻諸行業」に対する法然・隆寛・證空三師の注釈は全くそれぞれ別で

あって、これこそ己証の上の独創的な解釈といえよう。すなわち、法然は雑行往生の願生心を白道の根拠とし、隆寛は自力の諸行往生から他力の念仏往生への転向をあらわす根拠とし、證空は自力を捨てて他力に振り向ける心をあらわす根拠とし、三師三様である。⒂

と論じている。この三師の解釈を踏まえて、一遍の白道解釈は白道そのものが南無阿弥陀仏の六字名号である、と説いている。それは、名号が無生であり、名号即ち往生であることから、白道に一歩足を踏み入れたその時点、つまり念仏を称えたその時点を往生と捉えているのである。この一遍の白道解釈は、一遍自身の名号観を如実に表現し、なおかつ西山義を超越した思想の表現といえる。

二　一遍の来迎思想

次に、一遍の来迎に関する思想について考察しておきたい。

『一遍上人語録』巻上所収「土御門入道前内大臣殿より、出離生死の趣、御尋（ね）に付（き）て御返事」によれば、

南無阿弥陀仏ととなへて、わが心のなくなるを、臨終正念といふ。此時、仏の来迎に預（り）て、極楽に往生するを、念仏往生といふなり。南無阿弥陀仏。⒃

と述べ、南無阿弥陀仏と称えて自己の我執の心がなくなることを臨終正念といい、このときに阿弥陀仏の来迎があ

り極楽世界に往生する、というのである。

『一遍上人語録』五五に拠れば、

又云（く）、『行者の待（つ）によりて仏も来迎し給ふとおもへり。たとひ待（ち）えたらんとも、三界の中の事なるべし。称名の位が即（ち）まことの来迎なり。称名即（ち）来迎と知（り）ぬれば、決定来迎あるべきなれば、却（つ）て待（た）る、なり。をよそ名号の外はみな幻化の法なるべし。[17]』

続けて『一遍上人語録』五六には、

又云（く）、『一切の法も真実なるべし。其故は、名号所具の万法と知（り）ぬれば、皆真実の功徳なり。これも、功徳の当体が真実なるにはあらず、名号が成ずれば真実になるなり。[18]』

一遍は、ただ来迎を待つのではなく、称名すること自体が本当の来迎であると論じ、それは六字名号にすべての真実が存在しているからである、と述べている。つまり、南無阿弥陀仏の六字名号がすべての真実であるということが前提にあり、称名をすること自体が来迎を招くとする称名即来迎をも示しているのである。

一遍においては、六字名号に対する絶対的立場から臨終・平生、さらには来迎を称名即という関係で捉えていることを、ここでは考察することができた。

おわりに

以上、本節では、一遍が「別願和讃」において使用している「此時」に着目し、この用語がいかなる意味で使用されているのか、について考察した。

一遍は、法語のなかで「たゞ今の念仏の外に臨終の念仏なし。臨終即（ち）平生なり。前念は平生となり、後念は臨終と取（る）なり」と述べるなど、南無阿弥陀仏の六字名号が、その中に平生も臨終をも超越した唯一絶対的な存在であることを述べ、さらに、名号即往生によって平生と臨終という区別がなく、ただ今に往生するということも述べている。また、一遍が六字名号に対してその絶対性を見出すに至る背景には、当然ながら一遍が修学した西山義の影響がうかがえる。

ここで着目した「此時」「このとき」とは、一遍にとって念仏を称える時であり、その時に阿弥陀仏の来迎もあり、往生もあるとしている。それは、一遍が南無阿弥陀仏の六字名号の中に、それらすべてが摂取されており、六字名号に対して一遍自身が絶対性を見出している証左である。

したがって、「此時」「このとき」の使用例からは、それらが、一遍が修学した教義を超越し、南無阿弥陀仏の六字名号を唯一絶対的な存在として見出した一遍特有の時間論であることが考察できた。

註

（1）『和讃の研究』多屋頼俊著作集第二巻（法藏館、一九九二年一月）参照。
（2）『宗典』上巻、一頁上段。

（3）『宗典』上巻、一頁下段。
（4）『宗典』上巻、七頁下段―八頁上段。
（5）『宗典』上巻、八頁上段―下段。
（6）『宗典』上巻、一〇頁下段。
（7）この解釈は、平成二十三年度より開催されている『一遍上人縁起絵』現代語訳研究会参加者で検討した解釈に若干修正を加えたものである。
（8）『宗典』上巻、二九頁上段。
（9）『宗典』上巻、九頁下段。
（10）『宗典』上巻、三一頁下段。
（11）河野憲善『一遍教学と時衆史の研究』（東洋文化出版、一九八一年九月）七頁。
（12）『宗典』上巻、三五頁上段。
（13）念仏一行主義については、今井雅晴「西山証空の名号観と一遍智真」（藤井正雄編『浄土宗の諸問題』所収、雄山閣、一九七八年十一月）一八六頁。
（14）『宗典』上巻、二九頁上段。
（15）廣川堯敏『鎌倉浄土教の研究』（文化書院、二〇一四年六月）八三三頁。
（16）『宗典』上巻、七頁下段―八頁上段。
（17）『宗典』上巻、三二頁上段。
（18）同前。

第四節　時宗宗学における念仏往生観

はじめに

罪悪生死の凡夫が救済される方法とは、何であろうか。浄土教においては、称名念仏によって阿弥陀仏の西方極楽世界に往生することである。そもそも往生とは、一般的にこの世で命が終わり、ほかの世界に生を受けることである。また、往生する方法としての念仏は、仏道修行の行法のひとつであり、本来、仏を憶念することをいい、観仏と称名の別が後に存在したのである。

特に称名念仏の思想的根拠としては、『無量寿経』第十八願「念仏往生願」に、

設《シ》我《レ》得《ンニ》レ仏《ヲ》　十方衆生《ノ》　至心信楽《ニ》《シテ》　欲《ノ》レ生《セント》二我国《カニ》一　乃至十念《センニ》　若《シ》不《ンハ》レ生《セ》者　不レ取二正覚《ヲ》一　唯除《ク》二五逆《ト》誹謗正法一(1)

とある。この願文を唐代の善導は、『願往生礼讃偈』のなかで次のように解釈している。

又如《シ》二無量寿経《ニ》云《カ》一若《シ》我《レ》成仏《センニ》　十方衆生《ノ》　称《シテ》二我名号《ヲ》一　下至《マテ》二十声《ニ》一　若《シ》不《ンハ》レ生《セ》者　不《ト》レ取《ラ》二正覚《ヲ》一　彼仏《ノ》今現《ニ》　在《シテ》レ世《ニ》成仏《シ玉ヘリ》　当《ニ》レ知《ル》本誓　重願不レ虚《カラ》(2)

善導は、『無量寿経』「念仏往生願」の「乃至十念」を「下至十声」、つまり、念とは声と同一であると解釈したのである。これを「念声是一」という。この善導の思想は、法然に多大な影響を与えた。これを受けて法然は、凡夫が救われる方法として専修念仏を提唱したのである。その後、この専修念仏は、法難などを受けながらも法然の門下門流により各地に流布したのである。

さて、本節では、一遍（一二三九―一二八九）の念仏往生観を考察し、その一遍の念仏往生観が二祖他阿真教（一二三七―一三一九）、そして遊行七代他阿託何（一二八五―一三五四）へ、どのように思想的継承がなされたかを考察する。なお、一遍・他阿真教・他阿託何の三人の祖師を取り上げ考察するのは、時宗宗学がこの三師の思想的構造によって構築されているからである。(3)

一　一遍の念仏往生観

一遍の思想背景には、西山派祖證空による西山義の影響がある。特に一遍教学においては、證空が論じた阿弥陀仏の十劫正覚と衆生の往生との関係性が、一遍の六字名号への唯一絶対性を示す根拠となっている。

證空は、阿弥陀仏の十劫正覚と衆生の往生について、阿弥陀仏（その時は法蔵菩薩である）が十劫の昔に悟りをひらいた時、すでに衆生の往生も同時に決定したと解釈する。それは、念仏往生願に「若不生者　不取正覚」とある。この文句について、十劫の昔において衆生が往生しなかったならば、阿弥陀仏は「正覚」をひらかれないのであるから、衆生の往生は十劫の時、すでに決定している。つまり、衆生の往生が阿弥陀仏の「正覚」の要件である。したがって、阿弥陀仏の正覚は、そのまま衆生の往生が決定していると解釈している。このことを「往生正覚同時俱時」という。

阿弥陀仏の仏としての覚体は、衆生を浄土に往生させる（行）本体に他ならない。その覚体は、南無阿弥陀仏の名号と現れるが故にその六字名号とひとつであり、六字名号の中に阿弥陀仏の願行が見えている。

さらに、「南無阿弥陀仏」の六字名号には、衆生の起こす願と共に衆生のすべき行も具わっている。これを仏体即行という。これは、誓願を起こした法蔵菩薩が衆生に代わって六度万行を中間に行って仏に成ったと捉える。(4)

この西山義を修学した一遍の偈頌には、「往生正覚同時倶時」の思想の影響を見ることができる。その偈頌が「十一不二頌」である。『一遍聖絵』第一では、

同年秋のころ　予州窪寺といふところに　青苔緑蘿の幽地をうちはらひ　松門柴戸の閑室をかまへ　東壁にこの二河の本尊をかけ交衆をとゞめてひとり経行し　万事をなげすて、もはら称名す　四儀の勤行さはりなく三とせの春秋を　をくりむかへ給ふ　かの時己心領解の法門とて　七言の頌をつくりて　本尊のかたはらのかきにかけたまへり　其（の）詞（に）云（く）

十劫正覚衆生界　一念往生弥陀国
十一不二証無生　国界平等坐大会

この頌のをもむき義理をつくして　より〳〵示誨をかうぶりき(5)

と記されている。

この「十一不二頌」は、十劫のはるか昔、法蔵菩薩が四十八願を建てて、その誓願が成就し、阿弥陀仏になった。一度称える念仏により、衆生は阿弥陀仏の西方極楽世界に往生ができる。十劫というはるか昔に、法蔵菩薩の正覚

と衆生の西方極楽世界への往生は、一度称えた念仏により可能となり、六字名号によってそれぞれ同時に成就している。このことが無生つまり、悟りの境地である。そして、国つまり阿弥陀仏の西方極楽世界と、界である衆生界と、阿弥陀仏の正覚と衆生の往生とが互いのその時空間を超越し、六字名号の中に摂取されている。

つまり、一遍は、この證空の思想を継承しつつ、さらに展開させて、阿弥陀仏も衆生もその両方を六字名号が摂取し超越する存在になると説いている。ここから、一遍が六字名号に対して唯一絶対的な立場を見出しており、西山義の影響を受けながら名号至上主義と呼ばれる独自の思想を展開している。

では、次に、一遍の念仏往生観について考察を行う。『一遍上人語録』上巻所収「或人、念仏の法門を尋（ね）申（し）けるに、書（き）てしめしたまふ御法語」には、

念仏往生とは、念仏即（ち）往生なり。南無とは能帰の心、阿弥陀仏とは所帰の行、心行相応する一念を往生といふ。南無阿弥陀仏と唱へて後、我（が）心の善悪是非を論ぜず、後念の心をもちひざるを、信心決定の行者とは申（す）なり。只今の称名のほかに臨終有（る）べからず。唯南無阿弥陀仏なむあみだ仏ととなへて、命終するを期とすべし。南無阿弥陀仏。(6)

とある。この法語で一遍は、念仏往生とは念仏がそのまま往生であるという。南無と帰依する衆生の心と阿弥陀仏とは帰依されるところの行、つまり称名念仏である。その帰依する心と帰依される行とが南無阿弥陀仏の六字名号によって一体となるすがたを往生というのである。そのため、南無阿弥陀仏と称えて、自分自身の心の善悪を論じることなく、次のことを考えないのを、信心が定まっている行者というのである。ただ今の称名のほかに臨終はな

い。ただ、念仏を称えて命が終わるのを待つべきであると述べている。
また、『一遍上人語録』七八の法語には、次のように記されている。

又云（く）、『臨終念仏の事。皆人の死苦病苦に責（め）られて、臨終に念仏せでやあらむずらむとおもへるは、是いはれなき事なり。念仏をわが申（し）がほに、かねて臨終を疑ふなり。既に念仏申（す）も仏の護念力なり。臨終正念なるも仏の加祐力なり。往生にをいては、一切の功能、皆もて仏力法力なり。たゞ今の念仏の外に、臨終の念仏なし。臨終即（ち）平生なり。前念は平生となり、後念は臨終と取（る）なり。故に「恒願一切臨終時」と云（ふ）なり。只今念仏申されぬ者が臨終にはえ申さぬなり。遠く臨終の沙汰をせずして、能々恒に念仏申（す）べきなり。(7)』

この法語で一遍は、臨終の念仏について述べている。念仏を称えるのは阿弥陀仏の加護があるからで、往生は六字名号の力によるものであるという。また、ただ今称える念仏のほかに、臨終の念仏があるわけではないため、臨終とは即平生のことであると説いている。

一遍は、普段から称えている一念一念の念仏で、前の念仏は平生の念仏となり、後の念仏が臨終の念仏となるとの考えを示していることが推察される。

このことから一遍は、「当体の一念を臨終とさだむるなり」あるいは、「只今の称名のほかに臨終有るべからず」とあるように、一念一念つまり念々の称名に往生の時点を見出していることがうかがえる。つまり、一遍が、「たゞ今の念仏の外に、臨終の念仏なし。臨終即（ち）平生なり。前念は平生となり、後念は臨終と取（る）なり」

というのは、南無阿弥陀仏の六字名号が平生も臨終をも超越した唯一絶対的な存在であることを論じている。

さらに一遍は、名号即往生で平生・臨終という区別がなく、只今往生することを述べている。そして、『一遍上人語録』五二に、

又云（く）、『往生は初（め）の一念なり。初（め）の一念といふもなを機に付（き）ていふなり。南無阿弥陀仏はもとより往生なり。往生といふは無生なり。此法に遇ふ所をしばらく一念とはいふなり。三世截断の名号に帰入しぬれば、無始無終の往生なり。臨終平生と分別するも、妄分の機に就（き）て談ずる法門なり』[8]。


とある。この法語でも一遍は、「往生は初めの一念に成就している。その最初の一念というのも、衆生の立場で述べているのである。そもそも南無阿弥陀仏は、本来往生そのものである。往生というのは、無生つまり生死の迷いのない世界のことである。そこで、念仏に遇うところを一念というのだ」といっている。三世（過去・現在・未来）の流れを断ち切り、時空間を超越した六字名号に帰入すれば、本来から迷いのない往生になるのである。臨終と平生を分けるのも、衆生に対して示すためのものであることがうかがえる。

このことから、一遍における念仏往生観とは、あくまでも救われる側の衆生も救う側の阿弥陀仏も、念仏を称えるただ今というこの瞬間、六字名号の中で一体となることを力説していることが考察できる。

二　他阿真教の念仏往生観

一遍入滅後、時衆教団を再編したのは、他阿真教である。他阿真教は、『一遍聖絵』第四によれば、建治二年

（一二七六）頃に一遍が九州遊行中、豊後守護大友兵庫頭頼泰邸で一遍と対面し、その後入門している。そして、正応二年（一二八九）八月二十三日に一遍が入滅すると、「知識にをくれたてまつりぬるうへは速に念仏して臨終すべし」[9]と他阿真教ら弟子は死を決心し丹生山に入ったものの、一遍が最後に結縁した「淡河殿の女房」の夫である淡河の領主（淡河時俊か）が念仏札を受けに来た。このことに起因し、他阿真教は死を思いとどまり教団を再編し、遊行回国を行った。

他阿真教の遊行回国は、関東甲信越を中心とし、各地に道場が建立されている。現在の時宗教団は、この他阿真教によって成立したといっても過言ではない。

さて、他阿真教の念仏往生観はどのようなものであろうか。他阿真教にも著作がないため、近世に消息法語を中心に編集された『他阿上人法語』をもとに考察を行う。

「信濃国上原左衛門入道の許より条々の不審まうしあげけるに示したまふ御返事」では、次のように念仏往生観が述べられている。

念仏往生とまうすは、仰聞られてさふらふ条々の不審はれたりともなを不審有とも、是にては往生を定めがたし。これは安心のうへの起行の躰なるべし。安心とまうすは、機の三業にをひては出離の道たえはてたる謂れ至極しつるあひだ、唯不思議の本願名号に往生を任せてとなふるより外は出離たのみがたくなりぬれば、ほとけの護念に預りて往生うたがひ有べからずさふらふ。[10]

ここから、衆生は、念仏往生についてどんなに不審に思うとも、他力不思議の本願の六字名号に往生のすべてを任せて称名念仏するほかに阿弥陀仏の極楽世界に往生する方法はないという考えがうかがえる。

また、「原田四郎左衛門入道の許より道心もなくして念仏の信心もうすきむね訴へまうしけるにつかはさる御返事」には、

念仏往生の信心とまうすは、他力不思議の本願のしたに名号を唱へて、臨終の一念に観音の蓮に託生して無為の浄土に化現する法たるあひだ、一向に機の功をつのらず。万事を仏に任せ奉るのゆへに、信心なく道念なしとかねておもひ知給ふこそ、決定往生の法機たるべくさふらへ[11]。

とある。この法語から、念仏往生の信心については、他力不思議の本願の六字名号に往生のすべてを任せて六字名号を称えることであり、衆生側の働きによるものではない。そして、それは、すべてを阿弥陀仏に任せることであるため、信心がなく、道念堅固でないと知ることこそ決定往生を受けられる素質となることである。つまり、他阿真教は、衆生側がいかに働きかけようとも、他力不思議の六字名号を称えて頼む以外に、往生の方法はないとしている。ここからは、他阿真教自身も、一遍同様に六字名号へ唯一絶対的な立場を取っていることが推察できるのである。

「後深草女院御所へ進ずる御返事」では、「夫念仏往生は、最後終焉の一念にきはまりさふらふ[12]」とあり、ここでは臨終の間際まで念仏を相続することを勧めている。そして、「或人往生の安心尋ね奉りければつかはされける御返事」には、

念仏往生は念仏即往生の行なれば、まうすより外は別の安心なしといへども、信心なき人は最後の時念仏をさしをきて、必死べき命をもたすからん為に医師よ陰陽師よ祈り祭りとて、命の惜き心にばかされて死すべきかたを忘れて[13]、

とあり、念仏往生について念仏を称えることが即往生の行であり、称えること以外に往生する方法はないと説いている。

「宍栗新左衛門尉へつかはさる御返事」では、

されば心にはわすれやすく信ぜられねば、口に南無阿弥陀仏ととなへて臨終すれば、名号の不思議をもて忽に往生をとげ、処に不退の浄土、寿は無量の寿命、身は金剛不壊の姿にて、未来際をつくし生死をうけぬ身となるを、念仏往生のほとけとはまうすなり[14]。

とある。ここでは、称名念仏し臨終を遂げたならば、名号の持つ他力不思議の力でたちまちに往生することができるとし、生死を繰り返すことがない身となることを、念仏往生の仏というと述べている。

また、「三田孫太郎の尋ねに対する御返事」には、

平生に信心おこらば必臨終に唱ふべし。平生不定ならば臨終にもとなふべからず。この理り先言に明鏡なり[15]。

とある。ここでは、平生に信心堅固であれば、必ず臨終の間際にも念仏が称えられるとし、平生に定まらなければ、臨終の間際で称えることはできないと述べている。

さて、他阿真教の念仏往生観は、他力不思議の本願の六字名号を称えること以外に阿弥陀仏の西方極楽世界に往生する方法がないことを論じている。このことから他阿真教は、衆生がすべてを六字名号に任せるべきであることを力説していることが論証でき、この念仏往生観は一遍の念仏往生観を継承するものである。

ただ、一遍が臨終即平生ということから「たゞ今」の念仏のなかに往生することを強調して説いているのに対して、他阿真教は臨終即平生ということよりも臨終正念を強調していることがうかがえる。この点は、一遍と他阿真教が思想的に相違しているのではなく、両者による教団観の相違といえよう。

それは、一遍が「我（が）化導は一期ばかりぞ[16]」と述べていることからもわかるように時衆教団の存続意志が希薄であったのに対して、他阿真教は、有阿呑海（後、遊行四代他阿呑海）に宛てた書簡の中で「既《ニ》道場百所許《カ》に及《ビ》候[17]」と述べているように精力的に各地方に道場を建立し、時衆教団の確立を目指していた。そのため、時衆や信者に念仏往生を勧める際に、六字名号を唯一絶対的な立場を取りながらも臨終正念を説き、念仏相続を強調していたと見られる。

三　他阿託何の念仏往生観

時宗教学の大成者とされる他阿託何は、『器朴論』などを著し、時宗教学の宣揚に勧めている。その他阿託何は、念仏往生をどのように捉えていたのであろうか。

『託何上人御法語』所収「備中穴田ヨリノ御返事」には、

誠ニ念仏即往生ナル事ハ、声即無生第一義諦ト申《ス》釈ニテ候ヘハ、無生ト云事私ナラス。サレハ称名ノ声中ニハ迷悟モナク、機法モ絶《エ》タル処コソ、無生ニテ候へ(18)。

とある。他阿託何は、念仏往生を念仏即往生と捉え、往生は称名する声の中にあると説いている。また、同様のことを説く法語が『託何上人御法語』所収「依《リテ》二或人《ノ》所望《ニ》一被《ル》レ遊《バ》」にも見られる。たとえば、

本来ノ面目ト云《ヘ》ルハ一念未生ナル処ニハ生死ナシ、生死ナキ処即無生ナリ。此ノ無生ト云《フ》ハ名ヲヨフ声ノ中ニアリ、コレ即往生也(19)。

と、この法語に、無生つまり生死輪廻を繰り返すことのない状態が称名念仏の中にあり、それは即往生であると述べられている。

また、『託何上人御法語』所収「一条ノ房尋申《ネシ》ケルニ」には、

是ハ即便当得ハ一機始終ナリ。臨終平生ハ一同ナリト云《フ》事ヲ不《ル》レ知《ラ》ニヤ。平生業成ノ機ハ必《ス》臨終ニ念仏スヘシ。縦ヒ即便往生シタリト思《フ》トモ、臨終ノ念仏ナクハ、即便往生セサリケリト心得ヘシ。サレハ臨終平生ハ只一同ト知《ル》ヘシ。其ノ一同ト云《フ》ハ、臨終トテ未来ニ有《ル》ヘキニ非ス。念々即臨終也。念々臨終ト知《リ》テ、念々称名スレハ、念々即往生也。有心ノ方ハ平生トナリ称念ノ方ハ臨終也。臨終平生一同ノ往生ハ当下ニ称名スル声中ニアリト心得レハ、行住坐臥造次顛沛ニ称名スル即臨終ノ念仏ナルヘシ。当体ヲ離《レ》テ臨終モ平生モ有《ル》ヘカラス。恒願一

切臨終時ナレハ、未来ニ当得往生ヲ遠ク待《ツ》ヘカラス。当体ノ称名是即端的ノ急要也。[20]

とある。ここでは、「即便当得」という往生の時期に関する用語があり、それはすべての衆生に終始していることを述べている。そして、臨終と平生とは、一同であるとしている。さらに、臨終が先のことではなく一念一念が臨終であり、称名すれば、即往生できるとしている。それは、臨終平生が一同であり称名する声の中に往生があると説いていると推察できる。

さらに他阿託何が法語で力説している称名の声の中に往生を見出す思想は、他の著作の中でも同様に述べられている。

他阿託何の主著『器朴論』「第七二種三昧門」には、

康永元年三月五日予於《テ》二備州尾道《ノ》道場《ニ》一昼寝《シヌ》。夢中《ニテ》書二法門《ヲ》一而授《ク》レ人。其《ノ》詞《ニ》云《ク》。往生者《ハ》念仏即《チ》是也。全《ク》非二能領解《ノ》智《ニ》一。只偏《タニ》所領解《ノ》徳也。能帰《ノ》智《ハ》是《レ》観仏三昧也。所帰《ノ》法《ハ》是《レ》念仏三昧也。能帰所帰一体《ニシテ》而称二念《スレハ》南無阿弥陀仏《ト》一。即《チ》是《レ》願行具足《ノ》名号《ノ》体《ナリ》。観仏念仏同《ク》所《ノ》レ成《スル》往生也。[21]

とある。この法語は、他阿託何が康永元年（一三四二）三月五日、備州尾道の道場で夢中に感得した内容についてである。ここには、往生とは念仏そのものである。まったく衆生の智のおよぶところではなく、ひとえに仏の教えは念仏三昧である。能帰である衆生と所帰である阿弥陀仏とが一体になることにより、南無阿弥陀仏の六字名号を称することになる。その六字名号は誓願と修行とを具足した名号の本体である。そして、観仏三昧と念仏三昧が同じく成就することを往生というとある。この法門は、他阿託何が夢中に感得したものとされているが、これ自体、他阿託何自身の教学を反映していると見ることができる。

また、『器朴論』「第九発菩提心門」では、次のようにいう。

浄土門意ノハ名号則菩提。故ニ彼此三業不㆓相捨離㆒。能帰所帰一体ナルヲ名ヅク㆓菩提心㆒ト。然者名号念々ノ中ニ通㆓達菩提心ニ㆒。證㆓得スル無生忍ヲ㆒不思議ノ法門ナリ。不㆑謂㆓利鈍㆒一形則チ往ク足ル㆑為ニ㆓実頓㆒ト耳。(22)

ここでいう浄土門の意義とは名号即菩提であるため、阿弥陀仏と衆生との三業はお互いに離れることがない（離成三業）ことから、能帰である衆生と所帰である阿弥陀仏とが一体になることを菩提心という。そのため、名号念々の中に、菩提心に通達して無生忍を証得する不思議の法門である。衆生の利・鈍の機根について論ずることなく、一生涯のうちに往生することから実頓とするに足るのみであると述べている。

これら他阿託何の法語や著作からは、六字名号を称えるその時その瞬間に往生できるとの主張がうかがえる。そして、その根拠は、称名するその声の中に往生があり、臨終と平生とが一同であるからだと他阿託何は説いている。そのため他阿託何の念仏往生観は、六字名号の唯一絶対的な立場から論じていることが推察できる。このことから一遍の念仏往生観を継承するものであると論証することができた。

おわりに

このように本節では、西山義から一遍教学、そして時宗宗学への継承とその展開を考察した。

一遍から他阿託何に至る時宗宗学において、念仏往生観には、證空の説く衆生の往生は十劫の昔に阿弥陀仏が正覚した時点で決定しているという思想をその論拠としていることを考察した。

さらに、時宗宗学における念仏往生観は、西山義を継承しつつも南無阿弥陀仏の六字名号自体に絶対性を見出すことで衆生の往生は十劫正覚の時すでに決定していることから、「たゞ今」称える念仏によって往生すると説く。また、衆生の往生は、六字名号に衆生往生の要件がすべて具わっているため、衆生が往生する方法はあくまでも称名念仏以外にないとするのである。

註

（1）『浄全』第一巻、七頁。
（2）『浄全』第四巻、三七六頁上段。
（3）本書第一章第一節参照。
（4）『西山教義概論』（西山浄土宗教学部、一九九二年四月）、中西随功『證空浄土教の研究』（法藏館、二〇〇九年三月）、安井信雅『述誠』（西風会、二〇〇五年三月）、中西随功監修『證空辞典』（東京堂出版、二〇一一年七月）などを参照した。
（5）『宗典』下巻、三六六頁下段。
（6）『宗典』上巻、九頁下段。
（7）『宗典』上巻、三五頁上段。
（8）『宗典』上巻、三一頁下段。
（9）『宗典』下巻、四一三頁上段。
（10）『宗典』上巻、一六七頁下段。

(11)『宗典』上巻、一七一頁上段―下段。
(12)『宗典』上巻、一五三頁下段。
(13)『宗典』上巻、一六〇頁下段。
(14)『宗典』上巻、一六八頁下段。
(15)『宗典』上巻、一七二頁下段。
(16)『宗典』下巻、三九〇頁上段。
(17)『宗典』上巻、三九一頁上段。
(18)『宗典』上巻、三六一頁上段―下段。
(19)『宗典』上巻、三七〇頁上段。
(20)『宗典』上巻、三六〇頁上段。
(21)『宗典』上巻、二八九頁下段。
(22)『宗典』上巻、二九三頁上段。

第五節　門流による一遍呼称の変遷

はじめに

一遍は、「一代聖教みなつきて南無阿弥陀仏になりはてぬ[1]」と述べていることから、自らのもとに結集した時衆を教団として継続することに否定的だったことがうかがえる。そのため、時宗教団は、二祖他阿真教により再編成され現在に至っている。

本節では、教団の構成要素として必要不可欠な「宗祖」について考察を行う。それは、時宗教団形成過程で一遍がいつの時代に「宗祖」として意識されたのか、門下門流の著作や法語に表現される一遍の呼称用例をもとに考察を行う[2]。

一　一遍の呼称

一遍の名称については、随縁→智真→一遍と改称されていく変遷を『一遍聖絵[3]』でうかがうことができる。そこで、一遍という名称自体が自称なのかあるいは他称であったのかを『一遍聖絵』をもとに整理しておきたい。

①　自称としての「一遍」用例

『一遍聖絵』

「南無阿弥陀仏　六十万人知識一遍」（第六[4]）

「弘安十年三月一日　一遍」（第十[5]）

計二箇所にその使用があることを指摘できる。

② 他称としての「一遍」用例

『一遍聖絵』

「たけのたかきをば一遍上人と申（す）と見て」（第五[6]）

「これをば一遍聖のかたみとすべし」（第五[7]）

「謹上還来穢国一遍上人足下」（第六[8]）

「一遍上人のいらせ給（ひ）たるはみたてまつるか」（第六[9]）

「聖人供養のこころざしに」（第七[10]）

「一遍房を今一度請ぜよ聴聞せん」（第八[11]）

「一遍上人参詣して桜会の日大行道にたち大念仏を申」（第十[12]）

この一遍の呼称用例からは、林譲氏[13]がすでに指摘されているように、自他ともに「一遍」という房号を使用していることがうかがえる。

二　門流による一遍呼称の用例

ここでは、一遍の門下門流における呼称用例の推移を、著作・法語類から考察していきたい。呼称用例を考察するにあたり、まずは、門下および門流の用語の原義について見ていく。

「門下」および「門流」の用語の原義については、次の辞書類Ⅰ『広辞苑』第五版[14]、Ⅱ『日本国語大辞典[15]』、Ⅲ『諸橋大漢和辞典[16]』から見ていくと、

「門下」

Ⅰ　①門あたり。邸内。また、その許に伺候すること。

②ある師の門に入って教えを受けること。また、その人。門人。弟子。門下生。

Ⅱ　①門の下。邸内。また、人のもとに近く伺候すること。また、食客。門客。

②ある宗教の師の弟子となり、教えをうけること。また、その人。門人。門弟。

③ある学問や技芸の先生の弟子となり、教えを受けること。また、その人。門下生。門弟。

Ⅲ　①家のうち。屋敷のうち。又、其処に居る家族以外の人。使用人・食客・弟子など。

②官名。六朝の齋の時、侍中といふ。

「門流」

Ⅰ　一門のわかれ。一門の流派。

Ⅱ　一門の分かれ。一門の流派。門派。門葉。

Ⅲ　門閥と流派。又、一門の流派。門派。

となる。おおよそ、「門下」とは、師から直接教えを受けた門人、門下生を意味しており、「門流」は、おおむね一門の分かれ、門派という意味である。

そこで、このことをもとに一遍の門下門流について諸史料を見ていくことにする。『浄土物系図』「一、踊念仏元祖」（西谷本）には、

伊予国革野（ママ）一族、西山御弟子ニ聖達・観智ト二人之弟子也、念仏而忘他念、諸国遊行念仏元祖也
一遍上人（本名智心）――他阿弥陀仏（本名小住心）　諸国遊行相続之[17]

とある。また、同様に『浄土物系図』（名越本）にも記されている。また、『蓮門宗派』に、

性達（ママ）（鎮西）――智心（一遍上人）　諸国遊行踊念仏元祖也[18]――他阿

とある。さらに、

一、踊念仏元祖
空也上人　延喜第三御子、相模守利定朝臣下賜、取養之、六波羅蜜寺・本願寺・市屋住、市屋聖是也
一遍上人（本名智心）　伊予国河野一族、西山御弟子聖達・観智二人之弟子也、念仏而忘他念、諸国遊行念仏之元祖也
他阿弥陀仏　本名小信心　諸国遊行相続之
中 他阿弥陀仏　加賀井賀入道　諸国遊行相続之

後他阿弥陀仏　俣野入道　同前
他阿弥陀仏　藤沢方　同前
内阿弥陀仏　当麻方　同前[19]

とあり、一遍から直接教えを受けた、いわゆる面授の弟子としては、他阿弥陀仏つまり、後の二祖他阿真教のみが該当している。また、時宗教団に伝承されている系譜史料を紐解いてみると『時宗血脈相承之次第』（新潟県十日町市来迎寺蔵）には、「二祖上人一遍上人御弟子他阿[20]」とある。また、「三祖上人一遍上人御弟子本名量阿[21]」も記されている。このように、一遍自身の弟子として取り上げられているのは二祖他阿真教と、さらに『時宗血脈相承之次第』に記載された三代他阿智得であるが、教団内外の史料により、おそらく、一遍門下として確実なのは、二祖他阿真教であろう。

さらに、一遍の門流としては、その一門の分かれ、門派を見るならば、現代に至るまでその範疇に入ると考えられるが、論旨上、一応中世で区分し、考察を行いたい。

ここでは、該当する人物として、一遍の系統に連なり著作や伝記類が現存している遊行二祖他阿真教、遊行三代他阿智得、遊行四代他阿呑海、遊行五代他阿安国、遊行六代他阿一鎮、遊行七代他阿託何、遊行十四代他阿太空、遊行二十一代他阿知蓮の史料を用いて考察する。

まず、一遍の門下門流による一遍の呼称を、それぞれの著作および法語類から考察する。

三　一遍とその周辺

すでに自称・他称の一遍呼称を考察したが、あらためて、『一遍聖絵』『一遍上人縁起絵』における一遍の周辺からの一遍呼称の用例について、次のように整理した。

一遍呼称用例分類表

呼称用例	『定本時宗宗典』下巻の該当頁
一遍ひじり	365下
ひじり	366上　384下
聖	366上　368下　369下　370下　372下　374上　374下　378下　379上　379下　380上　381上　383下　385上　387下　388上　389上　389下　390下　391上　391下　**402下**　**403上**　**403下**　**405上**　**405下**　**410下**　**411上**　**412上**　**413上**
一遍上人	373上　376上　388上　**401下**　**410下**
一遍	387上　390下　**409上**
一遍房	**407下**
故聖	**413上**　**417下**
上人	**404下**　**412下**
六十万人知識一遍	375下　**404下**

（太字は、『一遍上人縁起絵』の頁を示している）

この表に示したように、一遍に関する呼称用例をいくつか見ることができる。これらのうちでは、圧倒的な数で「聖」の使用例をあげることができる。

このことから、一遍は、その周辺に存在した聖戒、他阿真教、宗俊などの、一遍のもとに参集し時衆を形成する人々によって「聖」と呼称されていたことがうかがえる。つまり、一遍の呼称は、あくまでも「聖」であり、この呼称はおそらく「一遍聖」を意味したものであることがうかがえよう。

中世において「聖」は、遁世者に付けられる称号であり、尊称として用いられていた経緯が論じられている。[22]

ちなみに、『一遍上人縁起絵』第五以降、「聖」は二祖他阿真教を示しており、「故聖」が一遍を示していることをその文脈からうかがうことができる。

このようなことから、一遍から直接教えを受けたり、行動をともにしていた周辺の人々からの呼称は「聖」であり、これは、あくまでも「一遍聖」を意味している。そして、一遍入滅後、後継者としてその地位にあった他阿真教をやはり「聖」と呼称し、一遍を「故聖」と呼称していることは、いかなる意味が存在していたのであろうか。

推測の域を脱し得ないが「聖」という呼称は、遁世者教団の指導者への尊称として、時衆では受け止められていたのではないだろうか。

それでは、次に、門流個々による呼称用例から考察を試みたい。

四　他阿真教による一遍の呼称

他阿真教による一遍の呼称用例については、先に『一遍上人縁起絵』をもとに考察を行っているが、ここでは、他阿真教に関連する史料であり「嘉元四丙午年六月朔日」の奥書を持つ『奉納縁起記』（『三大祖師法語』所収）および各地に点在していた道場の坊主への往来書簡を近世に編纂した『他阿上人法語』により、考察を行う。史料を整理していくと、「故聖」（七回）「聖」（四回）「一遍房」（一回）などの呼称用例を見出すことができる。その用例を次に列挙してみよう。

①「故聖」の用例

「又云。故聖の時九州修行のあひだ[23]」、「そのゆへは生弌は故聖のとき[24]」、「故聖存生の時、丹波国山内入道といへるもの[25]」、「六十万人の数は故聖の時よりわれわれ又当時の遊行の時まで[26]」、「故聖の時よりこのしたの僧尼の別して人にかはりて」（以上『他阿上人法語[27]』）、「故聖去《ル》建治之《ノ》此心《ロ》中[28]」、「仰《キ》二故聖之《ノ》遺誡《ヲ》一修《ス》二念仏勧-進之《ノ》行《ヲ》一」（以上『奉納縁起記[29]』）

このように、「故聖」という呼称を一遍に使用している。この呼称は、文脈から一遍生存中の出来事を他阿真教が回想している場合に用いられていることがうかがえる。

②「聖」の用例

「其-時聖示《シテ》曰厭-離穢-土之行-人《ハ》[30]」、「其時聖示《シテ》レ予曰倩案《ラスルニ》二帰命之《ノ》二字《ヲ》一[31]」、「聖天王寺逗《リ》留之《ノ》時書《タマフ》　詞《ニ》云[32]」、「聖親《リ》書《シ》二名号《ニ》一」（以上『奉納縁起記[33]』）

このように、一遍を「聖」と呼称している用例を見ると、先に示した「故聖」と同様に、文脈から往時の出来事を他阿真教自身が回想している場合に用いている用語であることが理解できるが、何故、「聖」「故聖」と使い分けをしているのであろうか。

さらに、『他阿上人法語』にはこの呼称用例を見出せないが、『奉納縁起記』には二種の呼称用例が混在しているのである。

③「一遍房」の用例

「信州善光寺へ詣けるに夢に告て曰、わが前へ何によて来る、我まへゝ志あらば一遍房のもとへ行向ふべしとしめされける」（『他阿上人法語』(34)）

この用例は、他阿真教が一遍を回想しながらしたためたものであり、他阿真教が直接一遍を呼称した用例ではないが、教団内外において一遍がどのように呼称されていたかを確認することができた。

五　他阿智得から他阿一鎮による一遍の呼称

先に示した史料によれば他阿智得は、一遍の門下あるいはそれに近い位置にあることがうかがえる。他阿智得には、『知心修要記』『三心料簡義』『念仏往生綱要』（『三大祖師法語』所収）の著作があり、それらは時宗宗学においては初の教義書といえよう。しかし、一遍の呼称と思われるものは、『知心修要記』に「古聖云執《シ》レ愛《ヲ》成《ノ》レ著《ヲ》基《ハ》起《ル》二常住《ノ》思《ヨリ》一」(35)と一箇所のみである。

さて、他阿呑海・他阿安国・他阿一鎮は、それぞれ教義的な著作を著していないため、その法語によってのみ一遍の呼称用例を探ることができる。

他阿呑海には『呑海上人御法語』があり、一遍呼称についていくつかの用例を見出すことができる。『呑海上人御法語』を整理してみると、「一遍聖」「捨聖の門下」の呼称を確認した。

①「一遍聖」の用例

イ　抑々一遍聖此《ノ》化導を発願してより以来五十余年、既《ニ》三代の聖に補処して于今無《シ》レ止《ムコト》。(36)

ロ　報《ジテ》云《ク》、一遍聖之化益は諸国融通念仏也。此《ノ》化導相承といふは遊行稟承《ノ》事也。(37)

ハ　其《ノ》故者一遍聖於《テ》二摂州兵庫島《ノニ》一雖《モ》レ有《リト》二入滅一大聖之在世遂《ニ》不レ及《バ》二遺跡之沙汰《ニ》一。(38)

②　「捨聖の門下」の用例

イ　而《ルニ》捨聖の門下に既《ニ》入《ル》と浄論之条、所論何物候《ニ》乎。(39)

ロ　然《ラバ》者四代の相続は一理の化益なるへし、故《ニ》大聖云《ク》捨聖之門下に遺跡相承之義あるへからすといへり。(40)

このように、他阿呑海においては、この二種類の用例を一遍の呼称として見出すことができた。他阿真教などに見られる「聖」あるいは「故聖」の呼称は使用されることなく、それまでになかった「捨聖」の呼称を確認できる。いったい「聖」「故聖」の呼称はどうなったのであろうか。

『呑海上人御法語』には、

可《キ》三超二越《ス》所々坊主《ニ》一之条是《レノ》何謂《ゾ》哉。剰《ヘ》所々の坊主は或《ハ》宿老或《ハ》戒臈也。各守《リ》二故聖之命《ヲ》一分々の利益盛《ン》也。(41)

とあり、年号などがないため推測の域を脱し得ないが、これは他阿呑海の遊行相続以後の法語と推定される。さらに、この引用箇所の中で述べられている「故聖」は、「所々の坊主」とあることから、おそらく各地に道場を建立し坊主として時衆を留めたり派遣した他阿真教を指していることがうかがえる。そのため、他阿呑海が呼称している「故聖」は、他阿呑海の師であり、遊行聖として二代前の他阿真教を指していることが理解できよう。

次に、他阿安国も著作はなく、わずかな法語においてのみその思想を知り得るのだが、今のところ一遍の呼称を見出すことができない。

他阿一鎮においては、『遊行法語集』『遊行代々法語』所収の法語に、用例として「一遍聖」「高祖一遍聖」の呼称が見られる。

イ　されは高祖一遍聖云、六字之中本無生死一声之間則証無生、不踏心地登霊台不仮工夫開覚蔵とも被二書置一候。
（『遊行法語集』[42]）

ロ　凡一遍聖最初は只一人にて算賦給き。是を思に無人数にて遊行あらは、唯路も容易く人の結縁も益ありぬと覚候。（『遊行代々法語』[43]）

他阿一鎮には、新たに「一遍聖」そして「高祖一遍聖」の呼称用例を見出すことができた。とくに注目すべきは、一遍を「高祖」と呼称した上で「六字無生頌」を引用していることである。この一遍の法語類を引用した例は、初見である。

六　他阿託何による一遍の呼称

他阿託何については、すでに拙稿において時宗教学の大成者であることを論じ、また、数多くある著作も対自宗・対他宗に分類できることも考察した[44]。

他阿託何による一遍の呼称として注目すべきは、他阿真教以後一遍の呼称が「聖」「故聖」であるのに対して「初祖」「元祖」と呼称していることがあげられる。それらの呼称を次にあげてみる。

イ　初祖《ノ》昔《ハ》木《ノ》根萱《ノ》根《ヲ》為レ栖《ト》捨レ世《ヲ》捨《ルヲ》レ身《ヲ》為二之楽《ト》一、遊行《ノ》風流相ｌ継《テ》天真《ナリ》也。（『他阿弥陀仏同行用心大綱註』(45)）

ロ　初祖《ノ》古《ハ》為《リシヲ》レ黒衣二大聖鎌倉共ｌ住《ノ》時《ヨリ》作《セリ》レ薄《ク》人心付《キ》レ色《ニテ》成レ華《ニ》埋《レ》木《ノ》人不レ知事《ヲ》恨《ミ》糸薄《ク》繊《ク》厳《シキ》衣《ヲ》欲《ホシカル》　志《ノ》色薄《ク》成《リ》行《クハ》尤《モ》可レ戒《ム》（『条条行儀法則』(46)）

ハ　故ニ元祖云《ク》。六字之中本無生死一声之間則証無生。ト云リ。無生ヲ証スレハ菩提ナリ。菩提ナレハ元是《レ》菩提ト云《ハ》ル丶也。念仏即是涅槃門ナルカ故也。(47)（『託何上人御法語』）

ニ　其後ハ相続シテ書《ク》モノ無《カ》リケルニ、一遍聖ヨリ以来至二七代《ツテ》一《ニ》弥々名号ニ於テ利物盛ナルコト、末法利物偏増ハ弥陀ノ一教ニアリ。（『七代上人法語』(48)）

ホ　一遍聖ハ逢三道範《ヒ》於二讃州《トテ》一《ニ》談義セラレケルニ、釈論ナト談《リ》給ヒタリケルノ由、聞《ク》ニ随《ツテ》而真言家ノ法門ニ相似ル事、彼道範ノ秘密念仏集ノ心少シ易目有リト註《ス》（レ）トモ、（『七代上人法語』(49)）

ここにあげた呼称の中には、一遍の和歌を引用し述べた箇所があり、あるいは「故ニ元祖云《ク》」（『託何上人御法語』）として「六字無生頌」を引用している。このように一遍の法語類を引用することは、他阿呑海以前に見出せなかったことであり、他阿一鎮同様注目すべき点であろう。

七　他阿太空による一遍の呼称

他阿太空には、『遊行法語集』の中に一遍の呼称用例が見られる。それによると、「元祖」「聖頌曰」という一遍の呼称が見られ、次にその用例を見ていくと、

元祖は仏も衆生も一にて南無阿弥陀仏とそ申へきとあり、生仏不二のいはれ是なり。さてこそ生仏不二なれ、口伝の歌にいはく、

阿弥陀仏は迷ひ悟りの道たへてたゝ名にかなふ息ほとけなり

迷悟なき処に如何なる執情の性ありてか仏と我と別ならんや。正く迷悟機法を絶し無我無人なるを他力念仏の行者ともいい、南無阿弥陀仏ともいふなり。さてこそ念即無念の念仏なれ。聖頌曰、

弘願一称万行致　果号三字衆徳源
不レ踏二心地一登霊台　不レ仮二工夫一開二覚蔵一

又

六字之中　本無二生死一　一声之間　即証二無生一矣(50)

と、一遍の法語や偈頌がそれぞれ引用されていることがわかる。

八　他阿知蓮による一遍の呼称

他阿知蓮には、『真宗要法記』という著作があり、当時の教団構成や動向、修学内容などを知る手がかりとなる貴重な史料でもある。その中に、いくつか一遍の呼称がある。あげておくと、

イ　神興《ト》二元祖一有《リ》二其約《ノ》一、神託《ニ》誓《ヒテ》曰《ハク》、一遍門流之衆徒勿《レ》レ詣《ヅルコト》二社前《ニ》一。我当《ニ》必《ラズ》不《シテ》レ去《ラ》二道場《ヲ》一而守二護《ス》之《レヲ》一。(51)

ロ　初祖修行《ノ》古《ヘハ》或《イハ》堂社《ノ》或《イハ》市町《ノ》中《ニシテ》而道俗男女同《ジク》踊躍念仏《センヨリ》以来、此《ノ》行儀始《マル》也。(52)

ハ　或《ヒト》曰《ク》、元祖偶《テ》二無上希有之法《ニ》一喜《ビ》レ易《キテ》二出離《シ》一、踊躍念仏《シタマヒテ》而不レ知《ラ》レ踏二落《ズルコトヲ》衣裙《ヲ》一(53)

ニ　開山仙阿《ハ》元祖之法弟也。別離之時請《フニ》二形見《ヲ》一元祖《ノ》日《ハク》以《テ》二一《ノ》物《ヲ》一為《ス》二形見《ト》一。(54)

ホ　元祖《ノ》曰《ハク》阿弥陀仏《ノ》四文字非《ハズシテ》二本願《ニ》一而南無是《レ》本願也。南無者《ト》始覚機《ノ》、アミタ仏者《ト》本覚之法也。(55)

へ　元祖《ハ》以《テ》二所移之念仏《ヲ》一名《ヅク》二唯一念仏《ト》一。復《タ》名《ヅク》二独立念仏《ト》一。又名《ヅク》二独一念仏《ト》一。(56)

となり、他阿知蓮においては、圧倒的に一遍呼称として「元祖」の使用頻度が高いことがうかがえる。その結果、時宗教団の形成過程と一遍呼称の変遷には、何らかの関係性があるといえるであろう。

九　一遍呼称とその教学継承

これまで、一遍呼称の変遷を史料から考察してきた。ここでは、法語類の引用から、一遍呼称とその教学継承との関係について考察を試みたい。

他阿真教の場合、一遍の呼称用例においては、先に考察したように一遍の法語や偈頌といった教学的内容を示す用例はなく、その多くが往時の一遍の行動に関係するものであることが指摘できる。一遍から直接その教義を受けた面授の弟子でありながらも、その法語などの引用はなく、「聖」「故聖」などの呼称は、あくまでも遁世者による集団の指導者としての位置づけによるものといえよう。そして、一遍入滅後、「聖」の呼称は、一遍を指す固有の呼称ではなく、その後継者たる地位を獲得した他阿真教に引き継がれることになったのではないだろうか。

また、一遍に関する呼称の変遷を見ていくと、他阿呑海以降、「故聖」などの呼称は、一遍ではなく他阿真教など、一遍の後継者を示す呼称であることがうかがえる。さらに、一遍の偈頌や法語などが引用されるなかで、一遍の呼称としては、しだいに、「高祖」「元祖」が使用されている。これは、一遍の呼称が、単なる遁世僧集団の指導者的呼称としての「聖」から教団の祖師的呼称としての「高祖」「元祖」といった呼称への変遷を見ることができるのではなかろうか。

そして、一遍の教義的側面に関して、他阿真教などの代には引用されず、回想でしか示されなかったが、他阿一鎮以降には、具体的に一遍の偈頌や法語が引用されていることが指摘できる。

その要因は、やはり、一遍の法語の編纂にあるのではなかろうか。つまり、一遍の法語など教義面に関する内容について面授の弟子などの覚書を通して修学されていたものが、しだいに『播州法語集』のように編纂され、容易に一遍の教義的な内容を知る術ができたからではないだろうか[57]。

つまり、教団の拡大にともない、一遍の存在が、入滅後は教団の祖師的地位をしだいに獲得し、教団の指導者的呼称も教団の祖師的呼称へと変化していったことがうかがえる。それは、教団的な事情だけにとどまらず、教義的な面においても法語集が編纂、流布されたという背景も無関係ではないと推察できる。

おわりに

本節においては、時宗教団形成過程で一遍がいつの時代に「宗祖」として意識されたのか、門下門流の著作や法語に表現される一遍の呼称をもとに考察を行った。一遍は、本人が活躍あるいは入滅後しばらくの間は、「聖」と呼称されていたが、代が下り「高祖」「元祖」と呼称されるようになり、時宗教団の祖師的な地位を獲得していることがうかがえる。また、呼称の変遷にともない、一遍の偈頌や法語など教義に関する内容が頻繁に引用されるようになった。

この要因には、『播州法語集』の編纂があげられる。それまで、著作のない一遍の思想を継承することが困難であったが、法語などから一遍の思想を知ることができ、教義の根拠にすることができたのであろう。つまり、教団の拡大および一遍の法語の編纂にともない、一遍の存在は、入滅後、教団の祖師的地位をしだいに獲得し、教団の指導者的呼称から教団の祖師的呼称へと変化していったことがうかがえる。

この考察の結果、一遍が時宗教団の宗祖としての地位を確立した時期は、おおよそ南北朝時代頃と推定することができる。

註

（1）『宗典』下巻、三九〇頁上段。
（2）脇本平也『宗教学入門』（講談社、一九九七年八月）を参照。
（3）『一遍聖絵』では、一遍の名称の変遷について以下のように記されている。随縁については、「出家をとげて法名を随縁と申（し）けるが」（『宗典』下巻、三六五頁下段）とあり、智真については、清水華台の指示により「しかるべからずとて智真とあらため給（ひ）き」（『宗典』下巻、三六五頁下段）とある。一遍への改称については明記されていないが熊野参籠以後その使用が見られる。
（4）『宗典』下巻、三七五頁下段。
（5）『宗典』下巻、三八七頁上段。
（6）『宗典』下巻、三七三頁上段。
（7）同前。
（8）『宗典』下巻、三七五頁下段。
（9）『宗典』下巻、三七六頁上段。

(10)『宗典』下巻、三七七頁上段。
(11)『宗典』下巻、三八一頁下段。
(12)『宗典』下巻、三八八頁上段。
(13)林譲「一遍の宗教覚書」(大隅和雄編『中世の仏教と社会』所収、吉川弘文館、二〇〇〇年七月)一一六頁。
(14)『広辞苑』第五版(岩波書店、一九九八年十一月)。
(15)『日本国語大辞典』(小学館、一九七二年二月)。
(16)諸橋轍次『大漢和辞典』(大修館書店、一九五八年四月)。
(17)野村恒道・福田行慈編『法然教団系譜選』(青史出版、二〇〇四年九月)六七頁。
(18)同前書、九七頁。
(19)同前書、一二〇頁。
(20)大橋俊雄『時宗の成立と展開』(吉川弘文館、一九七三年六月)三〇五頁下段。

一遍上人ヨリ相続
二祖上人　○入戒四十
一遍上人
御弟子
他阿
歳　建治
二年　正応二己丑年九月三日摂津粟河於二極楽寺阿弥陀堂一賦算五十
三　遊行十六年　元応元己未年正月廿七日於相州当麻入滅八十二
独住十六年　生国豊後　嘉禎三丁酉誕生

(21)前掲書、三〇五頁下段。

二祖ヨリ附法
三祖中上人　○入戒卅　生国加賀堅田　弘長元辛酉年誕生　嘉元二甲
一遍上人
御弟子
本名量阿
辰年正月十日於二相州平塚宿一賦算四十四　遊行十六年　独住三年
元応二庚申七月一日於二相州当麻一入滅六十歳

(22)林譲「日本全土への遊行と賦算」(今井雅晴編『日本の名僧11　一遍』所収、吉川弘文館、二〇〇四年三月)七五頁。
(23)『宗典』上巻、一四七頁上段。
(24)『宗典』上巻、一四七頁下段。
(25)『宗典』上巻、一四八頁下段。
(26)『宗典』上巻、一八二頁下段。
(27)『宗典』上巻、一九五頁下段。
(28)『宗典』上巻、二三七頁上段。
(29)『宗典』上巻、二三八頁下段。
(30)『宗典』上巻、二三七頁下段。
(31)『宗典』上巻、二三八頁上段。
(32)同前。
(33)『宗典』上巻、二三八頁下段。
(34)『宗典』上巻、一四八頁下段。
(35)『宗典』上巻、二四〇頁下段。
(36)『宗典』上巻、二六五頁上段。
(37)『宗典』上巻、二六八頁上段。
(38)『宗典』上巻、二六八頁下段。
(39)『宗典』上巻、二六七頁下段。
(40)『宗典』上巻、二六七頁下段。
(41)『宗典』上巻、二六六頁上段。
(42)『宗典』上巻、三三四頁下段。
(43)『宗典』上巻、三五三頁上段。

（44）拙稿「『器朴論』における一考察」（『時宗教学年報』第二八輯所収、二〇〇〇年三月）、「託何教学における宗観念」（『大正大学綜合佛教研究所年報』第二六号所収、二〇〇四年三月）ほか。
（45）『宗典』上巻、二四五頁下段。
（46）『宗典』上巻、二五二頁上段。
（47）『宗典』上巻、三五八頁下段。
（48）『宗典』上巻、三七七頁上段。
（49）同前。
（50）『宗典』上巻、三二八頁上段―下段。
（51）『宗典』下巻、四頁下段―五頁上段。
（52）『宗典』下巻、五頁上段。
（53）『宗典』下巻、五頁下段。
（54）『宗典』下巻、六頁上段。
（55）『宗典』下巻、七頁上段。
（56）『宗典』下巻、九頁上段。
（57）今井雅晴『中世社会と時宗の研究』（吉川弘文館、一九八五年十一月）一三四頁。

第六節　一遍教学とその展開

はじめに

一遍が熊野本宮証誠殿で熊野権現から神託を授かる場面を『一遍聖絵』第三では、次のように記している。

かの山臥　聖のまへにあゆみより給（ひ）ての給はく「融通念仏すゝむる聖　いかに念仏をばあしくすゝめらるゝぞ　御房のすゝめによりて一切衆生はじめて　往生すべきにあらず　阿弥陀仏の十劫正覚に一切衆生の往生は南無阿弥陀仏と決定するところ也　信不信をえらばず　浄不浄をきらはず　その札をくばるべし」としめし給ふ(1)

この場面の出来事によって一遍は、念仏の深意を得て迷うことなく念仏勧進を行うことになる。また、この瞬間を後世の時宗教団では、立教開宗の時としている。

さて、この場面で注目すべきことは、一遍が「融通念仏すゝむる聖」と呼称されていることであり、そのことを『一遍聖絵』を制作した聖戒（一遍の弟子あるいは実弟といわれている）なども、そのように認識していたことになる。

また、一遍の別伝である『一遍上人縁起絵』では、かの山臥聖の前へあゆみよりてのたまふ　や、あの融通念仏す、めらる、聖いかに念仏をばあしくす、めらる、ぞ御房のす、めによりて始て衆生の往生すべきにあらず阿弥陀仏十劫正覚に一切衆生の往生は南無阿弥陀仏と決定する所也信不信を論ぜず浄不浄をきらはずた゛其（の）札を賦（つ）て勧（む）べしと示（し）給（ふ）[2]

と記されている。この『一遍上人縁起絵』でも一遍を「融通念仏す、めらる、聖」と称していることから、『一遍聖絵』と『一遍上人縁起絵』の制作者がどちらも同様の認識で一遍を捉えていたことがうかがえる。

また、『一遍聖絵』第十二における一遍の臨終間際の場面では、

六十万人の融通念仏は同日播磨の淡河殿と申す女房の参（り）てうけたてまつりしぞかぎりにて侍（り）し。[3]

とある。このことからも一遍が終始融通念仏に関わっていたことがうかがえる。このように、一遍を指して「融通念仏す、むる聖」と称している由縁は何であろうか。そこで、本節では、一遍教学の変遷やその思想背景を述べた上で融通念仏との関わりについて考察を行う。

一　一遍教学の変遷

『一遍聖絵』第十一によれば、一遍は、「いなみ野」（現、兵庫県加古川市とその周辺）を終焉の地と考えていたようであるが、正応二年（一二八九）七月、兵庫から迎えが来たため兵庫観音堂（現、兵庫県神戸市兵庫区　時宗真光

寺）に移動した。この頃、一遍は自らの臨終が近いことを悟り、次のようなことを行っている。

同十日の朝　もち給へる経少々書写山の寺僧の侍（り）しにわたしたまふ　つねに「我（が）化導は一期ばかりぞ」とのたまひしが　所持の書籍等阿弥陀経をよみて手づからやき給（ひ）しかば　伝法に人なくして師とともに滅しぬるかとまことにかなしくおぼえしに、[4]

と記されているように、所持していた聖教類以外の書籍を、『阿弥陀経』を読誦し自ら焼却した。そして、「一代聖教みなつきて南無阿弥陀仏になりはてぬ[5]」と述べている。これは、釈尊一代の教えを突きつめれば南無阿弥陀仏になることから、自己の思想を残そうとしなかったのであろう。焼却した書籍のなかには一遍自身の思想を記した著作が存在していたのかもしれない。

現在、一遍の著作は現存せず、その思想は、伝記類や門下の筆録による法語類からうかがえる。そして、時系列で一遍教学の思想的変遷を考察することは、一遍作の三種の偈頌によって可能である。[6]一遍作である三種の偈頌は、次である。

①「十一不二頌」

十劫正覚衆生界　一念往生弥陀国　十一不二証無生　国界平等坐大会

②「六十万人頌」

六字名号一遍法　十界依正一遍体　万行離念一遍証　人中上々妙好華

③「六字無生頌」

　六字之中　本無生死　一声之間　即証無生

　この偈頌のうち①「十一不二頌」については、その成立を『一遍聖絵』では、文永八年（一二七一）の春、信州善光寺に参詣し、二河の本尊（二河白道図）を感得した後、秋頃伊予国（現、愛媛県）に戻り窪寺（愛媛県松山市窪野町周辺を比定）というところで念仏三昧の日々を送っていた頃であるとしている。『一遍聖絵』第一には、

　同年秋のころ　予州窪寺といふところに　青苔緑蘿の幽地をうちはらひ　松門柴戸の閑室をかまへ　東壁にこの二河の本尊をかけ交衆をとゞめてひとり経行し　万事をなげすてゝもはら称名す　四儀の勤行さはりなく三とせの春秋を　をくりむかへ給ふ　かの時己心領解の法門とて七言の頌をつくりて　本尊のかたはらのかきにかけたまへり　其（の）詞（に）云（く）

　　十劫正覚衆生界　一念往生弥陀国
　　十一不二証無生　国界平等坐大会

　この頌のをもむき義理をつくして　より〳〵示誨をかうぶりき(7)

と記されている。ここから「十一不二頌」は己心領解（自己独特の理解）の法門として一遍が作成した偈頌であることがうかがえる。

　また、②「六十万人頌」③「六字無生頌」の成立については、『一遍聖絵』第三に、文永十一年（一二七四）一

遍が熊野本宮証誠殿で熊野権現から神託を授かり念仏の深意を得た後、その内容を記した消息を熊野から聖戒に送ったことが記されていて、その消息には、念仏の形木のこととともに「六十万人頌」についても触れられている。そこには、

聖（の）頌（に）云（く）　六字名号一遍法　十界依正一遍体　万行離念一遍証　人中上々妙好華　又云（く）
六字之中　本無生死　一声之間　即証無生(8)

と記されている。さらに、『一遍聖絵』第三によると、一遍は、熊野の後、京や西海道を経て生国伊予に赴き、有縁の人びとを念仏勧進した。その後、一遍は、九州大宰府原山に居住している聖達のもとを訪ねている。その時、聖達と一遍とが交わした法談の内容について『一遍聖絵』第三には、このように記されている。

風呂の中にして仏法修行の物語し給（ひ）けるに　上人「いかに十念をばすゝめずして　一遍をばすゝめ給（ふ）ぞ」ととひ給（ひ）ければ　十一不二の領解のをもむきくはしくのべ給（ふ）に　感歎し給（ひ）て「さらば我は百遍うけむ」とて百遍うけ給（ひ）けり(9)

ここから一遍は、聖達に「十一不二頌」の内容をもって自己の領解を説明したことが推察される。

さて、次に「十一不二頌」から「六十万人頌」への内容の深化について考察したい。

まず、「十一不二頌」は、

十劫正覚衆生界　一念往生弥陀国
十一不二証無生　国界平等坐大会

十劫のはるか昔、法蔵菩薩が四十八願を建てて、その誓願が成就し、阿弥陀仏になった。一度称える念仏により、阿弥陀仏の西方極楽世界に往生ができる。十劫というはるか昔に、法蔵菩薩の正覚と衆生の西方極楽世界への往生は、一度称えた念仏により可能となり、六字名号によってそれぞれ同時に成就している。このことが無生つまり、悟りの境地である。そして、国つまり阿弥陀仏の西方極楽世界と界である衆生界と、阿弥陀仏の正覚と衆生の往生とが、互いのその時空間を超越し、六字名号の中に摂取されている。

この「十一不二頌」は、一遍が修学していた浄土教、とくに西山義を継承した内容が、一遍独自の教学へと発展していったことを示している。

それは、まず、内容としては、根本聖典である「浄土三部経」とくに『無量寿経』に説かれた説示を継承したことがうかがえる。また、「一念往生」とは、一回という数的な表現ではなく、後に一遍と名を改めることから推察すると質的内容を意味するものと捉えるべきであろう。最後の第四句は、六字名号によって極楽と娑婆、正覚と往生などが一体となっている状態を表現しているといえよう。

次に「六十万人頌」は、

六字名号一遍法　十界依正一遍体
万行離念一遍証　人中上々妙好華

六字の名号はあらゆるすべての真理をおさめた教えである。悟りと迷いの世界はともに六字名号に摂取されている。自力の六度万行を捨てたところに、衆生の往生と阿弥陀仏の正覚が不二であるという証がある。このような念仏人こそすばらしい白蓮華の花のような人である。このように、六字名号の唯一絶対性を表現している。

また、「六字無生頌」は、

　六字之中　本無生死
　一声之間　即証無生

六字名号の中にあっては、もとより悟っているのであり、生死が無く、一声念仏を称える間に、無生を悟るのである。

この「六十万人頌」および「六字無生頌」を作成した後、自らの名前を「智真」から「一遍」に改称したのではないか。そして、それまで賦算していた「南無阿弥陀仏」の念仏札に「決定往生　六十万人」の文言を追加したのではないだろうか。

また、「十一不二頌」が未完成であり、「六十万人頌」こそが一遍の完成形であるように述べる論考も少なくないが[10]、すでに「十一不二頌」の段階で六字名号に対する絶対性を見出していることがうかがえる。そして、一遍の念仏思想の形成においては、一遍が修学してきた浄土教、特に西山義を踏まえ六字名号への絶対性を表現したのが「十一不二頌」であり、六字名号への絶対性をよりいっそう強調したのが「六十万人頌」といえる。それは、一遍の六字名号に対する絶対性に熊野権現の神託が大きく影響しているからである。

二　一遍教学の背景

ここでは、一遍教学の背景について考察する。一遍教学を考察する史料としては、門下の筆録による法語類が存在する。その中で金沢文庫所蔵『播州法語集』は、残存する一遍の法語として最古のものとされ、鎌倉末期から南北朝期頃の筆写本と推定されているが、成立事情を明確にする手がかりとなる巻首・巻尾が欠損している残欠本であるため、成立や書写の年代などを明確に知ることはできない。

そして、『一遍上人語録』上下二巻が近世に編纂された。そもそも『一遍上人語録』は、遊行五十二代他阿一海（一六八七―一七六六）が一遍の消息法語類を集録し、宝暦十三年（一七六三）に出版した。しかし、その翌年の明和元年（一七六四）に版木もろとも灰燼に帰した。

その後、浄土宗西山派の学僧俊鳳妙瑞（一七一四―一七八七）は『一遍上人語録』を改訂し、明和七年（一七七〇）秋に改版している。この間、『一遍上人語録』の唯一の註釈書である『一遍上人語録諺釈』を明和四年（一七六七）に著している。しかし、明和七年改版の『一遍上人語録』も文化三年（一八〇六）三月に焼失してしまい、文化八年（一八一一）十月には、再版がなされた。

ちなみに、この文化八年再版の内容は、明和七年改版『一遍上人語録』とほぼ同様であるが、宝暦版と比較すると、下巻の配列が大幅に改訂され、内容も相違する点が多い。このことは、編者である俊鳳妙瑞が、明和七年において改版する際に『一遍聖絵』を重要視していること、西山義を色濃くしたことが要因である。

中世から近世の時宗教団は、一遍・他阿真教の系譜に連なるいわゆる遊行派が、自派の正統性を正当づける手段として一遍の伝記である『一遍上人縁起絵』を複数制作し流布させていたが、俊鳳妙瑞は、一遍の伝記として『一遍上人縁起絵』ではなく、当時、六条道場歓喜光寺に所蔵されていた『一遍聖絵』に史料的価値を見出したため、明和七年に開版する際には、『一遍聖絵』から多くの法語を所収した。このことから、一遍の法語を考察する史料として文化八年再版の『一遍上人語録』を使用することにした。

『一遍上人語録』上下二巻に所収されている消息・偈頌・法語などに引用されている典籍を分類すると、経典としては『無量寿経』『観無量寿経』『阿弥陀経』『称讃浄土仏摂受経』『法華経』などが多く引用されている。論書としては、善導『観経疏』「玄義分」「序分義」「定善義」「散善義」、『法事讃』『往生礼讃』、法然『選択集』などの引用があげられる。この分類から、経典引用の大半が「浄土三部経」であり、論書引用ではその大半が善導『観経疏』であるが、特に「散善義」の引用が最も多いことがわかる。

このことは、善導・法然・證空・聖達そして一遍へと継承された浄土教思想の端的な現れであり、むしろ当然のことであろう。

三　融通念仏との関わり

一遍の思想的特徴としてあげられるのは、「遊行」「賦算」「踊り念仏」の行儀である。その思想背景には、先に考察したように善導・法然・證空・聖達に連なる浄土教思想を継承しているが、そのほかに一遍の特徴には、念仏を勧進する聖としての側面がある。それは、一遍自身の行動もさることながら、平安中期の念仏聖空也（九〇三―九七二）のことを「我が先達」と思慕し、遊行中に遺跡を訪ねるなどしていることからもうかがえる。このことから、一遍の思想は、単に浄土教思想の系譜で捉えるだけでなく、民間に浸透していた念仏聖としての思想をも含めて考察することにより、いっそう明確にすることができる。

では、一遍が熊野権現から「融通念仏すゝむる聖」と呼称されていることには、いったいいかなる意味があるのであろうか。ここでは、この点について考察する。

中世において融通念仏とはいかなるものであったのであろうか。そもそも融通とは、異なるものが溶け合って邪魔をしないことであり、互いが溶け合って一体となることである。そのため、融通念仏とは、自他が称える念仏が溶け合うと説くのである。

融通念仏を提唱したのは良忍（一〇七三―一一三二）であり、良忍は阿弥陀仏から直接授かった偈によって念仏勧進を行ったという。この阿弥陀仏からの直授のことを、『一遍聖絵』第三では次のように記している。

凡（そ）融通念仏は大原の良忍上人　夢定の中に阿弥陀仏の教勅をうけ給（ひ）て天治元年甲辰六月九日はじめおこなひ給（ふ）[11]ときに鞍馬寺毘沙門天王をはじめたてまつりて梵天帝釈等名帳に名をあらはしていり給（ひ）けり

つまり一遍やその周辺の人々には、融通念仏の概念として良忍に阿弥陀仏からの直授があったことが理解できる。

さて、次に一遍の名称についてである。名称が、「随縁」から「智真」へ、そして「一遍」と改称されていく変化を『一遍聖絵』でうかがうことができる。それでは、「一遍」の名称自体が意味するものとは、いったい何であろうか。

『一遍聖絵』では、一遍は一〇歳で母との死別によって出家し、「随縁」と名乗ったという。おそらく、天台系寺院での修学であったと考えられる。そして、浄土教を修学するため大宰府に聖達を訪ねるが、すぐに華台のもとへ行き、そこで「智真」へと改称するのである。しかし、いつどのようにして「一遍」と改称したのかについては、明確に記されていない。

そもそも、「一遍」とはいかなる意味であろうか。一遍の「六十万人頌」では、実に四句中三句に「一遍」が使用されている。この「一遍」の「一」は一切衆生を意味し、「遍」は一切であり、それは、「一切衆生を遍く救う阿弥陀仏そのもの」を意味していたのではないだろうか。つまり「一遍」という名称自体が「南無阿弥陀仏」の六字名号そのものではなかろうかと思うのである。

さらに、一遍と融通念仏との接点について吉川清、五来重、梅谷繁樹の諸氏[12]は、浄土宗西山派の中に良忍の融通念仏に連なる人物が存在し、その人物と一遍が接点を持ったことにより融通念仏を勧めることになったと推察している。このことについてはさらなる検証が必要であるが、ひとまずこの説にしたがえば、一遍と融通念仏との接点は見出せる。また、生国、伊予の地で再出家後、念仏三昧の修行をする最中に念仏聖との交流があり、その思想に触れたのかもしれない。つまり、一遍は、西山義を修学し、再出家した時期には「智真」と名乗りながら遊行を開始し、お互いが称え合う念仏により融通する「融通念仏」を勧進していたのであろう。

しかし、永年修学した浄土教、とくに西山義を背景にする衆生と仏とが一体となる機法一体の念仏と、互いが称える念仏を融通し合う融通念仏を勧進する聖との融合に、実は一遍自身苦悩していたのではないだろうか。

そのため、熊野参籠の折、熊野権現からの神託によって、苦悩していた問題が氷解したのであろう。このことから、お互いが称え合う念仏が融通していくことと、称える念仏のうちに阿弥陀仏と衆生とが一体となることとが、六字名号への絶対性という接点により融合した結果、「一遍」と名乗るようになったのではないだろうか。つまり、一遍の名称そのものが、融通念仏と西山義の融合した念仏思想に立脚したものであるといえる。そのため、『一遍

聖絵』第十二、一遍の終焉の場面では、

六十万人の融通念仏は同日播磨の淡河殿と申す女房の参（り）てうけたてまつりしぞかぎりにて侍（り）し凡（そ）十六年があひだ目録にいる人数二十五億一千七百廿四人なり　其（の）余の結縁衆は齢須もかぞへがたく竹帛もしるしがたきものなり⒀

と、一遍が最後まで六十万人、つまり一切衆生に融通念仏を勧進する聖であったことを示す。そして、その結縁した人数を記録し、その数が「二十五億一千七百廿四人」とあり、おそらくは「二百五十万人」強の人々を数えることが可能であるとされている⒁。

さらに、良忍が念仏者名帳を用いて念仏勧進していたことに倣い、一遍が遊行に同行し往生した時衆を、携帯した『時衆過去帳』に記載したのも現当二世にわたり念仏を融通するという意味ではないだろうか。それは、『阿弥陀経』説示「倶会一処」の思想であり、現世でも来世でも互いが称える念仏によって一体であり、その六字名号により互いが一体となることを意味していたのであろう。だからこそ、互いの称える念仏により一体となることから発生した「踊り念仏」も融通念仏であったのだろう。

このことから一遍は、六字名号への絶対性を見出し、自己修学した浄土教、特に西山義による浄土教思想と念仏聖としての融通念仏が融合した思想から、六字名号が何よりも重要と考えていた。そのため、「融通念仏すゝむる聖」であった一遍が、自らの著作や聖教類以外の書籍を焼き捨て「我が化導は一期ばかり」といい、時衆存続の意志が希薄であったのは当然のことである。

四　その後の時宗教団と融通念仏

融通念仏による念仏勧進を続けた一遍は、五十一年の生涯を兵庫観音堂（現、兵庫県神戸市兵庫区　時宗真光寺）で終えた。その後の時衆は、他阿真教が再編成し、七百年後の今日も時宗教団として存続している。ここでは、一遍以後、時宗教団と融通念仏との関わりについて、一遍の融通念仏を勧進するために用いていた賦算がそれ以後どうなったのか、検討したい。

遊行四代を継承した他阿呑海の『呑海上人御法語』には、

而《シテ》いにしへも自宗の師多といへとも正《シ》く念仏三昧を融通する事は此《ノ》勧進にすきたるはなし。故に利益四方にみちて六十万人の算及《ブ》二数遍《ニ》一者也。[15]

とあることから、融通念仏のために行われ、六十万人を目標とした賦算は、その後も継承され数回繰り返されたことになる。

では、この融通念仏のための賦算は、その後どのように展開されたのであろうか。

遊行二十一代他阿知蓮『真宗要法記』三四「立宗事」では、「当門立宗義《ノ》、凡《ソ》浄土宗《ヲ》言《ヒ》二観経宗一此《ノ》宗《ヲ》云《フ》二阿弥陀経宗《ト》一也[16]」と時宗教団の独自性を示している。そして、四〇「遊行名義事」では、「遊行」についてどのように理解するべきなのかについて「不《レ》簡《バ》二有縁無縁《ヲ》一欲《スル》レ度《セント》二一切衆生《ヲ》一故《ニ》廻行修行《ヲ》名《ヅクル》二遊行《ト》一也[17]」、また「故《ニ》賦《シテ》二南無阿弥陀仏決定往生之札《ヲ》一於《テ》二一切衆生之心田《ニ》一下《ス》二往生《ノ》種子《ヲ》一。名《ヅケテ》レ之《レヲ》為《ス》二遊行《ト》一而已[18]」とある。このことから、遊行そして賦算は、一切衆生を往生に導くための方法であることが理解できる。ただし、この『真宗要法記』には、一遍を「元祖」と呼称するのみで名称の由来などには触れていない。

そして、近世に入り、「時衆」の集団呼称や「遊行」「賦算」「踊り念仏」など類似する念仏聖の集団を、江戸幕府は、各宗派に統合させたり、あるいは、時宗遊行派傘下におさめさせようとした。遊行派による近世時宗教団の統一は、おおよそ元禄期であろうと推定でき、その根拠が『時宗要略譜』の成立である。この『時宗要略譜』は、浅草日輪寺其阿呑了（後、遊行四十八代他阿賦国）が元禄十年（一六九七）に著したものである。この中で一遍が熊野本宮証誠殿で熊野権現から神託を受け念仏の深意を得て作成した「六十万人頌」は、「則神勅頌曰」[19]とあり、熊野権現から授けられた「神勅」として記され、この「神勅」から名を「一遍」に改称したとしている。このことにより近世の時宗宗典では、「六十万人頌」が「神勅」であり一遍の名称の由来も同様に扱われる説示が継承されていくのである。

そのため、近世になり「時衆」から「時宗」へと教団化が進む中、一遍が浄土教と融通念仏に立脚し確立した浄土教思想から名乗った「一遍」の名称も熊野権現から授かった「神勅」とされ、その真意を失うのである。とはいえ、これは、念仏聖集団としての「時衆」から教団としての性格を整備した「時宗」への展開を意味するものである。

おわりに

以上、本節においては、一遍教学の変遷、そして融通念仏との関わりについて考察した。

一遍は、自己が修学した浄土教、特に西山義と念仏聖である融通念仏との思想的融合を、熊野権現からの神託に見出し、その現れが「一遍」という名称であった。

一遍が目指していたものは、六字名号が世の中に流布することで来世も現世もその六字名号の内に摂取されていくことであった。しかし、その浄土教思想は、時代と教団の変遷とともに異質なるものへと変化していったのである。そして、それは、集団としての「時衆」が教団としての「時宗」へと成長を遂げたことの証左でもある。

註

(1)『宗典』下巻、三六九頁上段。
(2)『宗典』下巻、四〇一頁下段―四〇二頁上段。
(3)『宗典』下巻、三九二頁上段。
(4)『宗典』下巻、三九〇頁上段。
(5)同前。
(6)一遍の偈頌については、本書第一章第二・三節を参照されたい。
(7)『宗典』下巻、三六六頁下段。
(8)『宗典』下巻、三六九頁下段。
(9)『宗典』下巻、三七〇頁上段。
(10)今井雅晴『時宗成立史の研究』(吉川弘文館、一九八一年八月)四五頁、戸村浩人「一遍の思想形成」(『時衆文化』第三号所収、二〇〇一年四月)などは、一遍の「十一不二頌」は西山義そのままであると評価している。また、砂川博『一遍聖絵研究』(岩田書院、二〇〇三年十二月)一〇―一二頁では、「十一不二の頌」について近年の先行研究を整理している。
(11)『宗典』下巻、三六九頁上段。
(12)吉川清氏は、一遍が師事したとされる證空の孫弟子である観智に注目し、一遍と共に大原流(魚山流)声明の門流に名を連ねていることに、一遍と融通念仏の接点を見出している(『時衆阿弥教団の研究』池田書店、一九五六年五月、一六二―一六六頁)。また、五来重氏は、一遍が佐久周辺を遊行する頃には善光寺の聖たちによって弘められていた融通念仏があり、それが踊り念仏へと変化しており、それを一遍が行儀として採用したという説を取る(平凡社ライブラリー『踊り念仏』平凡社、一九九八年四月、一一七―一二一頁)。また、梅谷繁樹氏は、時宗と融通念仏との接点について「融通念仏」「阿号」「踊躍念仏」をキーワードに考察している(「融通念仏宗と時宗――各種側面の比較――」『法明上人六百五十回御遠忌記念論文集』所収、百華苑、一九九八年十月)。

(13) 『宗典』下巻、三九二頁上段。

(14) 林譲「日本全土への遊行と賦算」(今井雅晴編　名僧シリーズ『一遍――遊行の旅――』所収、二〇〇四年三月)八五頁。石塚勝「「二十五億一千七百廿四人」考――一遍が生涯に賦算をした人数をめぐって――」(『時宗教学年報』第四四輯所収、二〇一六年三月)などを参照。

(15) 『宗典』上巻、二六七頁上段。

(16) 『宗典』下巻、一一頁下段。

(17) 『宗典』下巻、一三頁下段。

(18) 『宗典』下巻、一四頁上段。

(19) 『宗典』下巻、二三一頁下段。

第七節　誓願寺所蔵　伝一遍著作に関する一試論

はじめに

昭和十七年（一九四二）頃、日本史学者赤松俊秀氏（一九〇七―一九七九）は、京都市中京区新京極にある浄土宗西山深草派総本山誓願寺の重宝調査を実施し、そのなかで、法然の門下の上足である證空所持と伝承されている五巻の聖教を発見されている。その後、「一遍の著述と推定される聖教について」と題し、聖教の全文を翻刻するとともに考察を加えられた論考を、著書『鎌倉仏教の研究』（平楽寺書店、一九五七年八月）に発表されている。

その論文のなかで赤松氏は、全体を概観し考察するとともに證空の著作ではないことを断定した上で、著者が浄土教に連なる人物であること、使用されている紙の質などから中世（具体的には鎌倉末期）の著作であることを推論されている。そして、いくつかの理由をあげながら、この聖教の著者は具体的には、一遍ではないだろうかという結論を導き出している。

『一遍聖絵』第十一には、自らの臨終を間近と悟っていた一遍が、

伝法に人なくして師とともに滅しぬるかとまことにかなしくおぼえしに「一代聖教みなつきて南無阿弥陀仏になりはてぬ」との給（ひ）しは[1]

と、自ら聖教類以外の書籍などを『阿弥陀経』読誦のなか焼却している。そのため、現在、著作などが伝承されていない一遍にとってこの誓願寺所蔵聖教がもし一遍作であるのならば、大変重要な史料であることはいうまでもない。

しかし、この赤松氏の論文が発表されてから今日に至るまで、この論文を考察や引用などで取り上げた論考は、管見では、石田善人「室町時代の時衆」（『一遍と時衆』、法藏館、一九九六年五月）、『松子伝』解題（『真福寺善本叢刊』第五巻、臨川書店、二〇〇六年三月）をあげるにすぎない。

そこで、平成二十年四月に所蔵先である誓願寺様のご協力を得て実際にその聖教を調査させていただき、その史料をもとに、冒頭の赤松論考掲載分との校訂を行った（本書所収、史料翻刻『西山上人所持』）。

そこで本節では、この聖教の著者について、赤松氏が推定した一遍著述説を端緒に再考を試みるものである。

一　誓願寺所蔵聖教について

誓願寺には、「西山上人所持」と呼ばれている五巻の聖教が所蔵されている。各巻には、それぞれ「西山上人所持」と題箋が付されている。現在の保存状態であるが、「西山上人所持　巻物　五巻」と付された箱に五巻が巻子本の状態で収納されており、その幅は、二十三センチほどの比較的小巻である。

各巻の内題には、書名が欠失し、「南無阿弥陀仏」の六字名号が記されているものが一巻あるが、①『如来意密証得往生要義』『一念信決定往生要義』、②（書名欠失）、③『弥陀観音勢至等文』、④『真宗肝要義』、⑤『臨終正念往生要』『決定往生要文集』と題目が記されている。

紙質などに関しては、筆者自身が門外漢であるため考察を加えることは控えるが、赤松氏が指摘されているように、全体に草花や山水の絵が蠟で描かれている。しかし、著者を示す記述や撰述年代を示す奥付などのような記述は皆無である。

また、これらの聖教が他の浄土宗関係、浄土宗西山派関係、浄土真宗関係の聖典類に見出せないことなどから、このいずれにも関係しない聖教であるが、撰述されている内容から法然以降の浄土教関係の聖教であろうと見られる。

二　赤松氏論文の検討

ここでは、赤松氏が誓願寺に伝わる聖教の著者について一遍と推定した理由について考察を行いたい。

一遍の著述とする理由

一、釈尊入滅から著者らが弥陀の救済に浴したこと

二、一遍の法語などから真言系念仏との関係

赤松氏が指摘したのは、大きくこの二点であり、これを検討する。

1　釈尊入滅から著者らが弥陀の救済に浴したこと

赤松氏は、誓願寺所蔵聖教五巻のうち、その②（書名欠失）に撰述されている次の箇所に着目している。

我等今釈迦尊之滅後、二千二百二十五年、末法七百二十五年之時、正蒙弥陀遍照光益、所念、所知、所思惟、正是、成聞弥陀之直説、證益、若修行者如説解者、仰当信解此義、奴力々々勿忽堵耳[2]

と記されているのである。この箇所の内容から、著者である「我等」が、釈尊の入滅後、二千二百二十五年にあたり、末法に入ってから七百二十五年にあたる今この時に阿弥陀仏の救済に浴し正しい悟りを得た、という。

この撰述を赤松氏は、日本中世の末法思想に多大な影響を与えたと考えられている伝最澄『末法灯明記』の説示をもとに、その年代を推論している。

『末法灯明記』には、

聞云。若爾者今世《ノ》王《ハ》正当《ルヤ》二何《ノ》時一。答。滅後《ノ》年代《ニ》雖レ有二多説一且挙二両説一。一《ニハ》、法上法師等依二周異記一言。仏当二第五《ノ》主穆王満《ノ》五十三年壬申一入滅《スト》。若依《レハ》二此説一従二其壬申一至《ルマテ》二我延暦二十年辛巳《ニ》一至一千七百五十歳《ナリ》。二《ニハ》費長房等依二魯《ノ》春秋一、仏当二周《ノ》第二十一主匡王班四年壬子一入滅。若依《レハ》二此説一従二其壬子一至《ルマテ》二我延暦二十年辛巳一一千四百十歳《ナリ》。故知今時《ハ》是像法歳最末時《ナルヿヲ》[3]也。

とある。日本中世の末法思想の背景にあったこの『末法灯明記』の説示により、主として「穆王満《ノ》五十三年壬申」が根拠として考えられていたことから、その年代を算出すると、著者である「我等」が弥陀の救済に浴したと述べている「末法七百二十五年之時」は、建治二年（一二七六）に相当するであろうことを、赤松氏は指摘されているのである。

さらに、赤松氏は、一遍が悟りを得たと伝承されているいわゆる「熊野成道」建治二年と記述する一遍の伝記史料『一遍上人縁起絵』を、この誓願寺聖教の著者を一遍と推定する第一の根拠としてあげておられる。

さて、一遍の伝記史料は二種類あり、一遍入滅後十年にして聖戒によって作成された『一遍聖絵』（一二九九年八月成立）と、宗俊によって作成された『一遍上人縁起絵』（原本は鎌倉時代末期成立）がある。前者は草稿本ともいわれる数本の写本が存在するのみである。後者は、原本こそ現存していないが二〇本を超える写本が現存しており、後者は、意図的に書写流布されたといっても過言ではない。

そこで、この「我等」が、赤松氏が指摘するとおり一遍の場合、記された年代が具体的に「熊野成道」を指していることになるが、その「熊野成道」は、『一遍聖絵』において文永十一年（一二七四）であると記されており、『一遍上人縁起絵』では建治二年（一二七六）であると記されている。

『一遍聖絵』と『一遍上人縁起絵』では、「熊野成道」の年に二年の差違がある。この記述の差違については、すでに先行研究[4]において編著者の撰述背景が意図的であることが指摘されている。

もし、この著者が「我等今釈迦尊之滅後、二千二百二十五年、末法七百二十五年之時」、つまり建治二年に弥陀の光益を蒙ったとするならば、『一遍上人縁起絵』に記述された「熊野成道」の建治二年説の立場に立っているということになる。

ちなみに、本地垂迹説によれば熊野権現の本地は阿弥陀仏であることから、一遍が熊野権現から他力念仏の深意の託宣（神託）を授かったとされる「熊野成道」が、弥陀の救済に浴したというのは妥当な説であろう。

現在の研究成果においては、『一遍聖絵』を中心に展開していこうという風潮が一般的であるが、近代までの時宗教団内では、一遍および二祖他阿真教の業績を記述した『一遍上人縁起絵』が中心に流布され、教学的展開がなされていた事実を無視するわけにはいかないのである[5]。

このことから推察するに、この誓願寺聖教の記述は、著者自身が述べたものではなく、後世の誰かが『一遍上人縁起絵』の記述を根拠として論じているのではないだろうか。

つまり、具体的に「我等」とは、実際に弥陀の救済に浴した人物と目されている一遍自身ではなく、その門下門流に列する人物が、その伝承を述懐したものではなかろうか。このことから、誓願寺聖教の著者と目される人物は、建治二年に一遍が熊野で成道したという伝承を記述している『一遍上人縁起絵』を根拠にその教学的展開がなされていく、後世時宗遊行派と称される一派の誰かだということになるのではないだろうか。

ちなみに、一遍の入滅後、時衆教団を再編成した二祖他阿真教の『奉納縁起記』「一遍上人発願事」によれば、

故聖去《ル》建治之《ノ》比《ロ》心中発《シ》二無比之《ノ》誓願《ヲ》一引二導《シテ》一切衆生《ヲ》一欲《シテ》レ令《ント》三往二生《セ》快‐楽不退之《ノ》浄土《ニ》一企《ツ》二念仏勧進之《ノ》行《ヲ》一因《テ》レ茲《ニ》出二聖道難行之《ノ》家《ヲ》一入《リ》二浄土易行之《ノ》門《ニ》一積《テ》二修学之《ノ》功《ヲ》一漸《ク》赴《キ》二化他之《ノ》街《タニ》一初《ニ》参二籠宇佐宮《ニ》一祈二誓《タマフ》　願意《ヲ》一感《シテ》二霊夢《ヲ》一歓喜無レ極《リ》（中略）有《リ》二宣示旨《ノ》一当《テ》二斯《ノ》時《ニ》一領《シ》二解他‐力本‐願深意《ヲ》一歓喜余《リ》レ身《ニ》利‐他之《ノ》行業令《メ》二決定《セ》一訖《ス》其後参二籠《シ》当山《ニ》一於二証誠殿《ノ》宝前《ニ》一一百箇日凝《シ》二懇念《ヲ》一日夜無《シ》二止《ム》時一時既《ニ》到《テ》而証誠大菩薩親《リ》現《シ》二御正‐体《ヲ》一直《ニ》示《タマフ》二済‐度衆‐生之《ノ》方便《ヲ》一[6]

とあり、一遍が、建治年間に他力本願の深意を領解したということを、その後継者とされる他阿真教が述べているのである。

宇佐八幡宮、「当山」つまり熊野本宮証誠殿は、ともに阿弥陀仏を本地としていることから、建治年間に阿弥陀仏による衆生救済の宣示があったことを示しており、なおかつ、その集大成の出来事として、「熊野成道」を指しているのであろう。

この他阿真教が『奉納縁起記』に記した内容も、『一遍上人縁起絵』の撰述と一致している。

2　一遍の法語などに見る真言系念仏との関係

赤松氏は、誓願寺聖教の著者を一遍と推定する第二の理由として、一遍の行状や法語などから、一遍と真言密教との関係の深さをあげている。一遍と真言系念仏との関係は、一遍が誕生し自己修行に励んだ四国という地縁がまずあげられよう。四国は、一遍の時代には、すでに空海によって霊場修行の場として存在しており、念仏三昧の修行のために分け入った岩屋寺もその霊場の一つである。

また、断片的ながらも、法語などには、真言密教の影響や空海に起源を持つ念仏札から賦算への影響が見られ、『一遍聖絵』に引用がある「高野大師の御記云」にもその関連性がうかがえるのである[7]。

さて、赤松氏は、一遍の法語に真言系念仏の思想の影響を指摘している。たとえば『一遍上人語録』五には、

> 故に名号を「不可思議功徳」ともとき、又は「真実」とも説（く）なり。理趣経の首題を、大楽大日。金剛阿閦不空宝性真実弥陀三昧耶不空成就経といふ。本より真実といふは弥陀の名なり。されば至誠心を真実心といふは、他力の真実に帰する心なり[8]。

とある。一遍が、空海の『理趣経開題』の経題釈を引用して論じていることにも、真言系念仏の色彩が垣間見られ、かつ、その影響がうかがえるのである。

このように、真言系念仏の影響は一遍を淵源としていることを推察し得るが、さらに、この時衆教団と真言系念仏との関連性が濃厚に見られるようになるのは、むしろ『蔡州和伝要』『器朴論』などの説示に見られる他阿託何

の代になってからであろう。

他阿託何が暦応二年（一三三九）に撰述したとされる『蔡州和伝要』には、空海が聖徳太子廟である河内磯長廟に参詣し『大般若理趣分』を読誦した際、聖徳太子が示現し空海自身も弥陀に帰したという。続けて、

経《ニ》曰慧光照無量寿命無数劫云《ト》リ是《レ》本門釈迦《ハ》即弥陀《ナリ》也念仏《ヲ》タニモ唱《レハ》此《ノ》位《ニ》居《スル》也故《ニ》善導大師《ノ》釈《ニモ》念仏即是《レ》涅槃門《ト》云リ念仏《ニ》帰セスシテハ諸宗《ノ》出離《ヲハ》不㆑可㆑成《ス》東寺《ノ》一流《ニハ》一仏二明王《トテ》諸尊《ノ》功徳《ハ》無量寿仏《ニ》備《タリト》習《フ》ナリ又十甘露明《ト》云事有十念《ノ》心真言《ノ》秘密《ナリ》(9)

と述べている。

さらに、他阿託何の主著『器朴論』「第十二念仏多福門」には、

説相大底相ヿ似宝篋印陀羅尼経《ニ》㆒。凡為㆑経《ト》而説㆓亡者《ノ》得脱《ヲ》㆒。莫《シ》㆑不《ルコトハ》㆑謂㆑生《ト》㆓極楽《ニ》㆒。其故《ハ》是諸《ノ》真言陀羅尼等。皆此弥陀《ノ》大悲心呪也。名号体内《ノ》功徳《ナルカ》故《ニ》悉生㆓極楽《ニ》㆒。然《レハ》者任㆓仏《ノ》本意《ニ》㆒唱ヿ書《セハ》六字《ノ》名号《ヲ》㆒者。亡魂《ノ》得脱最《モ》可㆑為㆓捷経《ト》㆒。但不㆑説㆘為㆓追福㆒而《モ》念仏㆖者。本願《ノ》名号《ハ》一生即脱《ノ》頓教《ナルカ》故《ニ》。無㆑論㆓冥土《ノ》益《ヲ》㆒不《レハ》㆓本意《ニ》㆒也(10)。

とある。他阿託何の真言系念仏との結びつきについては石田善人氏も、他阿託何の代になって真言系念仏との関係が深まったことを指摘している。石田氏は、

託何の思想が、真言系念仏への傾斜をもっていることは、『器朴論』や『蔡州和伝要』その他のかれの著述のはしばしにもにじみ出ていて、その証拠をあげることは容易である。[11]

と述べており、他阿託何が、一遍の宗教そのものに存在している真言系念仏の特色を正しく継承していることを論じている。

この他阿託何が活躍した時代の時衆教団の動向については、同時代の京都における史料では、とくに四条道場、六条道場と供養などの関連について、中原師守の日記である『師守記』にその記述が見られる。

『師守記』康永四年（一三四五）三月四日条には、

又時衆二人成一房 経仏房 同参之、於御墓所作、宝篋印陀羅尼・光明真言・阿弥陀経・念仏等有之、[12]

とある。時衆の尼僧である成一房・経仏房が、中原師右の墓参に同行し追善供養の法要を厳修していたことが分かる。『師守記』に現れる成一房・経仏房の二人は、他の記載から六条道場に属する尼僧であることが読み取れる。中原家の墓前回向の際には、「宝篋印陀羅尼・光明真言」が読誦されており、このことはたいへん興味深い。この『師守記』には、他の箇所にも同様の供養に関する記述や別時念仏・二十五三昧の記述が見られる。

他阿託何『器朴論』「第十二念仏多福門」に、

光明真言尊勝陀羅尼経。随求陀羅尼経等。或加レ持シ土沙（ママ）ヲ一或書レ写シテ支提ヲ一置カンニ二之ヲ墳墓ニ一。皆出二地獄ヲ一忽ニ生セント二極楽ニ一。[13]

源信の二十五三昧会でも光明真言による土砂加持が行われていた。少なくとも他阿託何の代には、時衆教団内において、これが行われていたことがうかがえる。つまり、他阿託何の著作からは、真言系念仏との関連性の深さが読み取れた。

誓願寺聖教と他阿託何の著作には、引用されている文献の内容が重なるものが多い。その一例として偽経である『須弥四域経』の引用をあげておきたい。

誓願寺聖教

安楽集下巻引須弥四域経云、阿弥陀仏遣二菩薩、一名宝応声。二名宝吉祥、即伏羲女媧、是此菩薩、共相籌議、向第七梵天上、取其七宝、来至此界、造日月星辰二十八宿、以照天下、定其四時、春秋冬夏、[14]

他阿託何『器朴論』

須弥四域経《ニ》云。天地初開之時未㆑有㆓日月星辰㆒。縦《ヒ》有《トキ》㆓天人来下《スルコト》㆒。但用《テ》㆓頂光《ヲ》㆒照用《ス》。爾時人民多《ク》生《ス》㆓苦悩《ヲ》㆒。於㆑是阿弥陀仏遣㆓二菩薩《ヲ》㆒。一《リヲ》名㆓宝応声《ト》㆒。二《リヲ》名㆓宝吉祥《ト》㆒。即伏犠女蝸是《ナリ》。此二菩薩共《ニ》相籌議《シテ》向㆓第七梵天上《ニ》㆒。取㆓其七宝㆒来㆓至此界㆒。造㆓日月星辰二十八宿《ヲ》㆒以《テ》照㆓天下㆒。定㆓其四時春秋冬夏《ノ》時㆒。[15]

ここに取り上げた『須弥四域経』は、道綽『安楽集』から引用されている。この引用により、誓願寺聖教と他阿託何『器朴論』の引用に類似性を指摘できよう。

さらに、この誓願寺聖教と他阿託何『器朴論』の引用で特筆すべきは、『日本書紀』であろう。西山義祖證空や一遍および他阿真教などの関係する文献には、『日本書紀』引用が見られないからである。その引用を示せば、

誓願寺聖教
日本記云、初伊装議・伊装冊二神為夫婦、生大八嶋及山川草木、次生日神・月神云々、夫惟、弥陀悲智・観音・大勢、西天《ニハ》成応声・吉祥、晨旦化伏羲・女媧一日本《ニハ》変伊装議・伊装冊一《ト》、各治天下、利衆生、皆是弥陀大慈悲・二菩薩所作而已(16)

他阿託何『器朴論』
日本記《ニ》曰。空《ノ》中《ニ》有下形如二葦根一物上。是五行徳成レ神。始而未《タ》レ彰《サ》レ形《ヲ》時也。伊奘諾尊蒔レ種伊冊册命収レ子者。露堅《テ》為レ島也。五行已《ニ》形彰《テ》而謂二天《ノ》五神一《ト》(17)

双方の引用には、相違が見られるが、他の浄土教関係の典籍にこの文献を引用する例は稀少であろう。

さらに、他阿託何『器朴論』では、この『日本書紀』を引用した後、続けて、

日神《ハ》其《ノ》始天照太神是也。本地大日如来。故《ニ》此《ノ》国《ヲ》号二大日本国一《ト》。日神月神弥陀大日応声吉祥観音勢至。我国《ノ》草創因縁甚深《シ》。(18)

とある。この説示からも、他阿託何の思想に、神祇信仰と真言系念仏との教理的な融合をうかがうことができる。

この『日本書紀』の引用などから、石田善人氏は、

誓願寺所蔵の聖教は託何の著ではないかと疑いたくなる程であるが、その料紙が蠟箋で鎌倉後期を降らないし、

釈尊入滅二千二百二十五年、末法に入って七百二十五年に当る年（建治二年）にこの聖教の著者が弥陀の救済に浴したという内容からは、紹介者のいう如く、一遍の著と推定するのが、当面最も妥当のようである。[19]

と述べている。このように、他阿託何を誓願寺聖教の著者として示唆しつつも、紹介者つまり赤松氏の説を継承していることが、先の引用した箇所からもうかがえる。

このほか、赤松氏は、一遍の法語と誓願寺聖教の説示とが矛盾することから、一遍の著作と考えられない点が一・二点あることも示唆していることを記しておき、今後の課題としたい。

おわりに

以上の考察により、赤松氏によって紹介された誓願寺聖教は一遍作と推定され、それを裏づける考察がなされているものの、弥陀の光益に浴したことや真言系念仏との関連性について赤松氏の説を再考したところ、説示から、一遍作というよりも、むしろその門流であり時宗教学の大成者とされる七代他阿託何あるいはその周辺の人々の著作とする方が妥当ではなかろうかという結論に至った。

他阿託何の著作と仮定して、試みに成立年代を推察した場合、善導の呼称に「宗家」呼称の用例が見られないことや禅宗系統の典籍引用の希薄さなどから、『仏心解』（成立年代不詳、一三三九―一三四二頃を推定[20]）成立以前の著作と見てよいのではなかろうか。

註

（1）『宗典』下巻、三九〇頁上段。
（2）赤松俊秀「一遍の著述と推定される聖教について」（『鎌倉仏教の研究』所収、平楽寺書店、一九五七年八月）。
（3）改訂増補『日本大蔵経』第七七巻（鈴木学術財団編、一九七六年六月）二八二頁上段。
（4）橘俊道「『一遍聖絵』と『一遍上人縁起絵』について」（橘俊道先生遺稿集刊行会編『一遍上人の念仏思想と時衆』所収、一九九〇年四月）など。
（5）一遍の偈頌については、本書第一章第三節を参照されたい。
（6）『宗典』上巻、二三七頁上段―下段。
（7）先学諸氏もこの問題に関して指摘されている。菊地勇次郎「智真と西山義」（日本仏教宗史論集第一〇巻、橘俊道・今井雅晴編『一遍上人と時宗』所収、吉川弘文館、一九八四年十二月）、石田善人『一遍と時衆』（法藏館、一九九六年五月）など。
（8）『宗典』上巻、二六頁下段。
（9）『宗典』上巻、二五八頁下段。
（10）同前。
（11）前掲註（7）石田著書五一頁。
（12）史料纂集『師守記』第三（続群書類従完成会、一九六九年一二月）二頁。これら中原家と時衆尼僧に関する先行研究としては、西口順子「女性と亡者忌日供養」（西口順子編『仏と女―中世を考える―』〈吉川弘文館、一九九七年十一月〉所収）がある。
（13）『宗典』上巻、二九八頁下段。
（14）本書史料翻刻二九〇頁。
（15）『宗典』上巻、二九七頁下段。
（16）本書史料翻刻二九〇頁。

(17)『宗典』上巻、二九七頁下段。
(18)同前。
(19)前掲註(7)石田著書四九頁。
(20)拙稿「『仏心解』の成立に関する一考察」(『大正大学綜合佛教研究所年報』第二七号所収、二〇〇五年三月)を参照されたい。また「弥陀観音勢至等文」には、空海による聖徳太子廟参詣についての記述がある。この内容と同様のことが、他何託阿『蔡州和伝要』にもあり、その類似性がうかがえる。

第二章　時宗宗学の基底

第一節　時宗宗学に関する一試論

はじめに

そもそも教団成立に必要な条件とは何であろうか。おおよそ、宗派の教祖といえる位置づけ、教義の成立、その教義を受容する集団の存在の三条件が揃わなければならないとされている。[1]

ところで、以前より各宗派では、宗学に関してさまざまな視点から研究や議論がなされている。そのなかで阿川貫達氏は浄土宗の教義について、

各宗で他宗の教義を余乗（禅宗では教乗）と云ふに対して、自宗の教義を宗乗と云ふのであるが、今浄土宗の宗乗とは、正しく元祖法然上人によって開かれた浄土信仰を指すのであり、又広く浄土宗の教義、及び教義弁証の宗籍をも含めて云ふのである。[2]

と述べられ、浄土宗の教義は法然の教義であり、それに連なる祖師の著作を含めていることがうかがえる。また、髙橋弘次氏は、

宗学をするものにとって、その宗学の規範が二祖（善導・宗祖）三代（宗祖・聖光・良忠）の伝灯祖師による宗学体系（祖師相承）にもとづくものであるということには現在も変わりなく、またその基本的なあり方としてその根拠が絶対者の側に求めることも、いまさら認めるまでもないことなのである。(3)

と論じていることから、あらかた浄土宗鎮西派の宗義は、「二祖（善導・法然）三代（法然・聖光・良忠）」の著作を浄土宗義の基底としていることが認められるのである。

なお、浄土宗西山派では、善導『観経疏』の解釈をめぐり、派祖證空・行観覚融の註釈書を西谷義の基底とし、派祖證空・顕意道教の註釈書を深草義ではその基底としているようである。(4)

では、時宗宗学はどうであろうか。まず、平成元年（一九八九）に刊行された時宗教学研究所編『時宗辞典』を紐解いてみる。しかし、宗学の基底に関わる語彙を検索したが「教義」「宗学」「宗義」などの項目はなく、それらに準じる項目も見あたらない。時宗教団内において伝統的な宗学について研究や議論がなされたことがこれまであったのだろうか。おそらく、管見では、木村信弘「伝統宗学について」（『時衆研究』第六三号所収、一九七五年二月）のみであろう。

それでは、時宗宗学とは、いったいいかなる学問であろうか。時宗教団は、法然（一一三三―一二一二）の門流に位置する一遍（一二三九―一二八九）を宗祖とする浄土門の一宗派である。そのため根底には、阿弥陀仏の本願

による凡夫救済が説かれているのであり、その念仏法門は、末法における時代と機根とに相応した教えであることは間違いない。そして、その宗学は、時代に対応すること、時代を超越することが必要不可欠とされる。したがって本論においては、時宗宗学の基底がどのように成立し展開されてきたかを考察する。

一　宗学の概念

ここでは、関連する「教義」「宗学」「宗義」の用語を、Ⅰ中村元編『仏教語大辞典』、Ⅱ『日本国語大辞典』第二版をもとに見ていくことにする。

「教義」

Ⅰ、教と義。教えと教えによって説かれる事がら。述べることばと表される意味。教え（三乗）と教えの内容。義は結局一心のこと。(5)

Ⅱ、おしえの主旨、特に、宗教上の信仰内容が心理として説かれ、認められる、その教えの内容、教理。(6)

「宗学」

Ⅰ、自己の属する宗派の教義の学問。自分の宗派の学問。(7)

Ⅱ、各宗門の教義をきわめる学問。(8)

「宗義」

Ⅰ、主張命題において主張されるべき事がら。主張命題の述語。古来の正統説。一つの宗派の教義。信奉する教義。(9)

Ⅱ、宗門、宗派の教義[10]。

以上のことから、各宗派において「宗学」とは、その宗派の教義そのものをもって呼称し、その独自の教義に関して宗教的価値を提示しているものであるといえる。そして、その根底には、宗祖の著作および法語を宗義として仰ぎ、その宗義をもって宗学として自己宗派が主体的に依拠する学問があり、宗義を通して主体的に救済の論理を体系的にまとめることにあろう。

つまり、伝統的な宗学のあり方としては、その宗祖が自己の教えを著した著作や法語を根幹とし、それを門下門流が口授心伝による相承的な内容と時代的な要請によって解釈し、展開されていくものであるといえる。

そこで「宗祖の著作および法語」を時宗の根本的な宗学として基底とする場合、時宗宗祖一遍はどうであろうか。一遍の伝記である『一遍聖絵』第十一では、自らの臨終を悟った一遍の行動を次のように記している。

> 同〔正応二年（一二八九）筆者註〕十日の朝　もち給へる経少々書写山の寺僧の侍（り）しにわたしたまふ　つねに「我（が）化導は一期ばかりぞ」とのたまひしが　所持の書籍等阿弥陀経をよみて手づからやき給（ひ）しかば伝法に人なくして師とともに滅しぬるかとまことにかなしくおぼえしに「一代聖教みなつきて南無阿弥陀仏になりはてぬ[11]」

右記のとおり、一遍は、所持していた聖教類以外の書籍を、『阿弥陀経』を読誦しつつ自ら焼却している。そのため、一遍の著作は現在に伝承されず、門下筆録の法語があるのみである。そして、時宗教団では、教義を論じる著作は遊行七代他阿託何による『器朴論』などの撰述を待たなければならなかった。つまり、時宗教団は、宗祖一遍に根本的な宗義を記した著作がないまま成立し展開しているのである。

二　時宗宗学の基底と時宗宗典の展開

では一遍の「宗義無きを宗義とする」宗風を持つ時宗宗学は、どのように門下門流によって相承されてきたのか。このことについて、『宗典』所収の時宗宗典をもとに、時宗宗学を構成する基底について考察を試みる。まず、『宗典』に所収されている時宗宗典のうち時宗宗学に関する時宗宗典（註釈類を含む）を成立年代順に整理する。

宗祖一遍（一二三九―一二八九）

『一遍聖絵』正安元年（一二九九）成立　『一遍上人縁起絵』『播州法語集』『一遍上人語録』

二祖他阿真教（一二三七―一三一九）

『他阿上人法語』（『大鏡集』）

三代他阿智得（一二六一―一三二〇）

『知心修要記』『念仏往生綱要』『三心料簡義』（『三大祖師法語』所収）

七代他阿託何（一二八五―一三五四）

『器朴論』、『仏心解』、『条条行儀法則』『蔡州和伝要』（『三大祖師法語』所収）

二十代他阿知蓮（一四五九―一五一三）

『真宗要法記』『一遍義集』『別時作法問答』

三十五代他阿法爾（一五六三―一六四〇）
　『別願之註』
七条道場金光寺持阿切臨（一五九一―一六六二）
『念仏往生要決』『一遍上人念仏安心抄』『時宗安心大要』
真壁常永寺慈観（後、二十九代浄阿　一六二四―一六八二）
『神偈讃歎念仏要義鈔』寛文五年（一六六五）成立
四十五代他阿尊遵（一六三八―一七〇七）
『器朴論考録』宝永二年（一七〇五）成立
其阿量光（遊行四十四代他阿尊通　一六四〇―一六九五）・廓竜（生没年不詳）
『播州問答領解鈔』（一七〇四年成立、其阿量光執筆部分一―六巻は一六九二年頃成立）
暦応（生没年不詳）
　『時宗選要記』
其阿呑了（後、遊行四十八代他阿賦国　一六五六―一七一一）
『時宗要略譜』元禄十年（一六九七）成立
覚阿玄秀（一六六一―一七〇三）
『時宗統要篇』元禄十五年（一七〇二）成立
四十九代他阿一法（一六六四―一七二五）
『一遍上人別願和讃新註』『器朴論要解』

其阿賞山（一六六五―一七二六）
『神偈撮要鈔』正徳三年（一七一三）成立
『一遍上人絵詞伝直談鈔』正徳四年（一七一四）成立、『播州問答集私考鈔』
其阿如海（一六七二―一七四九）[12]
『時宗要義集』正徳三年（一七一三）成立
甲府一蓮寺法阿関牛（　―一七四〇）
『神勅教導要法集』元文三年（一七三八）成立
俊鳳妙瑞（一七一四―一七八七）
『一遍上人語録諺釈』明和四年（一七六七）成立
兵庫長楽寺義乗（近世後期）
『名体不離之事』『神勅要偈深秘鈔』文化二年（一八〇五）成立
守山最明寺正随（近世後期）
『名体不離文深秘』『名体不離文深秘補遺』

以上、時宗宗学に関連した時宗宗典であるが、近世に著された時宗宗典の大半は、一遍による立教開宗を熊野権現の「神勅」によるものであることを強調するものである。そして、そこには、「宗義無きを宗義とする」一遍の宗風をいかに合理的に時宗宗学へと反映させるかという意図がうかがえる。

このほかに、遊行五十三代他阿尊如（一七一一―一七七九）の時代には、数多くの時宗宗典が次々と開版されている。ちなみに、安永四年（一七七五）十月には其阿洞天（兵庫真光寺八世院代）の校訂・出版による『防非鈔』一巻、安永五年（一七七六）には六条道場歓喜光寺弥阿輪山校訂『六条縁起』、其阿洞天校訂編集・七条学頭徴禅（後、兵庫真光寺九世院代）序による『三大祖師法語』、京五条荘厳寺覚阿旭堂『器朴論』三巻、其阿洞天校訂・上梓の『播州法語集』、安永七年（一七七八）には敦賀西方寺長順諸本校訂・岩本成願寺玄道上梓の『他阿上人法語』（岩本成願寺蔵版）など、七書二十二巻におよぶ時宗宗典の開版がなされた。そして、それぞれの版木は、印版施財主となった寺院の所蔵とする方法が採用されている。

さて、この時宗宗典の中でも注目すべき記載が其阿如海『時宗要義集』の跋に存在する。その跋には、

吾宗相伝一々皆人師非二執見一。熊野八幡之御相伝故以二異流書一当流不レ可レ証《トス》。最《モ》元祖二祖発得已前西山鎮西習二流儀一。故釈義之面《ハ》雖レ准二一派一両祖本意《ハ》二神以二御相伝一解釈也。三祖七祖二十一祖述書并一華堂解義悉一器相伝之故少《モ》無二異途一。中興宗門書《ニ》註解人雖レ多《ク》悉《ク》鎮西依二鈔書一解《カ》レ之故義大異也。秀公常談レ之。宗安心《ヲ》欲二会得一宗家五帖疏信師小経略記空師選択集《ヲ》可レ読。其上宗門三部書読悉両神御相伝符二合義一。三部書者宗門三経書也。一播州問答是小経疏也。二器朴論観《ノ》経疏也。三二祖十巻法語名二大鏡集一是大経疏也。[13]（傍線部筆者）

と記されている。この跋では、時宗宗学について、熊野権現、大隅正八幡の相伝であると述べられている。宗祖一遍や二祖他阿真教は、以前は他の教義を修学するも、熊野権現、大隅正八幡から相伝を受けている。そのため、三代他阿智得、七代他阿託何、二十一代他阿知蓮、一華堂乗阿の著作も、解釈をまったく異にするものではない。し

かし、その他の宗門人の著作では浄土宗鎮西義の教義を用いて解釈しているため、大いに時宗宗学の解釈が異なっていると、秀公（山形光明寺覚阿玄秀）が常時指摘している。もし宗義を修学するならば、善導・源信・法然の著作を修学した上で熊野権現、大隅正八幡の相伝を解釈した宗門の三部書を修学することであると述べている。その近世時宗教団の三部書としては、宗祖一遍『播州問答集』、二祖他阿真教『他阿上人法語』（『大鏡集』）、七代他阿託何『器朴論』をあげている。

以上のことから、近世において時宗宗学の研究者であった覚阿玄秀および其阿如海の時宗宗学は、宗祖一遍『播州法語集』、二祖他阿真教『他阿上人法語』、七代他阿託何『器朴論』を基底としていたと解釈することができる。

次に、時宗宗学の概念がいかに伝承されてきたのかについて考察する。明治以降における時宗宗学について論じた概説書的な著作は、管見の限り次の六種類があげられる。

一、河野往阿（生善）『時宗綱要』（兵庫真光寺、一八九三年十二月）
二、寺沼琢明（後、遊行七十二代他阿一心）『時宗綱要』（佛教年鑑社　一九三三年十一月）
三、加藤実法『時宗概説』（東方書院、一九三五年一月）
四、寺沼琢明『時宗の歴史と教理』（時宗宗学林、一九七一年四月）
五、平田諦善『時宗教学の研究』（時宗教史研究会、一九六五年八月）
六、時宗教学研究所編『時宗入門』（時宗宗務所、一九九七年二月）

これらの概説書のうち、兵庫真光寺河野往阿（生善）『時宗綱要』には、「第二章　宗義」の項が設けられ、「第

一段　所依ノ経典」がある。そこには、

本宗所依ノ経典ハ、広クハ如来一代ノ所説、皆以テ所依トスヘシト雖モ、且ク正依ヲ論スレハ、浄土ノ三部経ヲ以テ正依トス、然ルニ又此正依ノ中、阿弥陀経ヲ以テ正所依ノ本経トス　論ハ、一切ノ大乗論ハ皆以テ所依トスベシト雖モ、又天親ノ往生論、並ニ曇鸞ノ註、七祖ノ器朴論、ヲ以テ正依トス　疎釈ハ又各祖ノ疎釈、皆以テ所依トスベシト雖モ、別シテ恵心ノ往生要集、道綽ノ安楽集、善導ノ五部九巻、源空ノ選択集、宗祖ノ播州問答集、仝法語集、二祖ノ法語三大祖師法語、如海ノ時宗要義集等ヲ以テ正依トス(14)

とある。これによると、時宗における正所依の経典は『阿弥陀経』であると論じているが、これは宗祖一遍以来継承されてきたことが認められる。また、その思想背景としては、覚阿玄秀『時宗統要篇』や其阿如海『時宗要義集』に詳説されているように『阿弥陀経』は念仏一行を説き、また、「臨命終時」の「時」は時宗の宗名の由来であり、さらに、熊野権現の神勅によるという思想も加わっている。(15)

そして、論としては、天親（世親）『往生論』、曇鸞『往生論註』、他阿託何『器朴論』をあげ、疎釈として源信、道綽、善導、法然、一遍、他阿真教、如海といった浄土列祖および時宗祖師の著作をあげている。このことから、近代においても近世の伝統的な宗学を継承していることが確かめられるのである。

さらに昭和初期において、加藤実法は『時宗概説』で「第一教旨と行法」の項を設け、

宗旨は身命を弥陀に帰し奉り、知識の教を任せ、名号を称へて往生を得るにあり。行法は本願念仏を正業とし、

六時礼讃を助業とす、余行雑修を許さず⒃と、あくまでも時宗の宗義は知識帰命であり、称名念仏を正行としていることを述べている。

以上、近世から近代にかけての時宗宗学は、一遍の「宗義無きを宗義とする」宗風が熊野権現の神勅に裏づけられたものとして展開している。これは、あくまでも宗義の根幹として必要不可欠な著作が存在しない一遍を宗祖と位置づけ、その精神的要素を宗義の表層に据えるために、合理的な処置として取られた方法であると推察される。

では、近世から近代にかけて、どのような方法で時宗宗学は伝承されたのであろうか。これについて、次項で考察する。

三　近世学寮の成立

近世に入り、各宗派は、幕府の関与による本末制度などの宗教統制のもと、さまざまな制度・政策の整備を強いられることになった。もちろん時宗教団も例外ではない。

また、各宗派では、僧侶養成機関として檀林・学寮などが設置され、そこで宗学研鑽と修行に励んでいた。例えば、浄土宗鎮西派の場合、僧侶養成機関として関東十八檀林（白旗派）や名越二檀林（名越派）が成立するのは、寛永年間（一六二四―一六四四）頃とされている。⒄

また、浄土宗西山派の学寮設立は、元和元年（一六一五）に『西山派法度』が下されてからであると推察されている。⒅

しかし、時宗教団に僧侶養成機関としての学寮が設置されたのは、『両本山条目』『学寮条目⒆』の成立である延享五年（一七四八）頃と推定されている。

なお、時宗教団の僧侶養成機関としての学寮成立やその内容に関しては、すでに大橋俊雄・長谷川匡俊の両氏による先行研究があり、入寮者の数量的な考察が行われている[20]。

この時宗教団の学寮は、延享五年に藤沢道場清浄光寺・七条道場金光寺内に設置されていたようである。それ以前からこの二カ寺には、宗門僧侶の養成機関として前身的な機能があったと推測されるが、時宗の僧侶が他宗派の檀林で修学し宗学を混乱させるといったことが生じたため、組織的な養成機関の設立が要求されていたのであろう。その結果、藤沢・七条の両本山、遊行会下および学寮での修学が可能になったのである。

では、この時宗の学寮では、どのような養成課程でどのような科目が開講されていたのであろうか。

例えば、浄土宗白旗派・関東十八檀林の場合、入寺年齢が十五歳で二十五年以上の年数を必要としている。修学方法は、名目部、頌義部、選択部、小玄義部、大玄義部、文句部、礼讃部、論部、無部の九部構成であり、一部三年間の期限で養成が行われていたようである。また、浄土宗名越派の檀林では、入寺年齢が二十歳で十八年以上の年数を要し、修学方法として礼讃部、選択部、玄義部、文句部、論部、経部、無部の七部構成であった[21]。それぞれ各部で修学するための典籍（いわゆる教科書）が決められていた。

しかし、時宗における学寮の場合、このような養成課程に関して記された史料は、管見の限り発見されていない。それでは、養成課程についてわからないものの、どのような典籍を使用していたかを探ることにより内容が垣間見られるのではないだろうか。

この学寮で講義された科目については、『遊行・在京日鑑』『藤沢山日鑑』などに散見する講義に使用された宗典や、庵号（等覚庵・常住庵）・院号（東陽院・興徳院・洞雲院・桂光院）への出世昇進に課された席講に使用された典籍などからうかがうことができる。

また、学寮に在籍した大衆（修行僧）については、本人名・掛錫年月日・所属寺院・師僧名・相承やその後の経歴について記載した「大衆帳」が現存している。この史料には、庵階・本寮出世昇進に課された席講の典籍が記されている。長谷川匡俊氏によって数量的な研究がなされていることはすでに述べたが、史料は、七十二年間分あり、総勢一、一七八人の記載がある。そのうち、席講が記載されているのは、管見で五十五名である。[22]

そして、講義内容に関しては、大橋俊雄氏が、

一、浄土三部経の講読、二、浄土列祖関係の著述、三、一遍智真の思想を理解させるための『播州問答』などであったのではないか[23]

と指摘しているが、長谷川匡俊氏は、

おそらく法然や宗祖一遍などの教説については、席講という形式ではあまりなされずに、別にしかるべき学殖豊かな講者（学頭・遊行上人）によって講義が行われていたものと察せられる。席講をみる限り、時宗宗義を直接語るようなものがあげられていない点に注意したい。[24]

と述べている。

さて、席講で使用された典籍については、『浄土十疑論』『阿弥陀経』『大原問答』『称讃護念経合讃』『法界無差

別論』『往生論註』『誘蒙』『教戒律儀』『観経会疏』『唯識二十論述記』『観経疏玄義分』『安楽集』『天台菩薩戒疏講述』『往生礼讃偈』『法事讃』『華厳原人論』『法蔵心経略疏』『遺教経』『遺教経論疏節要』『略論浄土義』『天台四教義集註』『大乗起信義記』『選択集』などがあげられる。長谷川氏が指摘しているとおり、庵階・本寮の席講では、時宗の教義に関する宗典がいっさい使用されていないのである。しかし、『遊行・在京日鑑』『藤沢山日鑑』では、『播州問答集』、他阿智得『念仏往生綱要』、他阿託何『器朴論』といった時宗の教義に関わる宗典を遊行上人自ら講義したり、学寮寮主が『選択集』の講義を行うなどの記述が散見される。

また、山形光明寺、浅草日輪寺、甲府一蓮寺、七条金光寺、兵庫真光寺など、他宗派の檀林のような機能を有していた寺院の住職は、宗義に関わる宗典を著した人物が多いことから、学識に優れた者が就任していたことがうかがえる。そのため、それらの寺院から遊行上人や藤沢上人に登位する人物が多いのはうなずけよう。

さらに、推測の域を脱しないが、一般的な仏教教理や浄土教の基礎的な分野以外の時宗宗学に関わる分野については、遊行（藤沢）上人、院代、寮主や檀林クラスの寺院の住職だけが宗義に関わる講義ができるというような制限があったのではないだろうか。それは、近世における時宗宗学が熊野権現の神勅に裏づけられていることによるものであるため、みだりに講義することを憚ったためであろう。そのため、席講ではあくまでも一般的な仏教教理や浄土教の基礎的な典籍にとどまったものと推察する。

おわりに

本節では、「時宗宗学とは何か」を命題に時宗宗典をもとに宗学の基底を考察した。

そもそも時宗教団は、捨聖一遍を宗祖とし、「宗義無きを宗義とする」宗風でありながらも、一遍の遊行・賦算・踊り念仏を基軸として歴代遊行上人がその行儀を伝承しつつ教線を獲得し、衆生教化を励行していた。

しかし、近世に入り、江戸幕府統制下の時宗教団は、他宗派と同等の機能を整備して行く上で宗義の確立が最も必要不可欠であったのであろう。加えて、一遍が教団の宗祖として明確に位置づけられているものの、宗義の体系化が追いついていなかったと推測される。

そして、時宗宗学の体系化は、他宗派に遅れつつも、時宗宗典の成立年代や内容などから、おおよそ元禄年間から正徳年間（一六八八―一七一六）頃にその基底ができつつあったと推察される。それは、覚阿玄秀『時宗統要篇』と其阿如海『時宗要義集』に記されている交流時の談義内容からうかがうことができ、これによると覚阿玄秀は、宗祖一遍『播州問答集』、二祖他阿真教『他阿上人法語』（『大鏡集』）、七代他阿託何『器朴論』を時宗宗学の基底と位置づけていたのである。つまり、時宗宗学の体系化は、一遍や他阿真教の法語類だけでは困難であり、他阿託何『器朴論』によってその確立を試みたものと推察する。そのため、覚阿玄秀の『時宗統要篇』には、他阿託何『器朴論』の引用が多用されているのである。

なお、この覚阿玄秀の師僧は、宗義に精通し学殖豊かな山形光明寺其阿玄道（後、遊行四十七代他阿唯称）であり、覚阿玄秀はこの師を追って富士吉田西念寺住職を辞して山形光明寺へ行き、其阿玄道のもとで宗義研鑽に励んだようである。そのため、覚阿玄秀の宗義体系化は、其阿玄道によるものであろう。

いずれにせよ、元禄年間から正徳年間に時宗宗学の基底が試みられ、それを体系的に修学できる時宗独自の僧侶養成機関としての時宗学寮が、約半世紀後に成立している。しかし史料不足もあり、いまだにその全容は詳らかではない。

また、戦国時代に宗義の伝承を担う遊行上人が、藤沢清浄光寺を戦火で追われ各地を転々としていたことも、宗学の体系化が遅れた一因かもしれない。さらに、近世において宗学に精通した人物は、檀林クラスの寺院の住職に就任し、加えて遊行上人へと登位することが多く見られ、遊行という伝統的布教スタイルを継承するには、多忙を極めたため、宗義の著作執筆に時間を割けなかったのではないだろうか。

註

（1）伊藤唯真「初期法然教団の構造的特質」（『浄土学』第四八輯所収、浄土学研究会、二〇一一年六月）二頁。
（2）阿川貫達『浄土宗義概説』（浄土宗、一九五七年四月）一―二頁。
（3）髙橋弘次『改版増補法然浄土教の諸問題』（山喜房佛書林、一九九四年一月）四〇八―四〇九頁。
（4）総研叢書第二集『法然上人とその門流』（浄土宗総合研究所、二〇〇二年三月）、安井信雅『述誠』（西風会、二〇〇五年三月）、総研叢書第四集『念仏信仰の諸相』（浄土宗総合研究所、二〇〇七年三月）など。
（5）中村元編『仏教語大辞典』（東京書籍）二八五頁三段。
（6）『日本国語大辞典』第二版第四巻（小学館、二〇〇一年四月）四一四頁中段。
（7）前掲註（5）七五九頁四段。
（8）『日本国語大辞典』第二版第六巻（小学館、二〇〇一年六月）一二〇九頁中段。
（9）前掲註（5）七六〇頁二段。
（10）前掲註（8）一二一四頁上段。
（11）『宗典』下巻、三九〇頁上段。
（12）これまで其阿如海の生没年代については、没年のみ知られていた。このたび、其阿如海が『時宗要義集』を執筆した福井県坂井市称念寺住職高尾察誠師より、左記の掛軸の存在を紹介された。早速、時宗教学研究所顧問高野修氏にご教授いただき、「満歳七十二」から生年が寛文十二年（一六七二）であると判明した。両氏には、この場を借り感謝申し上げる。

（印）
旹寛保三癸亥年七月二二日
十念称かひの年先達として
参詣有ける折から
遍照山
満歳七十一
如海詠書
（印）（印）
南無阿弥陀仏往生極楽念仏往生
心さし日々に
ますやの
小夜衣
きてこそ祈れ
猶後の世を
ちなみに、遍照山は山形光明寺の山号である。

（13）『宗典』下巻、一六六頁下段。
（14）『宗典』下巻、三二八頁下段―三二九頁上段。
（15）本書第一章第三節を参照されたい。
（16）加藤実法『時宗概説』（東方書院、一九三五年一月）一頁。
（17）中井良宏「檀林教育の成立とその発展について――近世寺院教育の一形態――」（『佛教大學學報』第五一号所収、一九六七年三月）、玉山成元「近世初期における浄土宗の教育――とくに関東十八檀林の成立を中心に――」（『日本佛教會年報』第三六号所収、一九七一年三月）、宇高良哲「浄土宗名越派檀林の僧侶養成」（水谷幸正古希記念論

集『佛教教化研究』所収、思文閣出版、一九九八年十二月）ほか。
(18)　福井忍隆「西山派教育制度の変遷」（『西山学報』第一三号所収、西山短期大学、一九五五年三月）。
(19)　『宗典』下巻、八〇五頁上段―八〇七頁上段。
(20)　大橋俊雄「時宗における学寮について――特に七条学寮を中心として――」（『時衆研究』六〇号所収、時宗文化研究所、一九七四年五月）、長谷川匡俊「近世時宗教団の学寮覚書」（『長谷川佛教研究所年報』第一号所収、一九七四年三月）、同「『大衆帳』からみた時宗の学寮と修学生活」（橘俊道・圭室文雄編『庶民信仰の源流――時宗と遊行聖――』所収、名著出版、一九八二年六月）。
(21)　前掲註(17)宇高良哲「浄土宗名越派檀林の僧侶養成」三七九頁。
(22)　本書一四二～一四五頁に掲げた「席講典籍一覧」を参照。
(23)　前掲註(20)大橋俊雄「時宗における学寮について――特に七条学寮を中心として」一九頁上段。
(24)　前掲註(20)長谷川匡俊「『大衆帳』からみた時宗の学寮と修学生活」七六頁。

十室	軒位	庵階	庵階席講	本寮	本寮席講	往生	経歴
安永10	天明４	天明８	浄土十疑論	寛政６	観経会疏	天保３・１	次頭→寮主→神応寺→日輪寺→一蓮寺
天明５	天明８	寛政４	阿弥陀経				
天明７・11・17	寛政２		大原問答		大経		白金松秀寺
天明８	寛政３	寛政８	無差別論				
寛政１	寛政４	寛政８・３・25	称讃護念経合讃				
寛政１	寛政４	寛政８	十疑論	享和２	群疑論		布施善照寺→岩本成願寺→富山浄禅寺
寛政２		寛政10・１・18	無差別論				三春法蔵寺→盛岡教浄寺
寛政３			往生論註	文化１	往生要集		河内照林寺→兵庫真光寺→甲府一蓮寺→藤沢38世
寛政３		寛政10		享和４	大経		高田称念寺→山形光明寺(藤沢山院代出仕・執啓堂)
寛政４	寛政７	寛政11		文化２	六物依釈論		水海吉祥寺→白金松秀寺
寛政４		寛政11	往生礼讃	文化２	観経合讃		次頭→白河小峰寺→浜松教興寺
	寛政10・４・27	享和２・４・27	(但シ席講勤)			天保２	佐渡称光寺→十日町来迎寺
寛政８・１・８	寛政11・１・８		礼讃	文化６			下妻安楽寺
		文化２	小経合讃				
		文化３	誘蒙	文化９・３・９			関戸延命寺
	文化１	文化５	十疑論				次頭役中死去
		文化６	教戒律儀				
	文政３	文政７	観経会疏	天保４			京転籍・後復席
文政２	文政５	文政10	大原問答	天保３	四教義集解講	天保５	品川長徳寺→三島光安寺
文政３	文政６	文政10	唯識二十論述記				次頭
文政４	文政７	文政11	観経疏玄義分				(文政13)金玉院・次頭(天保２・10)京・法城院・寮主→岩本成願寺
文政４	文政７	文政11	安楽集			天保12・３・２	(文政12・11)次頭→(天保２・11・８)寮主
文政９	文政12	天保４	往生論註				(天保２・10)小山現声寺→馬頭香林寺→黒羽新善光寺
文政９	文政12		往生論註	天保10	観経疏玄義分		石内極楽寺
文政10	文政13	天保６	遺教経	天保12			次頭→島名妙徳寺→慶応３・長浜安養寺
	文政14	天保８	観経疏玄義分	天保12	無量寿経	安政３	川越常楽寺→(天保13)寮主→品川善福寺
文政13	天保４	天保８	往生礼讃				(天保11)七条次頭
			天台戒疏講述				掛馬満徳寺→真岡長蓮寺
		天保15	往生礼讃				天保10・京移動　安・宗→浄光明寺済
天保７	天保10	天保15	阿弥陀経				大竹円光寺→称名寺
			観経疏玄義分		心経略疏		嘉永５・京次頭→寮主　他阿尊覚
天保９		弘化２・10	法事讃				
天保11		弘化３	阿弥陀経				
			華厳原人論		天台十疑論		諸川向龍寺
		嘉永３・２	法蔵心経略疏	嘉永７・９	観経疏玄義分		安政２・次頭→文久３・寮主→元治２・府中長善寺→明治９・４桂光院・出勤→権大講義　他阿察龍
		嘉永７・12・１	往生礼讃				

付録　席講典籍一覧

No.	僧侶名	改名	師籍	掛錫	堪忍	安心相承	宗脈相承	室前
1	感徹		駿州焼津普門寺隠居光感資		安永6(1777)・2・6			
2	徹岩		相州戸塚宿新縁寺義伝資	安永10(1781)・4・5				
3	道詮		総州関宿吉祥寺廓道資		天明2(1782)・11・17			
4	月仙		石州益田万福寺義門資	天明4(1784)・1・15				天明7
5	忍我		浅草安称院恵白弟子		天明5(1785)・3・25			天明8
6	俊龍	寂湛	総州布施善照寺存栄資		天明5(1785)・10・1			天明8
7	俊洞		上州秋妻光林寺秀岸資	天明6(1786)・1・18				寛政1
8	白勉	一道	摂州兵庫真光寺長順資		天明7(1787)・1・23			寛政2
9	岳善		越後十日町来迎寺祐善資	天明7(1787)・9・10				寛政2
10	全冏		常州鹿島神向寺諦全資		天明8(1788)・3・19			寛政3
11	泰順		武州持田阿弥陀寺泰道資		天明8(1788)・3・23			寛政3
12	法隆		越後妻有来迎寺忍了資	寛政3(1791)・4・26				
13	慧岳		常州下妻安楽寺意鏡資	寛政4(1792)・1・8				寛政7・1・8
14	智界		越後下田蓮光寺智堂資		寛政6(1794)・10・11		享和2	
15	寂天		武州本田教念寺義伝資		寛政7(1795)・3・9			
16	明全		南部盛岡教浄寺観明資	寛政9(1797)・1・5		享和2		
17	快長		信州野沢金台寺快宣資	寛政10(1798)・1・13		享和1		
18	智隆		越後下田蓮光寺智堂資	文化10(1813)・9・18		文化13	文政6	文化13
19	霶源		品川長徳寺智音資	文化12(1815)・9・15		文化14	文政4	
20	辯明	辯妙	品川善福寺辯隆資	文化13(1816)・1・15		文政2	文政6・(京)	
21	大船		羽州山形光明寺還覚資 越後石内極楽寺暢音資	文化14(1817)・1・13		文政2	文政10	文政3
22	全有	全雄	麻布松秀寺全冏資	文化14(1817)・1・23		文政2		文政3
23	信隆		越後十日町来迎寺法隆資	文政5(1822)・1・18		文政7	天保3	文政8
24	一元		河内小寺照林寺一道資	文政5(1822)・3・15		文政7	文政9	文政8
25	大順		日輪寺感徹資	文政6(1823)・1・7		文政11	文政12	文政9
26	大意		仙台亘理専念寺大寿資	文政7(1824)・3・25		文政11	天保3	文政12
27	快秀		信濃野沢金台寺快遵資	文政9(1826)・1・20		文政11	天保2	文政12
28	覚親		真岡長蓮寺白親資	文政11(1828)・1・15				
29	実応		薩州西福寺廓玠資	天保3(1832)・2・10				
30	特善	諦現	武州川越十念寺泰随資	天保3(1832)・9・1		天保8	天保11	天保6
31	大善		摂州兵庫真光寺廣善資	天保4(1833)・1・28				
32	智俊		越後高田称念寺智堂資	天保5(1834)・2・2		天保9	弘化2	天保8
33	学三		遠州浜松教興寺澄学資	天保7(1836)・4・4		天保11		天保10
34	灌雅		京五条福田寺灌明資	天保9(1838)・2・18				
35	察龍		京二条聞名寺専察資	天保10(1839)・1・7				
36	聖冏		京錦歓喜光寺随冏資	天保12(1841)・8・15				

十室	軒位	庵階	庵階席講	本寮	本寮席講	往生	経歴
		嘉永4・10	往生礼讃	安政6・10	選択集		庵・本両席講・京
			仏遺教経	文久2			庵席講・七条　結城常光寺→真岡長蓮寺
							両講済　慶応3・3　日輪寺住
		安政1・3	教戒律儀				京・学寮移動　長浜安養寺
				元治1	浄土十疑論		筑波来迎寺→本田称名寺
		安政4・4	遺教経	明治2			安政6・1・助戸真教寺→元治2・水海吉祥寺→重須光明寺
			弥陀経合讃		往生論註		長安寺→浄土寺→十日町来迎寺→一蓮寺→他阿尊純
			法界義差別論		天台四教義集註		寮主兼次頭役講　大乗起信論義記　兵庫真光寺
		慶応2	仏遺教経論疏節要	慶応4	法蔵心経略疏		宗・庵講(京)　川越常楽寺→衆領軒→浅草日輪寺
			弥陀経合讃				
安政2			往生礼讃		選択集		庵・本両席講・京
			浄土十疑論		往生論註		
		慶応1・10	略論浄土義				
		慶応2・2	心経略疏				
			観経疏玄義分				庵講・京七条　慶応2・8　戸塚親縁寺
		文久4	大原問答	慶応4	起信義記		庵講・京七条　慶応4・9　次頭→明治3・11 寮主　明治6　高田称念寺→明治7　川越十念寺
			観経疏玄義分				
		明治2・5	往生礼讃				
			心経略疏				庵講・京七条

No.	僧侶名	改名	師籍	掛錫	堪忍	安心相承	宗脈相承	室前
37	元長		越後石内極楽寺一元資	天保13(1842)・1・18				
38	碩穏		下総結城常光寺励信資	天保14(1843)・3・1		弘化4	嘉永5	
39	寂元		能州垂井金蓮寺哲元資	天保15(1844)・1・11				
40	大勢		岩本成願寺湛龍資	天保15(1844)・4・22		弘化4	嘉永1	
41	大雅		武州品川善福寺大意資	嘉永元(1848)・1・18		嘉永6	安政3	
42	然暁		宇都宮宝勝寺本暁資	嘉永2(1849)・10・24		嘉永4		
43	覚道		防州山口善福寺慈観資	嘉永3(1850)・9・23		嘉永6	安政2	
44	生善		兵庫真光寺廣善資	嘉永5(1852)・1・16				
45	元澄	善浄	信州野沢金台寺列外資	嘉永5(1852)・5・11		安永7		
46	義貞		江州高宮寺義聞資	嘉永5(1852)・9・17		安政6	文久3	
47	文碩	善苗	野州真岡長蓮寺覚親資 下総結城常光寺励信資	嘉永5(1852)・9・23		安政2	安政5	
48	佛眼		当山内法城院恵辯資	嘉永6(1853)・1・4			慶応1	
49	昇淳		常州真壁常永寺良淳資	安政2(1855)・1・15		安政6	文久3	
50	真静		京二条聞名寺大宣資	安政2(1855)・1・3			慶応1	
51	観随		越後吉水教念寺観柳資	安政2(1855)		安政3	安政6	
52	大冏		羽州光明寺善冏資	安政3(1856)・7・1		安政5		
53	智覚		讃州鵜多津郷照寺智隆資	安政4(1857)・7・1		文久1	文久3	
54	智譲		川越十念寺昌善資	安政6(1859)・2・1		文久3		
55	覚明		野州真岡長蓮寺覚親資	安政6(1859)・10・9		慶応2	慶応3	

＊　「大衆帳」(「清浄光寺文書」〈前近代〉所収）に席講の記載があるものを抜き出したものである。

＊　経歴は「大衆帳」記載のものに筆者が他の史料を含めて補った。

第二節　明治期時宗教団の子弟教育

はじめに

近代時宗教団は、幕末の動乱期から明治新政府になり、どのように時勢に対応し、子弟教育を行っていたのであろうか。本節では、「明治期時宗教団の子弟教育」をテーマとし考察を行う。また、近代の史料から、今まで明確にされていない近世の子弟教育の実態についても触れたい。

一　近世の子弟教育

近代の子弟教育について考察する前に、近世時宗教団の子弟教育について触れておく。

時宗教団は、宗祖一遍以来、歴代の遊行上人は、全国を遊行回国した。時宗教団に入門した僧尼は、その遊行回国に随従し修行した上で順次地方の道場に入住していた。宗義よりも遊行・賦算・踊り念仏といった行儀が主軸であったため、中世において時衆教団の修学内容がどのようであったかを知る史料は、数人の祖師[1]が著した宗典以外になく、その宗典とて、どのように教団内に流布していたのかは詳らかではない。

さて、近世時宗教団の子弟教育は、他宗派に相当に遅れて整備されてきた。近世時宗教団の子弟教育については、延享五年（一七四八）に藤沢二十六世他阿快存・遊行五十一代他阿賦存の連名で『学寮条目』[2]が出されており、次にあげるその内容から子弟教育について知ることができる。

学寮条目

一、両本山幷学寮之時衆出世年数、自今已後不論本寺末寺之弟子、着帳之年月付次第座席可相立事

但、出世之年数位階之儀者、只今迄之通初堪忍より満三年目室前、満四年目十室、満七年目五軒、満十一年目二庵、満十七年目四院、各転席之時者出世名号期日可相改事

一、七条学寮之大衆出世之義者、年月相改、遊行兼帯之内者院代より遊行江可書出、藤沢兼帯之節者藤沢江可書出事

一、両学寮掛錫之間為被位銭、一ヶ年銀子　文目ツヽ、可指出事

但右之内三匁は上納、七条遊行兼帯之内ハ遊行江相納、藤沢兼帯之内者藤沢江相納候。残る三匁者配分壱匁ツヽ、院代幷寮主五分ツヽ、役者幷伴頭　取之

一、三会下之時衆居並之時者、着帳之年月日付次第座席可有之事

一、宗脈付法之儀者、初堪忍ゟ四年目安心相承之法脈令免許、七年満時宗血脈可付与之右両度之相伝無之僧侶者、一寺住職堅可為禁制事　但付法之定諸者可限両本山七条道場事

一、本山幷所化、参内綸旨頂戴之儀者、自今已後可限七年満之僧侶事　但吹挙伏願之節宗戒血脈可相改事

一、七年満以上一寺住職之後者、於本山出世昇進可申付候間。学寮之席可為消帳、若一寺住職之後茂　修学之望ニ而、学寮之席立置候僧侶者、為席料定之通年々銀子六匁ツヽ、可指出事

一、依事帰国有之候者、其被位弐年者可相立置、若及三年帰山候ハヽ、位階同年可為下座事但無拠儀ニ付及逗留候ハヽ、其趣遂所被位銭之儀者、無滞前年極月限可指出事

一、拾壱年満拾七年転進之時者、不依何部席講可有之事

但二庵本寮之転席以前席講無之僧侶者、出世免許満弐年可為延引事

一、両本山之時衆并末山住職之僧者、二庵本寮出世之時不及席講事

但両本山会下より学寮江引移候者、従来之学侶并席講可有之候、又学寮より両会下江出勤候ハ、不及席講之沙汰、若於両会下も席講相勤候時衆者、別而可為殊勝事

一、五軒以上一寺住職之後、為修学消帳之輩、同学侶軌則可有席講事

一、満二年延引之内、席講不相勤若延引之年数共に至候ハヽ、二庵出世可為免許事

一、満二年延引之内、若壱年目ニ席講相勤候者、其時二庵之出世可為免許事

一、席講無之延引二年之上、二庵昇進之時衆於本寮転席も席講無之候者、是又満壱年延引候而本寮出世可為免許、然者依面々之学不学可有席講超越候間、平日悔怠有之間敷事

一、寮主之儀者在寮之内上座相定、但雖為次座選其人之器量、本山江相伺候而院代より可申付事

但雖為老僧、供寮時衆者可受寮主之下知事

一、学頭ニ可昇進僧侶者、不進其職以前、内典之内何部成共勝手次第開講可有之事

一、修学之間、不問上座次座器量不依何部講釈不可有遠慮之事

（中略）

右之条々今度両山相談之上、軌則相立候間、門下之時衆専守此旨修学不可怠慢者者也

延享五戊辰年

藤沢山廿六世他阿快存

遊行五十一世他阿賦存

この「両本山幷学寮之時衆」とは、藤沢清浄光寺（以下、清浄光寺）、七条金光寺（以下、金光寺）の両本山を指し、それぞれ藤沢・七条学寮が設置されていたことを示す。その後、藤沢学寮は、江戸の篤信家小林勘平の喜捨により浅草日輪寺（以下、日輪寺）境内にも支校が設置された。つまり、近世時宗教団では、遊行上人に随従し遊行回国をしながら修行する遊行会下、藤沢上人に随従して修学する藤沢会下、藤沢・七条の学寮における修学という、三系統の子弟教育を行っていた。この藤沢・七条の両学寮が実際に開寮されたのは寛延二年（一七四九）であり、普請の様子が『遊行・在京日鑑』[3]『藤沢山日鑑』からうかがえる。また、その学寮に在籍した者は、「大衆帳」と呼ばれる在籍簿に本人名・掛錫年月日・師僧・安心相承・宗脈相承・住歴・往生などが記載され、年数に応じて出世昇進のために席講が課されていた。

席講とは、典籍を選び講義し、講師から評価を得るものである。この席講では、時宗宗典以外の典籍が使用され、その典籍については、「大衆帳」に記されているものから把握できるが、東西学寮でどのような典籍を使用して講義が行われていたのか、いまだ詳らかではない[4]。

二　明治政府の宗教政策と時宗教団

明治新政府になり、国内が新制度に移行しようとしていた最中、清浄光寺では、どのようであったのか。明治三年（一八七〇）当初の『藤沢山日鑑』には、混乱する様子は記録されていないが、江戸幕府の浪人が来寺し、合力願をする者が多くいたことがうかがえる。そのなか、明治三年三月三日の条には「東山法国寺大善和尚初登山」の記録がある。法国寺大善和尚とは、「京都東山法国寺住職河野大善」（後、遊行六十一代他阿尊覚）のことである。この法国寺大善が登山した理由は、七条御院代より内願捧状を持参したことであったと推察でき、その内容については、次の明治三年三月晦日条からうかがうことができる。

法国寺内願一条御聞届相成、明日出立ニ付御暇御十念ニ上ル、御書其外役向ゟ廻章等御渡ニ相成、廓然司随伴也、尤内願之趣意者御一新ニ付仏法興廃之御時節不得止両学寮加策被仰付学業出精所化相続、右ニ付御末山中江助成米御割付、且寺持之好悪檀中之帰依不帰依等取調旁巡察使ニ而廻国之事(5)

おそらく、当時、東京や京都では、めまぐるしく変化する明治新政府の動向を知ることができたのかもしれないが、藤沢は東海道の宿場町の一つでしかなく、行幸や浪人や外国人などの往来を目にする程度で、仏教界に対する明治新政府の方針など知るよしもなかったのであろう。法国寺大善が京都より登山した後、『藤沢山日鑑』では、頻繁に東京からの使者や飛脚が往来し、また、横浜に出向く役僧の記録が増えていく。それは、世間で起きている事態が清浄光寺にもようやく伝達され、情報の収集に奔走していたことを物語っているのであろう。

さて、明治六年（一八七三）十一月に各宗派管長連名で「教導職取締条件」(6)が発布された。このなかでは、初科から三科までの「講究順序変則」が定められ、また教導職に求められた内容がうかがえる。同年には、旧紀州藩邸を経て芝増上寺へと大教院設置が決定した。

明治七年（一八七四）七月二十二日、「各部講究書目章」が諸宗管長総代をもって教部大輔宍戸璣に宛て提出されている。時宗教団においては、

○第一試

往生礼讃
自何章至何章
章旨　一章ノ大旨ヲ掲グ
字訓　一章中緊要ノ字訓ヲ詳ニス
解義　全章ノ義ヲ弁釈ス
余論　本文ノ余蘊ヲ尽シ斡旋活用スルヲ要ス

とあり、第二試『安楽集』、第三試『選択集』、第四試『往生論註』『観経疏玄義分』があげられ、それぞれ試験の内容が指定されている。

明治八年（一八七五）五月十五日、時宗教団は、「時宗管長代理　少教正　卍山実弁」の名で「各府県下　教導取締中」に宛て、時宗教団大教院を日輪寺に設置、地方に中教院を設置することを申請した。この日輪寺は、近世を通じて時宗総触頭寺院であり東京にあったため、大教院を設置するには地理的・機能的にも適していたのであろう。そして、十二月に「時宗大教院規則」「時宗中教院規則」が制定された。翌明治九年（一八七六）十月四日、「時宗規則[7]」が制定され修学内容が記されている。その『時宗規則』にある「第三条　階﨟昇進ノ事」には、入寺掛錫後五年目に安心相承を、八年目には宗脈相承を、それぞれ付法されることが記されている。しかし、この内容は、延享五年制定の『学寮条目』と同様であるため、時勢に対応するため急ぎ制定された感が否めない。ただ、「第四条　学科ノ事」には、

第四条　学科ノ事

学課（ママ）正則

第一課

往生礼讃　散善義　直談鈔　三大祖師法語　浄土十疑論

第二課

安楽集　定善義　小経合讃　播州問答　西方要訣

第三課

選択集　序分義　大経合讃　浄土略名目　器朴論

第四課

往生論註　玄義分　観経合讃　群疑論　往生要集

学課雑則

華厳五教章　起信論　原人論　心経略疏　四教義集註　梵網経疏　八宗綱要

遺教経節要　護法資治論　無差別論　護法論　闢邪集　古事記　日本書紀

日本政記　日本外史　万国新史　仏国民法　国法汎論　春秋左氏傳　詩書易

論　語　文章軌範

というように、第一課から第四課・学課雑則が定められている。ここに含まれている典籍は、浄土教の基礎的典籍から時宗宗学に関するものまであり、近世に学寮での開講されていた科目を知る手がかりになるのではないだろうか。また、この『時宗規則』には、近世から近代への時代の移行に宗門がどう対応したかについて、「従前宗規」

とができる。

「方今改則」として記されている。これにより、上人号や遊行上人相続の儀式、被着する衣などについても知るこ

明治十二年（一八七九）三月十一―十三日まで開催された時宗大教院大会議では、『宗規綱要』[8]が議論された。また、『宗学校則』についても議論されていた。内容は「専門学校仮規則」としてあげられ、「専門正則学科」と「普通雑則学科」を設置し、専門学校となることで時宗宗学の専門教育と一般教育を兼ねた教育機関として発展を遂げようと構想していたのである。そのため、時宗教団内では、子弟教育のための資本金の調達を行っていた。この年の九月には、学制が廃止され教育令が制定されている。

しかし、不運にも明治十三年（一八八〇）十一月二十七日深夜、藤沢市坂戸町より出火し、西南風により清浄光寺も類焼したのである。この火災で清浄光寺は、中雀門および倉庫三棟だけを残し、本堂、大書院、塔頭そして学寮などの四十五の諸堂が焼失したと記録[9]している。

明治十四年（一八八一）二月二十一―二十六日まで大会議が開催され、「本山再建会議条件」が審議された。その議題の中心は、明治二十年に迎える宗祖一遍の六百年御遠忌の前年を目標にした総本山の再建であった。

その後、教団内では、総本山である清浄光寺再建に向けた動きが加速化する中、明治十六年（一八八三）には、教導職志願者を募集し宗派内で「教導職試補」「権訓導」[10]の試験を実施し、それを大教院から内務省に上申することになっていた。この試験に課された内容を見ると『時宗規則』で課された典籍に『六時礼讃』『六時居讃』「十九和讃」の通読が課されている。しかし、明治十七年（一八八四）八月十一日、教導職の廃止が布達された。翌明治十八年（一八八五）十一月十日、時宗管長大僧正武田義徹（遊行六十代他阿一真）の名で『宗制寺法綱目』[11]が施行された。その中の「甲第弐章学林幷教務所設置法」には、

第壱条　各府県下ノ寺院ヲ以テ小学林トシ中教院ヲ廃シ更ニ教務支所ヲ置キ等外生徒ノ試験場トス
第弐条　従来ノ支校ヲ廃シ更ニ東西両京ニ宗学林ヲ設置シ等外三級已上専門正則及普通雑則ノ学所トス
但シ入学中細則ハ別ニ之ヲ定ム
第三条　総本山中旧来ノ大教院ヲ教務院ト改称シ東京出張所ヲ教務支院ト改定シ宗内百般ノ事務取扱所トス

と、東西両京に宗学林を設置し、専門および普通の学科を教育するとともに、清浄光寺内に設置されていた大教院を教務院に、日輪寺内に設置されていた東京出張所を教務支院に、改称することが記されている。

また、「甲第三章学則」では、「第四条等外小学部」「第五条専門正則部」「第六条兼学部」「第七条普通雑則部」に分化し、修学する典籍が制定されている。さらには、「甲第五章学制経歴法」では、東西宗学林に入学しそれぞれの課程を修了した際に補任される僧階や、その際に課される課題が制定されている。このようにして時宗教団における近代の子弟教育が制度上開始したのである。

次は、東西両京に設置された宗学林の変遷について見ていくことにする。

1　東部大学林

東西両京に設置された学寮のうち、藤沢学寮については、『藤沢山日鑑』から学寮の責任者である学頭を学寮主[12]と称し、恵秀、観霊、順海と次第していることがうかがえるが、宝暦十二年（一七六二）八月二十五日から清浄光寺では、西山派の学僧俊鳳妙瑞による『播州問答集』講義以後、学寮に関する記述が減少する。

これは推測の域を脱し得ないが、宝暦十一年（一七六一）四月七日に日輪寺が類焼し本堂を残すのみであったためであろう。その後、明和二年（一七六五）頃、小林宗兵衛（円意居士）が先祖代々の供養のため清浄光寺に伝来する『藤沢山過去帳』[13]に過去帳入りをしている。そこには、「日輪寺衆寮造立」のために五百両を寄附したことが添書されている。当時の日輪寺住職は、元藤沢学寮主（学頭）であった恵秀である。おそらく、類焼した日輪寺復興の際に、小林宗兵衛の援助で境内に学寮（衆寮）が造立され、藤沢よりも政治・経済の中心であった江戸での修学を望む声があり、藤沢学寮は清浄光寺内に存在しながらもその中心は日輪寺に移り、清浄光寺では、もっぱら藤沢上人のもとで修学することが主であったと推察される。

しかし、明治十九年（一八八六）八月一日、日輪寺が焼失し、また、諸般の事情で開校がままならなかった東部学林は、閉校状態を余儀なくされたのである。この状況下において明治二十二年（一八八九）三月十日、時宗教務院達書甲第四号が発せられた。

達書甲第四号　各府県末寺院中
従来東部宗学支校ニテ生徒教育之処自今都合有之総本山藤沢山中教務院内ニ本校仮設候条志願ノ者ハ去ル十八年六月丙第三号達ニ照準シ願出ヘク此段為心得相達候事
明治二十二年三月十日　時宗教務院[14]

この達書により日輪寺にあった東部学林を清浄光寺内教務院に設置することになったのであるが、ただちに清浄光寺内に学林が建設されたわけではなく、次の「達書甲第七号」に、

達書甲第七号　各府県下配末寺院中
従来東部学林浅草日輪寺中宝珠院ニ設置有之候処都合有之自今芝区白金町松秀寺中ニ学林ヲ仮設シ生徒教育候条此旨告示候事
但当分十名以内ノ生徒ヲ教育シ将来特別有志ノ補助財ヲ募集シ資本積充次第追々生徒増員セシムル者トス
明治廿三年十二月十日　時宗教務院(15)

とあるように、日輪寺内にあった東部学林は閉校状態にあり、その事情から、松秀寺に移り小規模でも開校を目指そうとしていたことがうかがえる。

明治二十六年（一八九三）一月、総本山事務所より「会議条件」が出され、議目には甲乙丙各十章があり、その中に「甲第一章　東部学林再興之件」が含まれている。その内容は、

主旨第一章吾宗教育ノ道開ケテ已来東西両宗学林ヲ以テ宗学研究人才養成ノ第一道場トハナセリ抑モ宗学ナルモノハ一宗ノ根基ニシテ一宗ヲ組織シ一宗ヲ隆盛ニスルノ原素ナリ故ヲ以テ学校ノ興廃ハ宗学ノ隆替《（ママ）》ヲトスルニ足リ

とあり、さらに、

茲ニ於テ一方ニ再築ヲ催カシ一方ニ東部学林ノ再興ヲ議スルハ本会ノ目的ナリ（西部学林ハ明治廿年来有志者ノ

醵金ニ依テ開校相続ス）東部学林種々ノ事情ノ為メ挫折シ閉校ス今開校セントスルニ[16]

として有志金や再興創業費などを募るべく議会で審議したが、四月三十日付総本山事務所より布達された「宗会決議録」によれば、「甲第一章　東部学林再興ノ件」は、「第一号第二号議案都合ニ依リ撤回ス」とある。どのような事情から撤回したのかは詳らかではないが、他に提案された議目から推察するに、いまだ総本山再建のために資金勧募が継続され、さらに、維持費捻出のために全寺院の等級を審査しその等級に応じて賦課金（教務院費）を課そうとしていた。そして、同年八月十五日付、時宗教務院達書甲第三号には、

達書甲第三号　宗内一般寺院中
東部学林再興云云之儀本年四月臨時大会議ニ於テ否決相成候処今般末寺総代通常委員会之協賛ヲ得有志ヲ以テ東部学林組織拡張スルコトニ議決候条此段相達候事
　但区域ヲ定メ諸費ヲ予算シ関末寺院へ有志金ヲ募集スルハ別ニ委員ヲ定メ負担セシム
明治廿六年八月十五日　時宗教務院[17]

と記され、また、

番外第壱号
東部大学林組織拡張ノ意ヲ賛成シ左記ノ通寄付相成候条為心得相達候事

明治廿六年八月十五日　時宗教務院⑱

とあり、東部学林再興と組織拡張をめざし、清浄光寺住職大僧正河野覚阿（遊行六十一代他阿尊覚）を筆頭に、檀林、准檀林の寺院を中心に寄附金を募っている。また、十月一日時宗教務支院からの通達によれば、関東にある末寺から有志喜捨の報告が上げられている。

その後、「時宗東部学林規則」が制定され、その中で、

達書甲第五号　　門末一般寺院中

予テ東部学林再興ノ義本年八月甲第三号ヲ以テ相達シ置爾後担当委員ヲ浅草日輪寺住職権中僧正小林仏眼白金松秀寺住職中僧都辻村柔善へ選任候処今般別紙之通願出候ニ付認可候条各寺応分ノ有志可有之此段相達候事

明治廿六年十月一日　時宗教務院⑲

が布達され、その勧募の趣意書には、東部学林の起源などについて記されている。

東部学林ノ起原ハ遠ク明和乙酉ノ年ニアリテ時ノ篤志者小林氏ナルモノ、寄附金ニ依テ成立シ爾来寄附ニ勧米ニ其命脈ヲ繋キ維新改革ノ変動ニ逢フモ其ノ鼻息ヲ断ツノ不幸ヲ現セサリシガ図ラスモ明治十九年已来種々ノ災害ニ支障セラレ廃校スルノ止ヲ得サルニ出ツ是レ故ナキニ非ス一言以テ之ヲ云ハ、本末財源欠乏ノ致ス所ロカラ足ラサルニ因テナリ為メニ明治廿六年四月ノ公会議事ニ上リシモ否決セラレ漸ク八月再会ノ委員会ニ於テ

有志設立ト議決セラレタリ然リト雖モ此レ元ヨリ有志ナレバトテ放任主義ノ決議ニ非ス[20]

とある後に、「一　学林建築迄ハ仮リニ浅草旧学林ヲ以テ東部学林トシ開校ス[21]」とある。また、「時宗東部大学林規則」が制定され、その内容から時宗東部大学林の実態が把握できる。入学に際しては、入学試験が課せられた。入学試験科目は、**図1**のとおりである。ただし、試験内容を知る資料は無い。合格者は本科に進み、不合格者は予科に在籍し修学し本科に進学することになっていた。

この東部大学林の在籍期間は、本科は三カ年、予科は一カ年と定められ、九月一日始まりとされていた。また、本科・予科の学科で使用する教科書まで定められていた。とくに本科では、宗乗、余乗、漢文作文のほかに英語、数学、地理歴史、理科を学科として加えている点は特筆できる。この東部大学林の職員は、「監理兼教頭一名　教師数名　寮監一名」で構成されている[22]。学林の責任者は学頭であるにもかかわらず教頭と称しているのは、この東部大学林が、あくまでも藤沢学寮の支校扱いであった浅草学寮の位置づけを踏襲するものだからであろう。しかし、明治二十七年二月八日付時宗教務院番外第二号によれば、

番外第二号　各府県宗内寺院中

客年八月已来東部学林有志組織ヲ以テ徐々成立ノ処浅草寮舎修繕費多額ヲ要スルニ依リ学校新築迄ハ藤沢山学寮ヲ以テ仮校舎ニ充テ昨年達シ置候通リ来ル三月一日ヨリ開校候条入学志願者ハ早速正規ノ手続ヲ要シ可願出事

明治廿七年二月八日　時宗教務院[23]

図1

入学試験科目	
宗乗	播州問答集
余乗	十二宗綱要
修身	孝　論
読書	三部経論註
漢文	孟　子
作文	仮名交リ文
数学	加減乗除

とあり、日輪寺境内にあった浅草学寮を修繕し開校しつつ松秀寺境内に学寮を新築し開校しようと企てていたものの、資金面での問題があり、ついに清浄光寺の学寮を仮校舎に充てることとなる。明治二十七年（一八九四）二月十二日付時宗教務院番外第四号では、茨城県浄光寺住職大僧都小林大空（後、遊行六十六代他阿無外）を「東部学林教頭申付候条此段報告ス」[24]とある。明治二十七年六月付時宗教務院から宗内寺院一般中宛てに出された「甲第弐号東部学林資金募集諭達」によれば、

　是ニ於テ各方有志者ノ尽力ニ籍リ東部学林ノ拡張ヲ謀リ本年三月一日ヲトシ（ママ）総本山境裏ニ移設シ爾来多少ノ宗徒ヲ薫陶セリ[25]

ということである。東部大学林は、こうした変遷を経て清浄光寺境内に建設され、名称も時宗大学林と改めた。

2　西部大学林

金光寺は、京都における遊行派の拠点で、正安三年（一三〇一）、二祖他阿真教に七条仏師康弁より定朝邸跡を寄進され、後の遊行四代他阿呑海によって建立された。寛延二年（一七四九）五月に西部学寮が開設されているが、安政五年（一八五八）六月と元治元年（一八六四）七月の火災、さらに明治維新の動乱で荒廃し、明治八年（一八七五）にも火災に遭遇していた。この金光寺内に設置された七条学寮、後の西部大学林の復興については、明治十九年（一八八六）三月十五日付達書甲第四号では、

達書甲第四号　各府県教務取締中
客年十一月甲第十二号ヲ以テ布達候従来西京七条道場金光寺付属学林ヲ再興シ宗制甲第弐章第弐条ニ照準シ一宗ノ学所トナス儀ニ付各寺応分ノ喜捨有之度旨予テ示諭ノ処一二県少分ノ寄納ニ止リ目途相立ズ右ハ全国本末相当ノ喜捨無之已上ハ永遠ノ維持法難相立ニ付宗内寺院奮テ翼賛シ以大補小ノ策ヲ以テ向十テ（ママ）年間金壱円宛出金有之度此段本末一般エ告示候事
但本条西部学林本年一月中開校和歌山県下鳥居浦浄土寺住職稲葉覚道学頭職御請出勤候条入学志願者ハ昨十八年宗制雛形ニ照準入校可願出候事
明治十九年三月十五日　時宗教務院[26]

とある。このことから明治維新の際に焼失した金光寺は、全国本末の喜捨の呼びかけにより再興され、和歌山浄土寺住職稲葉覚道（後、遊行六十三代他阿尊純）を学頭として西部大学林が設置されたことがうかがえる。さらに、明治二十年（一八八七）八月十一日、時宗教務院達書甲第六号で再興した西部大学林には、「育英法」を制定した。その修学内容については触れられていないが、東部大学林の内容と連動していると推察される。

また、明治二十三年（一八九〇）二月二十日付時宗教務院達書甲第五号では、

達書甲第五号　各府県宗内寺院中
従来兵庫真光寺ハ准檀林ノ資格ニシテ三等寺ノ処這回都合ヲ自今二等檀林ノ寺格ニ改定候条此旨為心得布告ス

明治廿三年二月廿日　時宗教務院
追テ山形光明寺ハ従来檀林ノ寺格ニ取扱ノ処自今檀林ヲ中止シ資格四等ニ革定報告ス(27)

とあり、明治十年以降、伝宗伝戒が東西学寮で隔年ごとに行われることになっているが、七条道場は火災により開莚がままならず、明治十四年（一八八一）十月兵庫真光寺での開莚が布達され、明治三十年（一八九七）に廃止されるまで兵庫真光寺で開莚された。当時、真光寺住職（慣例により院代と称された）は河野往阿（一八三九―一九〇六）で、河野頼善（後、遊行六十五代他阿尊光）など多くの弟子を養育し、近代時宗宗学を大成した。東部大学林開校がままならない状況下において西部大学林が果たした役割は大きく、西部大学林で修学した多くの人師が近代時宗宗学を牽引していることは、その証左である。

3　時宗大学林

明治十三年に類焼した清浄光寺は、ようやく本堂を始めとする諸堂宇が再建され、明治三十年四月十九日から二十三日までの間、総本山再建成就慶讃法要と宗祖六百年御遠忌を厳修した。さまざまな変遷を経て東部大学林は、清浄光寺内に設置され、「時宗大学林」と改称して開校された。同年八月一日には、教務院報告として「大学林普通科学年試業成績(28)」が発表されており、これが第一回目の卒業式であろう。なぜならば、明治三十三年（一九〇〇）七月十五日に第四回宗学林卒業式証書授与式(29)が学頭河野文敬のもと挙行されているからである。

その後の布達類では、西部大学林について触れていない。総本山が再建され、明治三十年（一八九七）には、兵庫真光寺での伝宗伝戒の開莚が廃止されていることから、おそらく、学林や伝宗伝戒を行う道場の統一化が図られたからではないだろうか。

さらに、近世時宗教団には、十二派を数える諸派が存在した。とくに清浄光寺を本山とする遊行派と滋賀県番場蓮華寺を本山とする一向派の対立は、近世から近代に入りさらに激化し、一向派独立運動にまで発展した。その騒動は、明治三十六年（一九〇三）に『時宗宗憲宗規』が制定施行され一応収束する。そのなかには「時宗々学林規則(30)」が制定され、それは甲・乙に分かれており、甲は遊行派、乙は一向派が、それぞれ自派の宗学を研鑽できるように配慮され、一向派の独立を認知しつつ時宗教団内に留める方針が示されていた。その翌年六月には「宗学林校舎建築方法」が制定され、時宗大学林は発展を遂げようとしていた。明治四十一年（一九〇八）二月に、金光寺は、明治初期の火災以後、荒廃しその復興が望めないため東山長楽寺に合併し、消滅した。

つまり、明治四十一年、名実ともに時宗大学林は、近代時宗教団における唯一の子弟教育機関となったのである。

おわりに

ここでは、明治期の時宗における子弟教育をテーマに、近代化の時勢に対して時宗教団がどのように対応し子弟教育を行っていたのかについて考察を行った。明治新政府による近代化や、大教院の設置や教導職の導入などの要請に従いながらも、なんとか時宗教団は独自性を保とうとしたが、清浄光寺や金光寺、日輪寺など近世から子弟教育の中心となっていた寺院が、火災などを理由に荒廃していたため、子弟教育を整備するまでに時間を要したことが考察できた。

また、教導職の導入により明文化された内容から、ある程度、近世学寮において行われていた修学内容が推察できたが、史料不足もあり明確化できたとはいえない。ただし、教導職の導入の際に課していた典籍が浄土教の基礎的な典籍であったことや大教院設置あるいは廃止後に時宗宗学に関わる典籍を加えていっていること、そして、その学科配当から推察するに、近世時宗教団では、時宗宗学に関わる典籍の講義は極めて少なかったのではないだろうか。それは、時宗宗学が近世を通じて熊野権現・大隅正八幡から相伝された神勅によるものであるため、みだりに講義することが憚られたからではないだろうか。そのため、時宗教団の近代化は、子弟教育に時宗宗学に関わる典籍を講義することで大きく刷新を図ろうとしたのであろう。

註

（1）本書第二章第一節を参照されたい。
（2）『宗典』下巻八〇五頁上段―八〇六頁下段。
（3）『藤沢山日鑑』第二巻、一一四頁上段（藤沢市文書館、一九八四年三月、以下『藤鑑』）、高野修編『遊行・在京日鑑』第一巻、二四二頁下段―二四三頁下段（仏教研究所、一九八九年四月、以下『遊鑑』）に学寮建立の記述がある。
（4）時宗教団の学寮に関する先行研究は管見の限り、大橋俊雄「時宗における学寮について――特に七条学寮を中心として――」（『時衆研究』六〇号所収、時宗文化研究所、一九七四年五月）、長谷川匡俊「近世時宗教団の学寮覚書」（『長谷川佛教研究所年報』第一号所収、一九七四年三月）、同「『大衆帳』からみた時宗の学寮と修学生活」（橘俊道・圭室文雄編『庶民信仰の源流――時宗と遊行聖――』所収、名著出版、一九八二年六月）、前掲註（1）拙稿「時宗宗学に関する一試論」である。
（5）『藤鑑』第二八巻、三三二頁上段。
（6）『時宗令規集』一（時宗宗務所、二〇一二年三月、以下『令規集』）四頁上段―七頁上段。
（7）『令規集』一、二二〇頁下段―二二二頁下段。

(8)『令規集』一、三七頁―四五頁。
(9)『令規集』一、六六頁上段―下段。
(10)『令規集』一、九九頁上段―一〇一頁下段。
(11)『令規集』一、一五七頁上段。
(12) 時宗教団の制度は、他宗派を参照していたであろうことが推察でき、浄土宗鎮西派を参考にしていたのではないだろうか。摂門『三縁山志』(『浄土宗全書』第十九巻所収、一九七一年十月)によれば、学頭職について当時の増上寺でさえも他宗との混同を避けるため、公には伴頭と称していた。おそらく、時宗教団では、学頭を公には学寮主と称していたのであろう。
(13) 橘俊道校訂『藤沢山過去帳』(時宗宗務所、一九八一年四月)一〇一―一〇三頁。
(14)『令規集』一(時宗宗務所、二〇一三年三月)七頁下段。
(15)『令規集』二、二三頁下段―二四頁上段。
(16)『令規集』二、三八頁上段―下段。
(17)『令規集』二、五七頁上段。
(18) 同前。総本山内に設置するのではなく、当初の予定どおり東京に設置するように嘆願する動きもあった。
(19)『令規集』二、七〇頁下段。
(20)『令規集』二、七一頁上段。
(21)『令規集』二、七二頁上段。
(22)『令規集』二、七三頁上段―七七頁下段。
(23)『令規集』二、八六頁上段。
(24)『令規集』二、八六頁下段。
(25)『令規集』二、八八頁上段。
(26)『令規集』一、一八三頁上段―下段。

(27)『令規集』二、二一頁下段。
(28)『令規集』二、一四〇頁下段―四一頁上段。
(29)『令規集』二、一七二頁下段―一七三頁下段。
(30)『令規集』三（時宗宗務所、二〇一四年三月）三三頁上段―四〇頁上段。

第三節　時宗宗学における仏説

はじめに

法然は、八万四千の法門と称される経典のなかから浄土教の根本経典として『無量寿経』『観無量寿経』『阿弥陀経』を「浄土三部経」として選定し、所依の経論としている。そのことは、主著『選択集』第一章私釈段に次のように記されている。

次往生浄土門者就レ此有二。一者正明二往生浄土一之教。二者傍明二往生浄土一之教。初正明二往生浄土一之教者謂三経一論是也。三経者一無量寿経。二者観無量寿経。三者阿弥陀経也。一論者天親往生論是也。或指二此三経一号二浄土ノ三部経一也。問曰三部経名亦有二其例一乎。答曰三部経名其例非レ一。一者法華三部。謂無量義経。法華経。普賢観経是也。二者大日三部。謂大日経。金剛頂経。蘇悉地経是也。三者鎮護国家三部。謂法華経。仁王経。金光明経是也。四者弥勒三部。謂上生経下生経。成仏経是也。今者唯是弥陀三部。故名二浄土三部経一也。弥陀三部者是浄土正依経也。[1]

この「浄土三部経」を根本経典とすることは、法然門下門流においても同様に継承されている。「浄土三部経」を根本経典とすることは、法然の門流に連なる一遍においても同様であり、一遍自身は「浄土三部経」の中でも特に『阿弥陀経』を重要視していたとされている。

ちなみに、法然門下では、「浄土三部経」のうち親鸞を宗祖とする真宗諸派が『無量寿経』、浄土宗鎮西派・西山派などが『観無量寿経』、時宗が『阿弥陀経』を正所依の経典と位置づけている。

さて、十六年間遊行の旅を続けた一遍は、兵庫観音堂（現、兵庫県神戸市兵庫区　時宗真光寺）に入る。この頃、一遍は、自らの臨終を悟り次のようなことを行っている。


同（正応二年（一二八九）筆者註）十日の朝　もち給へる経少々書写山の寺僧の侍（り）しにわたしたまふつねに「我（が）化導は一期ばかりぞ」とのたまひしが　所持の書籍等阿弥陀経をよみて手づからやき給（ひ）しかば　伝法に人なくして師とともに滅しぬるかとまことにかなしくおぼえしに「一代聖教みなつきて南無阿弥陀仏になりはてぬ」(2)


このように、一遍の臨終に臨む姿が『一遍聖絵』第十一に記されている。一遍は、所持していた聖教類以外の書籍を、『阿弥陀経』を読誦しつつ自ら焼却している。おそらく、その中に一遍自身の思想を書き著したものも含まれていたであろうと推定される。そのため、現在、一遍の思想を直接知り得る史料は現存せず、伝記である『一遍聖絵』やその別伝『一遍上人縁起絵』など、あるいは門下の筆録による『播州法語集』や『一遍上人語録』(3)に依拠する他ないのである。

そもそも各教団の根本となる宗義は、宗祖とされる人師の教えを記した著作やその法語を根幹とし、それをその門下門流が、口授心伝による相承的な内容と時代的な要請により発展させることによって、形成されていくものではなかろうか。

こうした点において、一遍を宗祖とする時宗教団には、その根幹となる著作などが伝承されていないのである。そのため、一遍を宗祖とする時宗教団においては、いかに宗義を構築するかが重大事であったと推察される。そこで、本節では、一遍の三部経観を端緒に、その教学がいかに近世の時宗宗学に継承され、構築されていったのかについて、宗名論を含めて考察を行う。

一　一遍の三部経観

本項では、一遍の思想に関するわずかな史料から、一遍の三部経観と一遍独自の名号観について考察を行いたい。一遍の思想の根底には、それまでに培われた日本浄土教の要素はもちろん、とくに法然から證空へと継承された善導の浄土教思想が存在しており、その思想の上に構築されていると考えるべきであろう。そのため、善導、法然、證空から継承されてきた思想が一遍の思想とその信仰による行動に帰結している。

さて、一遍の三部経観であるが、一遍の法語を収集編纂した『一遍上人語録』から考察していくことにする。一遍の三部経観について端的に示されている法語がある。それには、

又云（く）、『一代聖教の所詮はたゞ名号なり。其故は、天台には、「諸教所讃多在弥陀」と云（ひ）、善導は「是故諸経中広讃念仏功能」と釈し、観経には「持是語者即是持無量寿仏名」と阿難に附属し、阿弥陀経には「難信之法」と舎利弗に附属し、大経には「一念無上功徳」と弥勒に附属せり。三経ならびに一代の所詮たゞ念仏にあり。聖教といふは此念仏を教（へ）たるなり。かくのごとくしりなば、万事をすて、念仏申（す）べ

き所に、或は学問にいとまをいれて念仏せず、或は聖教をば執して称名せざるは、いたづらに他の財をかぞふるがごとし。金千両まいらするといふ券契をば持（ち）ながら、金をば取（ら）ざるがごとし』と。常の仰（せ）なりき。(4)

とある。この「一代聖教」とは釈尊一代の教えであり、その根本は南無阿弥陀仏の六字名号そのものであると述べている。その根拠としては、湛然『摩訶止観輔行伝弘決』、善導『観経疏』定善義の解釈および『無量寿経』『観無量寿経』『阿弥陀経』の説示をそれぞれ引用している。なお、「浄土三部経」ならびに釈尊一代の教えの根本は、ただ念仏にあると記している。さらに、釈尊の教えそのものが、念仏の教えを広めるためにあるとし、譬喩を交えて述べている。末尾に「常の仰せなりき」とあることから、一遍が常に門弟に示していた内容と推察できよう。では、一遍は、どのように釈尊一代の教えが念仏の教えを示すためであったと考えていたのであろうか、このことについて、

又御往生の前月十日の朝、阿弥陀経を誦（み）て、御所持の書籍等を手づから焼（き）捨（て）たまひて「一代の聖教皆尽（き）て、南無阿弥陀仏になりはてぬ」と仰（せ）られける。(5)

と述べている。一遍は自己の思想を示すようなものを焼却し、聖教のみを残している。このことからも、釈尊一代の凡夫のための教えは、それ自体、突きつめていくと南無阿弥陀仏の六字名号になるという。六字名号によって機と法の相対的立場を超越した機法一体の思想にも見られるように、法然、證空らそれまでの浄土教家の思想から一

遍の思想は、展開し、その独自の立場を示している。この六字名号に対する唯一絶対的立場は、それまで展開された浄土思想が一遍に帰結された結果であったといえよう。

先の法語に見られる六字名号に対する唯一絶対的立場は、次の法語にも現れている。

又云（く）、『阿弥陀経の「一心不乱」といふは名号の一心なり。もし名号の外にこゝろを求めなば、二心不乱といふべし。一心とはいふべからず。されば称讃浄土経には「慈悲加祐令心不乱」ととけり。機がおこす妄分の一心にはあらず。[6]』

この法語では、『阿弥陀経』に説かれている「一心不乱」の文言について述べている。この「一心不乱」の文言は、衆生の自力によるものではなく、名号自体に具わっている一心不乱であり、もし、名号以外に心を求めるならば、それは念仏する人自身の心となるため、名号の一心と念仏者の一心とが存在するので二心不乱というものであるとする。さらに、『称讃浄土仏摂受経』の説示を加え、機である衆生が起こす妄分の一心ではないと論じている。

また、一遍の思想においてそれまでの浄土教の祖師たちと大きく異なる点は、神祇崇拝があげられる。一遍は、遊行中に熊野三山、三島大社をはじめ、数多くの神社に参詣している。そのため、一遍の法語には神祇崇拝、特に熊野権現との関係を示すものもある。

又云（く）、『熊野の本地は弥陀なり。和光同塵して念仏をすゝめ給はんが為（め）に神と現じ給ふなり。故に証誠殿と名づけたり。是念仏を証誠したまふ故なり。阿弥陀経に「西方に無量寿仏まします」といふは、能証誠の弥陀なり。』[7]

この法語によれば、熊野本宮証誠殿の本地は、阿弥陀仏である。その仏が姿を隠し、俗塵に交わり、念仏を勧めるために神となって出現したのである。それゆえ、証誠殿と名づけられている。これは、念仏の教えが唯一絶対の教えであり、それが正しいことであると『阿弥陀経』に証明されており、さらに、その証明を阿弥陀仏が行っていると述べている。

一遍は、遊行を開始した当初、念仏札を受ける人々に、

就中発遣の釈迦は降魔の明王とともに東にいで　来迎の弥陀は薩埵をともなひて　にしにあらはれ給へりこゝに一人の僧あり　聖すゝめての給はく「一念の信をおこして南無阿弥陀仏ととなへて　このふだをうけ給（ふ）べし」と[8]

というように、一念の信心を勧めていたことがうかがえる。熊野本宮証誠殿に向かう途中、一人の僧との出会いがある。そこで一遍が「一念の信」を勧め、その僧に念仏札を渡そうとすると、「いま一念の信心をこり侍らず」と拒まれたが、最終的に一遍は無理矢理渡してしまう。この出来事により一遍は、熊野本宮証誠殿に参籠し、熊野権現から神託を受けるのである。この宗教的体験から一遍は、思想と信仰に南無阿弥陀仏の六字名号に対する唯一絶対的立場をとるに至ったといえよう。この熊野本宮証誠殿で熊野権現から授かった神託は、近世の時宗宗学に大きく影響をおよぼすことになる。

二　一遍の偈頌とその変遷

一遍の偈頌について次の三種をあげて考察を進めていくことにする。

イ、「十一不二頌」
十劫正覚衆生界　一念往生弥陀国　十一不二証無生　国界平等坐大会
ロ、「六十万人頌」
六字名号一遍法　十界依正一遍体　万行離念一遍証　人中上々妙好華
ハ、「六字無生頌」
六字之中　本無生死　一声之間　即証無生

この偈頌のうち「十一不二頌」について、その成立を『一遍聖絵』では、文永八年（一二七一）の春、信州善光寺に参詣し、二河の本尊（二河白道図）を感得した後、秋頃、生国伊予に戻り窪寺というところに閑室を構え、念仏三昧の日々を送っていた頃であるとしている。

このことは、『一遍聖絵』第一では、

かの時己心領解の法門とて　七言の頌をつくりて本尊のかたはらのかきにかけたまへり　其（の）詞（に）云（く）

十劫正覚衆生界　一念往生弥陀国
十一不二証無生　国界平等坐大会
この頌のをもむき義理をつくして　より〳〵示誨をかうぶりき(9)

とある。ここから、己心領解の法門として一遍が作成した偈頌であることがうかがえる。

さらに、『一遍聖絵』第三では、文永十一年（一二七四）に一遍が熊野本宮証誠殿で熊野権現からの念仏に関する神託を授かり、その様子を記した消息を新宮から聖戒に送ったことが述べられている。その消息には、念仏の形木のこととともに「六十万人頌」についても触れられている。それについては、

聖（の）頌（に）云（く）六字名号一遍法　十界依正一遍体　万行離念一遍証　人中上々妙好華　又云（く）
六字之中　本無生死　一声之間　即証無生(10)

と記されている。この箇所には、一遍が作成した偈頌二種が記されている。『一遍聖絵』第三によると、その後、一遍は京から西海道を経由して生国伊予に行き、有縁の衆生に勧進しながら、九州大宰府に居る師である聖達のもとを訪ねている。その際、聖達と一遍とが交わした法談の内容について『一遍聖絵』第三には、

風呂の中にして仏法修行の物語し給（ひ）けるに　上人「いかに十念をばすゝめずして　一遍をばすゝめ給（ふ）ぞ」ととひ給（ひ）ければ　十一不二の領解のおもむきくはしくのべ給（ふ）に　感歎し給（ひ）て「さ

らば我は百遍うけむ」とて百遍うけ給（ひ）けり[11]

とある。一遍は、風呂の中で聖達に「十一不二頌」の内容をもって自己領解を説明したことがうかがえる。しかし、この「十一不二頌」と「六十万人頌」の成立について『一遍上人縁起絵』第一では、建治二年（一二七六）夏に熊野権現から神託を授けられたという記述がされている。その後、衆生へ念仏勧進のために遊行を行い、大隅正八幡宮へ詣でたという。この記述に続いて、

是即（ち）一切衆生決定往生の記別をさづくるものなり　聖（の）頌（に）云（く）

六字名号一遍法　十界依正一遍体
万行離念一遍証　人中上々妙好華

又云（く）

十劫正覚衆生界　一念往生弥陀国
十一不二証無生　国界平等坐大会[12]

と記されている。つまり『一遍聖絵』と『一遍上人縁起絵』では、「十一不二頌」と「六十万人頌」との成立年代や成立順が前後している。

これを示すと次のようになる。

『一遍聖絵』による偈頌成立　イ→ロ→ハ

『一遍上人縁起絵』による偈頌成立　ロ→イ→ハ

さて、この『一遍聖絵』『一遍上人縁起絵』の記述は、いずれの偈頌も「聖の頌に云く」とあるため、一遍の作であることがうかがえる。

しかし、一遍の他の伝記類のなかでも慶長十年（一六〇五）頃に成立したと推定されている『一遍上人年譜略』には、

于レ時建治元年十二月十五日、百日満ニツル暁、大権現親シク二現正体ヲ一。神勅ニ曰ク、汝ガ誓願不思議ナリ。哀レム二一切衆生ヲ一。故ニ勧ム二念仏ヲ一。是レ最上ノ善根ナリ。不レ謂二善悪ヲ一、不レ論ゼ二信傍ヲ一、唯勧メテ二南無阿弥陀仏一ト可シ下賦シ二此ノ算ヲ一修中行ス諸国ヲ上。我不レ離レ二道場ヲ一、当ニ二守護ス一。則チ授ク二六字名号ヲ一。一遍法等ノ頌、決定往生六十万人ノ金札、自他平等利益他力ノ深意、委シク受ク二神伝ヲ一云云。自リレ爾号スベシト二一遍上人ト一。此号神勅也[13]。

と、熊野権現による「神勅」についての記述が見られる。

史料自体に問題がないわけではないが、この記述内容から『一遍上人年譜略』の成立と推定されている時期には、一遍作であるはずの「六十万人頌」や一遍の名称自体が、熊野権現による「神勅」であると捉えられていたのである。また、一遍が弘安十年（一二八七）に播磨国松原で念仏の和讃を作り、時衆に与えたのが「別願和讃」である。この「別願和讃」も本文において以下のように相違が見られる。

A類　『一遍聖絵』第九・『一遍上人縁起絵』第三所収（極楽に往生するまで）

B類　明和版『一遍上人語録』所収（極楽に往生した後、還相回向まで）

A類は、いずれも一遍の伝記に所収された「別願和讃」であるが、その内容には、念仏を称え、臨終に阿弥陀仏をはじめ観音・勢至が極楽から来迎引接し、極楽世界に往生することを説示したところで終わっている。それに対し、B類では、A類の説示内容に追加挿入された部分がある。それは、極楽に往生した後の様子や還相回向に関する内容である。

なお、この「別願和讃」には、二種の註釈書がある。遊行三十五代他阿法爾（一五六三―一六四〇）『別願之註』は、A類の説示内容に対応した註釈書であり、遊行四十九代他阿一法（一六六四―一七二五）『別願和讃新註』は、B類の説示内容に対応した註釈書である。(14)

このことから、一遍による偈頌や別願和讃は、近世においては、一遍自身の思想を基底としつつも、時宗教団の必要に応じてその説示内容がねじ曲げられて解釈されている感が否めない。

三　時宗宗学と『阿弥陀経』観の変遷

ここでは、時宗宗学と『阿弥陀経』観に関する変遷について考察を行う。

一遍入滅後、時宗教団を大成させたのは、二祖他阿真教（一二三七―一三一九）である。しかし、この二祖他阿真教も一遍と同じく宗義の根幹となる著作などはなく、地方に建立された道場との往復書簡のうち、他阿真教の消息法語を収集編纂した法語および詠まれた和歌が伝承されていたにすぎない。そのため、時宗宗学の確立は、『器朴論』『条条行儀法則』などを著した七代他阿託何（一二八五―一三五四）の登場を待たねばならない。

この七代他阿託何以降、時宗教団において著作を著した人物は、遊行二十一代他阿知蓮（一四五九―一五一三）である。

この二十一代他阿知蓮の『真宗要法記』「三四　立宗事」には、当時、時宗教団の「宗派」に関する意識とその裏づけとなる思想がうかがえる。

当門立宗義《ノ》、凡《ソ》浄土宗《ヲ》言《ニ》二観経宗《ト》一、此《ノ》宗《ヲ》云《フ》二阿弥陀経宗《ト》一也。其《ノ》故《ハ》此《ノ》経《ニハ》不レ説《カ》二諸願《ヲ》一、復《タ》不《ル》レ説《カ》二定散両門《ヲ》一復《タ》不《ル》レ説《カ》二三心《ヲ》一也。但《シ》説《ク》二一心不乱《ト》一者三心也。[15]

この説示内容は、時宗教団が他の法然門下門流とまったくの別教団であることを主張していることがわかる。そして、教義的側面を『阿弥陀経』に求めている。続けて、

又雖《ドモ》レ有《リト》下釈《スル》二応当発願生彼国土者廻向心也《ト》一之師上然《レドモ》一心不乱者聞説阿弥陀仏執持名号之後、不レ移《ラ》二余経《ニ》一、不レ修《セ》二余行《ヲ》一只乗《ジテ》二本願《ニ》一執二持《スルヲ》名号《ヲ》一名《ヅク》二一心不乱《ト》一。爾《レバ》念々称名者念仏之《ノ》申念仏也已上。当経三心者名号所具之《ノ》横三心《ナルガ》故、於《テ》二行者能具之《ノ》竪三心《ニ》一執二持《スルコト》名号《ヲ》一即《チ》是《レ》也。元祖曰《ハク》、一心不乱者名号也已上。善男子善女人者非《ズ》下行《フ》二余善余行《ヲ》一名《ニ》上。以《テ》二不可以少善根之文《ヲ》一応《ニ》レ知《ルベシ》レ之《レヲ》。聞説阿弥陀仏之後、上《ニ》尽《クシ》二一形《ヲ》一乃至七日一日十声一声以《テ》レ執二持《スルヲ》名号《ヲ》一名《ヅクル》二善男子善女人《ト》一也。当宗即此機《ナルガ》故謂《フ》二之《レヲ》阿弥陀経宗《ト》一。雖《ドモ》レ然《リト》依《レバ》二専善導《ノ》心地《ニ》一則《チ》是《レ》観経宗也。疏《ノ》宗旨門《ノ》釈《ニ》云《ク》、今此《ノ》観経《ハ》即《チ》以《テ》二観仏三昧《ヲ》一為《ス》レ宗《ト》。亦以《テ》二念仏三昧《ヲ》一為《ス》レ宗《ト》。一心廻願《シテ》往二生《スルヲ》浄土《ニ》一為《ス》レ体《ト》文。如《ク》レ此《ノ》雖《ドモ》レ立《ツト》二両三昧宗《ヲ》一、只以《テ》二念仏三昧《ヲ》一為《ス》二宗極《ト》一。然《レバ》於《テ》二当経《ニ》一不レ説《カ》二定散両門《ヲ》一。而《モ》説《キ》二定散上《ノ》所《ニ》レ顕《ハルル》之

念仏三昧《ヲ》一、以《テ》二此経《ノ》唯《ノ》一独立《ナルヲ》一謂《フ》二之《レハ》アミタ経宗《ト》一。三経一轍之理《ハ》唯《ダ》極《マレバ》二此《ノ》経《ニ》一也。故《ニ》諸仏《ノ》証誠《モ》亦在《リ》二此《ノ》経《ニ》一。釈尊《ノ》成仏《モ》亦在《リ》二此《ノ》経《ニ》一見《テ》二当門建立之始終《ヲ》一応《ニ》《ベシ》レ知《ル》レ之《レヲ》。(16)

とある。つまり、『阿弥陀経』を所依にしているのは、念仏三昧のみを説き、「浄土三部経」の結経として存在しているだけにとどまらず、「浄土三部経」の説示すべてがこの『阿弥陀経』に帰結しているからであると述べている。この後、時代は近世に突入するが、江戸幕府の宗教統制により時宗教団も教団統制および教義整備が必要不可欠となったようである。その際、時宗教団の正統性を主張すべく著されたのが、当時、時宗総触頭であった浅草日輪寺住職其阿呑了（後、遊行四十八代他阿賦国〈一六五六―一七一一〉）が著した『時宗要略譜』（元禄十年〈一六九七〉成立）である。

この『時宗要略譜』「時宗得名之事」では、

時宗之名義古来《ヨリ》異義区々《ナリ》。爰《ニ》出《ス》二三義《ヲ》一。一義《ニ》曰《ク》時宗之時《ト》者末世濁悪散乱今時之時也。所以者何《ナレハ》名号一法特利《ス》二末世《ノ》衆生《ヲ》一。以二其名号《ヲ》一悉《ク》度《ス》二衆生《ヲ》一。今時相応《ノ》宗《ナルカ》故《ト》云意也。証文《ハ》無量寿経《ニ》曰《ク》我以慈悲哀愍特留此経止住百歳已上。

又一義《ニ》曰《ク》時宗之時《ト》者能化値《ヒ》二所化《ニ》一所化値《フ》二能化《ニ》一之時也。値二善智識《ニ》一時発《カ》二菩提心《ヲ》一故宗値《スル》二善智識《ニ》一時也云云。証文者《ハ》善導大師《ノ》曰道俗時衆等各発無上心已上。是《レ》其《ノ》意也。

又一義《ニ》曰《ク》時宗之時《ト》者昼夜六時不断念仏《ノ》宗《ナルカ》故《ニ》六時之時也《ト》云云。此三義古来《ヨリ》雖レ述《ト》レ之《ヲ》倶《ニ》傍義《ニシテ》非《ス》二正義《ニ》一。正義《ト》者時宗之時者臨命終時之時也。其意《ハ》生死流浪在二命終《ノ》時《ノ》一念《ニ》一誠《ニ》以《テ》可レ慎《ム》可レ懼《ル》臨終一刹那《ノ》時也。故《ニ》命終《ノ》時《ヲ》以《テ》二宗要《トスル》義《ヲ》一立《ル》二宗名《ヲ》一也。其命終時《ノ》者《ト》外《ニ》不レ待レ之《ヲ》。今日行住坐臥挙足下足平生之上《ヲ》即臨終時《ノ》意《ト》得《テ》而称名念仏《スルヲ》宗門《ノ》肝要也。[17]

と記されている。この説示は、時宗教団の宗名について「昼夜六時不断念仏宗」などの三義を傍義とし、正義としては『阿弥陀経』の一節「臨命終時」の「時」であると論じている。これ以降の時宗教団において著される宗典類のなかで宗名論についてはいずれもこの『阿弥陀経』「臨命終時」の「時」を根拠として論じられているのである。

遊行四十七代他阿唯称の弟子山形光明寺覚阿玄秀（一六六一―一七〇三）は、『時宗統要篇』七巻という大部の著作を著している。

その「教相料簡分　時宗得名并阿弥陀経宗一念発心之事」には、

時宗得名并阿弥陀経宗一念発心之事

問曰。今名二念仏時宗《ト》一本拠如何《ン》。答曰。具足《シテ》可レ謂《フ》二念仏三昧時宗一。玄義《ニ》云。今此観経。即以《テ》二観仏三昧一為レ宗《ト》。亦以《テ》二念仏三昧一為レ宗《ト》。一心《ニ》廻願《シテ》往コ生《スルヲ》浄土一為レ体《ト》矣。此釈《ヲ》料簡《スルニ》。定散雑善《ヲ》為二観仏三昧一《ト》。口称名号名二念仏三昧時宗《ト》一。三経所詮《ハ》。定散共要門《ノ》万行《ナレハ》。弘願念仏称名《ヲ》為レ宗《ト》。時《トハ》者。大経《ニ》云。臨命臨時現其人前矣。其臨終《トハ》者。有心平生念仏臨終。是故《ノ》念《ニ》念称名念念臨終時宗也。[18]

とある。つまり、時宗の宗名は「弘願念仏称名」を「宗」となし、また、「時」は、「念念臨終時」であると主張さ

れている。また、同巻「神勅領解分　神勅偈頌玄段之章」においては、

今此神勅偈頌者。時宗安心極隠。弥陀三部相伝一大事。仏密意深奥法門也。其所由者。元祖知識一遍大聖者。済度利生本誓異レ他故。詣二日本第一大霊験熊野本宮証誠大権現一。多年万歳峰結レ庵籠居。日日参拝。別百日至心祈誓。願成就日。証誠大権現押二開宝殿金扉一現レ形給。出二御声一直示二一遍上人一給。神勅相伝頌文。弥陀経三部一軸肝心。念仏行者決定往生不退菩提秘法也(19)。

とある。ここで記されている「神勅ノ偈頌」「神勅相伝ノ頌文」とは、一遍の「六十万人頌」を示している。そして、その神勅の内容は、「浄土三部経」の真意を秘めたものであると述べているのである。また、

凡就二三経要偈相伝一。在二二種別。三重差一。初二種別者。謂智慧慈悲二門是也。所謂若依二慈悲門一。則以二神勅一文一配二三経一。蓋勅偈文言約。而僅雖レ為二二十八字一。義広推二亘三経一。於レ理無レ所レ余故也。若依二智慧門一。則以三神勅一文与二故聖二頌一。而如レ次当二三経一。今則依二此義一。委者可レ待二口伝一次三重差者。謂顕彰隠密極秘三是也。此則宗門故実也。所謂初重顕彰前不レ云二神勅一。称二故聖頌一。而随二其智解一。銷二釈文相一令二講説勧化一。今幸得二託何註一。恭施二愚解一。以使下未解門人暁諭上。二重隠密時。直称二神勅偈一。而本末一同改二階臘一。於二已満僧一令レ伝二授之一。未満除レ之。縦雖二已満僧一。於二甚深大事一者。曽不レ伝レ之。云云　三重極秘者。是正神勅偈頌深義。宗門一大事。究竟相承而唯授一人密意也。云云　所レ言要偈者。如レ記二次下三段一(20)。

と述べる。このように、覚阿玄秀は、一遍の偈頌のうち「十一不二頌」を『無量寿経』に、「六十万人頌」を『観無量寿経』に、「六字無生頌」を『阿弥陀経』にそれぞれ配置し、伝統的な宗学の立場から解釈を施しているのである。ここで注目すべきは、これら三つの偈頌を三経に配置し、一連の伝法要偈としていることであろう。

それは、

「十一不二頌—無量寿経要偈相伝分(21)」
「六十万人頌—観経要偈相伝(22)」
「六字無生頌—阿弥陀経要偈相伝(23)」

とある。また、

右神勅要偈弥陀教宗之秘典也。不レ可三輙《ク》出二口外《ニ》一。実《ニ》知。秘事《ハ》瞱《ナル》者也。宗祖一遍上人証誠大薩埵直伝真法。冥慮可レ恐《ル》可レ信《ス》。穴賢(24)。

とある。このように、一遍の思想背景には、神勅による相伝があったことがうかがえる。そして、この影響を受けつつ神勅による宗義の構築を図ったのが、長崎称念寺（後、山形光明寺四十三世）其阿如海（一六七二—一七四九）である。

其阿如海には、主著として正徳三年（一七一三）に成立した『時宗要義集』二巻が現存する。そして、この『時宗要義集』「第二　時宗名義問答、時衆得名之章」には、時宗の宗名に関する記述がある。

第二　時宗名義問答、時衆得名之章
問《フ》。何故名《クヤ》二時宗一。答《フ》。時者臨命終時之義也。仏教之大綱以二出離生死一為二最要《ト》一到《ヲ》二涅槃無為果《ニ》一為二至極《ニ》一矣。
凡出二離《テ》生死《ヲ》一到《コト》二仏果一有二臨終一念之時《ニ》一。故此宗之意厭穢欣浄《ヲ》為二本意一恒願一切臨終時存。是時之義也。[25]

とし、時宗の「時」は『阿弥陀経』の一説である「臨命終時」の「時」であると考察している。この教説は、元禄十年（一六九七）に成立した其阿呑了『時宗要略譜』の説示によるものであり、その教説を継承していることがうかがえるのである。

また、其阿如海は、「第三　宗学開出問答章」に次のように述べている。

問《フ》。於二正依《ノ》三経中《ニ》一宗祖正依レ何立二時宗《ノ》宗学《ヲ》一耶。答《フ》。総依一代別依三経時雖レ依《ト》二三経《ニ》一。総依三経別依一経時者依二弥陀経《ニ》一開二出宗学《ヲ》一也。
問《フ》。依二弥陀経《ニ》一開二出宗学《ヲ》一祖意如何。答《フ》。付三別依《ニ》二弥陀経《ニ》一有二三由一。一宗祖有縁経故。二相伝経故。三領解経故。
問《フ》。別依一経時弥陀経中依二何文《ニ》一立二時宗《ヲ》一。答《フ》。総依一経別依一句之時臨命終時四字也。於二四字中《ニ》一憑二宗祖之発得所時《ノ》一字《ニ》一。此以二一字一摂二一代《ヲ》一立二宗旨《ヲ》一故以二弥陀経《ヲ》一為二有縁経《ト》一。相伝経者弥陀経《ハ》是無問自説如来随自意故。[26]

ここでは、一遍が『阿弥陀経』を正所依の経典としている理由に「有縁経」「相伝経」「領解経」の三義を示している。さらに、

問《フ》。付二阿弥陀経一部之文一可レ立二時宗《ヲ》一。何依二臨命終時一句《ニ》一。立レ之如何。答《フ》。依二神勅一推二宗祖意《ヲ》一臨命終時之一句《ニ》収二小経一部《ヲ》一也。其所以弥陀本願大悲。釈迦出世之本意臨命終時《ニ》執二持名号一出二離生死一到《ト》二浄土一勧。故浄土教所説皆有二臨終之一時《ニ》一。平生称名臨終《ハ》一刹那時不二忘失一為故(27)。

と続ける。ここでは、『阿弥陀経』の説示を根拠に宗名を現している。では、なぜそのようになったのかについては、「臨命終時」の説示に阿弥陀仏の本願が収められており、釈迦がこの世に出現した本意は名号を説くためであったとし、浄土教の所説は臨終の一時でありその一念を勧めるためであると述べている。また、

大経三輩観経定散通説二名号一。世尊之安心弥陀本願名号故。下三品逆悪臨終時《ニ》説二南無仏《ト》一事《ハ》称名力用深故。造悪臨終之時纔一念十念依二功徳一生二浄土一。故持名一法有二臨終一時一又明也。故依二臨命終時一句《ニ》一従二時一字《ニ》一開二宗旨一。是全宗祖非レ私熊野相承上領解所レ開也(28)。

と述べる。ここでは、名号について触れられ、『阿弥陀経』の説示である「臨命終時」の「時」に依って時宗を開宗したと述べている。しかし、このことは一遍の私意のみではなく、あくまでも神勅をその背景とし、熊野権現からの相承により開宗されたと述べている。なお、「故依二一経《ニ》一立二宗旨一依レ宗分二別教相一判二一代一。故宗者一経肝要

也[29]」とあり、さらに、「宗祖所依弥陀経者一経独尊也。其故念仏《ハ》弥陀如来本願行也[30]」とも述べられていることから、一遍が『阿弥陀経』を正所依としているのは、無問自説経であるため、念仏が阿弥陀仏の本願の行であるということが推察される。

つまり、其阿如海は、時宗の宗名に使用されている「時」が『阿弥陀経』の説示である「臨命終時」の「時」から使用されていることをあげ、その根拠として、宗祖一遍の私意ではなく神勅による阿弥陀仏の真意に依ることを主張しているのである。

おわりに

本節では、時宗宗学における「浄土三部経」とくに正所依の経典としてあげられている『阿弥陀経』に照射し、時宗の宗名論を交えて考察を行った。宗義の根幹をなすべき著作を持たない一遍を宗祖とする時宗教団では、その宗義の構築が大変重要であったと推察できる。特に近世においては、宗派の宗義を構成する著作が存在しないため、門下によって収集編纂された法語などから一遍の思想を導き出し、宗義の根幹にしようとしていたことがうかがえる。その結果、一遍の思想の根底には「浄土三部経」とくに『阿弥陀経』の説示を重要視していたこと、また、その思想背景には熊野権現から授かった神託を根拠としたことが見出された。さらに、宗義の根幹だけでなく、教団の宗名が『阿弥陀経』の説示である「臨命終時」に拠ることも述べる。この点については、「臨終即平生、平生即臨終、当体の一念」など、一遍独自の思想がその法語からもうかがえる。

つまり、覚阿玄秀や其阿如海は、著作の存在しない一遍を宗祖および宗義の基底とするため、一遍の思想を端的に表現する三種の偈頌をそれぞれ「浄土三部経」に配置するなど、宗義と結びつけているのである。また、覚阿玄秀、其阿如海は、「浄土三部経」のうち流通分としての位置にある『阿弥陀経』の説示である「臨命終時」に着目し、臨終の時の一念こそが阿弥陀仏の本願の行であり、釈迦の出世の本懐であると説き、そこに一遍独自の思想とを結びつけている。

このことは、本来、平安時代から昼夜六時に念仏や礼讃を称えるための集団であった「六時念仏衆」の名称から派生したとされる「時衆」が「時宗」となり、教団としての基盤を固めていく上で『阿弥陀経』の説示である「臨命終時」の「時」と、宗祖として宣揚すべき一遍の思想とを結びつけ「時宗」の宗名とした証左といえよう。

これら戦国期から近世後期にかけてさまざまな時宗宗学を著した宗典にあっては、「宗義無きを宗義とする」一遍の宗風をいかにして合理的に教義へと反映させるかということが、近世における時宗教団および時宗宗学にとり一大関心事であったことを推察した。

註

（1）『浄全』第七巻、五—六頁。

（2）『宗典』下巻、三九〇頁上段。

因みに、一遍は、愛媛県松山市繁多寺に父如仏（河野通広）所持の「浄土三部経」を奉納したとの伝承があるが、繁多寺には現存していないという。

（3）一遍の法語としては、神奈川県横浜市金沢区金沢文庫蔵『播州法語集』（所蔵先では『一遍法語集』）が鎌倉末期から南北朝期頃の筆写本で、和文体である。この写本は、現存する一遍の法語史料として最古である。ほかに、時代が下るが神奈川県藤沢市清浄光寺（遊行寺）には、『播州法語集』の残欠本が所蔵されている。また、遊行五十二代他阿一海は、宝暦十三年（一七六三）に『一遍聖絵』『播州法語集』などをもとに一遍の消息法語類やその他のものから編集し『一遍上人語録』を開版している。その後、浄土宗西山派の学僧俊鳳妙瑞（一七四七―一七八七）が明和七年（一七七〇）に改版したのが明和版である。文化八年（一八一一）十月、第三回目の開版がなされる。

（4）『宗典』上巻、三六頁上段―下段。
（5）『宗典』上巻、三八頁下段。
（6）『宗典』上巻、二九頁上段。
（7）『宗典』上巻、三六頁上段。
（8）『宗典』下巻、三六八頁。
（9）『宗典』下巻、三六六頁下段。
（10）『宗典』下巻、三六九頁下段。
（11）『宗典』下巻、三七〇頁上段。
（12）『宗典』下巻、四〇二頁下段。
（13）『宗典』下巻、四四〇頁下段。
（14）一遍の偈頌については本書第二章第四節を、一遍「別願和讃」と還相回向に関する考察については本書第三章第一節を、それぞれ参照されたい。
（15）『宗典』下巻、一一頁下段。
（16）同前。
（17）『宗典』下巻、二三二頁上段。
（18）『宗典』下巻、七三頁上段。
（19）『宗典』下巻、七七頁下段。
（20）『宗典』下巻、七八頁上段―下段。
（21）『宗典』下巻、七八頁下段―八〇頁上段。

(22)『宗典』下巻、八〇頁上段—八一頁下段。
(23)『宗典』下巻、八一頁下段—八二頁下段。
(24)『宗典』下巻、八二頁下段。
(25)『宗典』下巻、一三五頁上段。
(26)『宗典』下巻、一三六頁上段。
(27)『宗典』下巻、一三六頁下段。
(28)同前。
(29)同前。
(30)『宗典』下巻、一三七頁上段。

第四節　一遍の偈頌

はじめに

臨終間近を悟り、所持していた聖教類以外の書籍などを自ら焼き捨てたのは、一遍である。そのため一遍の思想をうかがえる史料は、その生涯を描いた『一遍聖絵』『一遍上人縁起絵』などの伝記類や、わずかな法語類だけである。

一遍自身の生涯は、時間軸で追っていくことは可能であるが、それとて傍証できる史料や裏づけがすべて存在しているわけではなく、思想の変遷を探れる内容もわずかである。

しかし近年、一遍の思想に関する研究も増加しつつあり、とくに偈頌の研究について管見によれば、梅谷繁樹、橘俊道、金井清光、林譲、戸村浩人らの諸論考があげられよう。この先行研究では、「十一不二頌」における解釈の問題や一遍自身の思想的変遷について考察がなされている(1)。

ここでは、一遍作とされる偈頌のうち「六十万人頌」および「十一不二頌」を中心に取り上げ、先行研究を端緒に近世の伝統的な宗学の変遷について考察を試みる。

一　一遍教学の形成と偈頌

「十一不二頌」の成立について『一遍聖絵』第一では、文永八年の春、信州善光寺に参詣し二河の本尊（二河白道図）を感得した後、秋頃に生国伊予に戻り、窪寺で念仏三昧の日々を送っていた頃の成立であると記されている。『一遍聖絵』第一においては、

かの時己心領解の法門とて　七言の頌をつくりて　本尊のかたはらのかきにかけたまへり　其（の）詞（に）云（く）

十劫正覚衆生界　一念往生弥陀国
十一不二証無生　国界平等坐大会

この頌のをもむき義理をつくして　より〳〵示誨をかうぶりき[2]

と記しており、「己心領解」の法門として作成された偈頌であることが述べられている。さらに、続けて『一遍聖絵』第三では、文永十一年（一二七四）に一遍が熊野本宮証誠殿で熊野権現からの神託を受け、その様子を記した消息を一遍が新宮から聖戒に送ったことが述べられている。その中に、念仏の形木のことともに「六十万人頌」のことも触れられている。それによると、

聖（の）頌（に）云（く）六字名号一遍法　十界依正一遍体　万行離念一遍証　人中上々妙好華　又云（く）
六字之中　本無生死　一声之間　即証無生[3]

と、一遍が作成した偈頌三つを記している。そして、一遍は、熊野権現から神託を受けて後、京をめぐり西海道を

経て、生国伊予に戻り、有縁の衆生に勧進しながら、師である聖達のもとを訪れ法談を行っている。その際、交わされた法談の内容については、

風呂の中にして仏法修行の物語し給（ひ）けるに　上人「いかに十念をばすゝめずして　一遍をばすゝめ給（ふ）ぞ」ととひ給（ひ）ければ　十一不二の領解のおもむきくはしくのべ給（ふ）に　感歎し給（ひ）て「さらば我は百遍うけむ」とて百遍うけ給（ひ）けり(4)

とあることから、一遍は、聖達に「十一不二頌」をもって自己理解（領解）の内容を説明したと見ることができよう。

また、『一遍上人縁起絵』第一には、

是即（ち）一切衆生決定往生の記別をさづくるものなり　聖（の）頌（に）云（く）

六字名号一遍法　十界依正一遍体
万行離念一遍証　人中上々妙好華

又云く

十劫正覚衆生界　一念往生弥陀国
十一不二証無生　国界平等坐大会(5)

とある。『一遍聖絵』と『一遍上人縁起絵』とでは、「十一不二頌」と「六十万人頌」との成立順が前後しているこ とが、すでに先行研究において指摘されているが、あくまでも「十一不二頌」「六十万人頌」「六字無生頌」は一遍作による偈頌であることが理解される。しかし慶長十年（一六〇五）頃成立と推定されている『一遍上人年譜略』建治元年（一二七五）の記述には、

神勅《ニ》曰《ハク》、汝《ガ》誓願不可思議《ナリ》。哀《レム》二一切衆生《ヲ》一故《ニ》勧《ム》二念仏《ヲ》一。是《レ》最上《ノ》善根《ナリ》。不レ謂二善悪《ヲ》一。不レ論《ゼ》二信傍《ヲ》一、唯勧《メテ》二南無阿弥陀仏《ト》一可《シ》下賦《シ》二此《ノ》算《ヲ》一修中行《ス》諸国《ヲ》上。我不レ離《レ》二道場《ヲ》一、当《ニ》《ベシト》二守護《ス》一。則《チ》授《ク》二六字《ノ》名号《ヲ》一。一遍法等《ノ》頌、決定往生六十万人《ノ》金札、自他平等利益他力《ノ》深意、委《シク》受二神伝《ヲ》一云云。自《リ》レ爾号《ス》二一遍上人《ト》一。此号神勅也。具《サニ》如《シ》二別《ニ》記《スガ》一。其歳既《ニ》暮《ル》。社前《ニテ》別時念仏《ス》。(6)

とあり、熊野権現から授かった神託が「神勅」として取り扱われている。

このことから、『一遍上人年譜略』が成立したと推定されている時期には、すでに「六十万人頌」および一遍の名が「神勅」によるものと考えられていたことがうかがえよう。

兵庫長楽寺義乗『神勅要偈深秘鈔』では、「絵詞伝及六条縁起等ニ具ニ示ス」(7)と記されているが、内容においては、とくに『一遍上人絵詞伝直談鈔』などを多く引用していることから、おそらく中世から近世を通じて時宗教団の中心であった遊行派において一遍の伝記として流布していたのは、『一遍上人縁起絵』であったことが推定される。それは、宝暦版『一遍上人語録』が『一遍上人縁起絵』の内容を中心に編纂されていることからもうかがえる。

このことから、一遍の思想構造や生涯における歴史的変遷に関して、時宗教団では『一遍上人縁起絵』を基本とし

伝承し流布していたことになる。

当時、六条道場歓喜光寺に所蔵されていた『一遍聖絵』が版本として開版され流布される安永五年（一七七六）までは、限られた一部の人々しか『一遍聖絵』を閲覧できない状況にあったのではないだろうか(8)。

このことから、一遍と偈頌との関係については、『一遍上人縁起絵』を基礎史料として考えなければならないため、近世における偈頌については、「六十万人頌」が成立し、次に「十一不二頌」が成立したという順番で理解され、伝承されていたことになろう。

二　近世の偈頌解釈

一遍の偈頌のうちとくに「六十万人頌」は、一遍の熊野成道後の作であるという観点から、最高の領解の偈頌として今日まで取り上げられている。また、先に触れたように、『一遍聖絵』『一遍上人縁起絵』では、「六十万人頌」と「十一不二頌」の成立が前後しており、このことは、その後、近世の伝統的な宗学の解釈に少なからず影響を与えているといえる。

この影響は、先に考察した『一遍聖絵』ではなく『一遍上人縁起絵』を中心に展開されたためである。このことを念頭に置きながら偈頌解釈の変遷を考察する。

成立が十五世紀頃と見られるが、遊行二十一代他阿知蓮（一四五九―一五一三）『真宗要法記』には、

熊野権現示《シテ》二元祖《ニ》一曰《ハク》、不レ謂《ハ》二信不信《ヲ》一、不レ論《セ》二有罪無罪《ヲ》一、ナムアミタ仏之往生《スルト》也。元祖又此時曰《フ》三領二解《スト》念仏往生《ヲ》一也(9)。

とある。熊野権現が一遍に授けた神託について、一遍の法語には、

熊野権現の「信不信をいはず。有罪無罪を論ぜず。南無阿弥陀仏が往生するぞ」と示現し給ひし時より、法師は領解し「自力我執を打（ち）捨（て）たり」と。これは常の仰（せ）なり(10)。

とあり、記述内容がほぼ一致するものである。

このことから、他阿知蓮は一遍の法語を参照していることがうかがえる。しかし、「六十万人頌」については、いまだ「神勅」として取り扱われていないことも確認できた。

さて、近世、「六十万人頌」と「十一不二頌」との関係について論じられている宗典を管見の限りあげてみる。

其阿量光（後、遊行四十四代他阿尊通　一六四〇―一六九五）・廓竜（生没年不詳）『播州問答領解鈔』（一七〇四年成立。其阿量光が担当した一―六巻部分は一六九二年頃に成立）

其阿呑了（後、遊行四十八代他阿賦国　一六五六―一七一一）『時宗要略譜』（一六九七年成立）

覚阿玄秀（一六六一―一七〇三）『時宗統要篇』（一七〇二年成立）

其阿如海（一六七二―一七四九）『時宗要義集』（一七一三年成立）

其阿賞山（一六六五―一七二六）『一遍上人絵詞伝直談鈔』（一七一四年成立）

俊鳳妙瑞（一七一四―一七八七）『一遍上人語録諺釈』（一七六七年成立）

また、神勅（神勅としての「六十万人頌」に関する解釈を含む）に関する宗典としては、

著者不詳『神宣遊行念仏記』（成立年不詳）

遊行二十一代知蓮（欠本）

真壁常永寺慈観（後、二十九代浄阿）『神偈讃歎念仏要義鈔』（一六五五年成立）

其阿賞山『神偈撮要抄』（一七一三年成立）

甲府一蓮寺法阿関牛『神勅教導要法集』（一七三八年成立）

恵水書（欠本）

兵庫長楽寺義乗『神勅要偈深秘鈔』（一八〇五年成立）

このように、一遍の偈頌や神勅に関して、著者不詳および欠本を含めた十三におよぶ宗典が著されている。これらの宗典のうち、「十一不二頌」「六十万人頌」に関する記載について考察していくことにしたい。

『播州問答領解鈔』巻之一（この巻は其阿量光担当部分）には、

因解《セ》㆓一遍名義《ヲ》㆒者則一遍者則是神勅号也。神勅偈云。六字名号一遍法。十界依正一遍体。万行離念一遍証。人中上々妙好華云云。依㆓此勅偈㆒号㆓一遍上人㆒。此神勅者。建治二年三月二十五日以後也。聖語《玉ヒテ》㆓他阿弥陀仏《ニ》㆒言《ノタマハク》。抑当社権現《ハ》阿弥陀如来垂迹《ノ》。下《ナリテ》㆓安養荘厳《ヲ》㆒。権現《リニ》㆓娑婆塵中㆒。是故称㆓権現㆒。是以改㆓我勧進之誤《ノ》㆒。(11)

とある。これは、一遍の名称自体が神勅によるものとし、その神勅は、「六十万人頌」の偈頌自体であると述べられている。このことは、『神宣遊行念仏記』『神偈讃歎念仏要義鈔』などの宗典から影響を受けていることが推定される。また、『播州問答領解鈔』成立以前には、一遍への改称および「六十万人頌」が神勅によるものとして取り扱われ、時宗教団内で広く伝承されていたことがうかがえる。では、どの時期から神勅による改称や偈頌と考えられていたのであろうか。

其阿呑了『時宗要略譜』「熊野神勅并御算之事」には、

後宇多院御宇建治元乙亥冬臘月下浣、詣《デ》二紀州熊野山《ニ》一、百日精進《ニ》勤修《シテ》祈《ル》二一大事《ノ》示現《ヲ》一。百日満《ル》暁閉《テ》レ目《ヲ》未《ダ》レ睡《ラ》、開《テ》二御殿《ノ》戸《ヲ》一白髪《ナル》山臥現《レテ》二上人前《ニ》一示《シテ》曰《ク》夫《レ》一切衆生《ノ》往生《ハ》弥陀如来十劫正覚《ニ》南無阿弥陀仏《ト》決定《スル》所也。不《ルニ》レ論《セ》二信不信《ヲ》一不レ嫌《ハ》二浄不浄《ヲ》一、唯南無阿弥陀仏《ト》申《シテ》而可レ勧《シトム》。則神勅頌曰、

六字名号一遍法　十界依正一遍体

万行離念一遍証　人中上々妙好華

依《テ》二此頌文《ニ》一改《テ》二智真《ヲ》一称《ス》二一遍《ト》一。猶従《リ》レ夫《レ》普賦《クタマフ》二衆生《ニ》一御算取《ニテ》二四句上《ノノ》一字《ヲ》一。六十万人置《トリ》レ之。(12)

とある。この『時宗要略譜』は、近世遊行派による時宗教団統一の根拠になる宗典であり、神勅による「六十万人頌」と一遍への改称が明確に述べられている。

覚阿玄秀『時宗統要篇』巻四「神勅領解分　神勅偈頌玄段之章」には、

今此神勅偈頌《ノ》者《トハ》。時宗安心《ノ》極隠。弥陀《ノ》三部相伝《ノ》一大事。仏《ノ》密意深奥《ノ》法門也。其所由者。元祖知識一遍大聖者。済度利生《ノ》本誓異《ル》レ他故《ニ》。詣二日本第一大霊験熊野本宮証誠大権現《ニ》一。多年万歳峰《ニ》結《テ》レ庵《ヲ》籠居。日日参拝《ス》。別《ノ》百日至心《ニ》祈誓《シ》。願成就《ノ》日。証誠大権現押二開《テ》宝殿金扉《ヲ》一現レ形給。出二御声一直示二一遍上人《ニ》一給。神勅相伝《ノ》頌文。弥陀経三部一軸《ノ》肝心。念仏《ノ》行者決定往生不退菩提《ノ》秘法也[13]。

と述べられ、神勅の偈頌について弥陀三部（「浄土三部経」を指すのであろう）による相伝であり、その根拠としては熊野権現による神勅の相伝によるものとしている。さらに、

凡《ソ》就《テ》三三経要偈相伝《ニ》一。在《リ》二二種《ノ》別。三重《ノ》差一。初《ニ》二種《ノ》別《トハ》者。謂《ク》智慧慈悲《ノ》二門是也。所謂若依《シル》二慈悲門《ニ》一。則以《テ》二神勅《ノ》一文《ヲ》一配《ス》二三経《ニ》一。蓋勅偈文言約《ニシテ》。而僅《ニ》雖レ為《ト》二二十八字一。義《ハ》広《ク》推二亘《リ》三経《ニ》一。於《テ》レ理無《キ》レ所レ余故也。若依《ル》二智慧門《ニ》一。則以《テ》三神勅一文与《ト》二故聖二頌一。而如レ次当三三経《ニ》一。今則依《ル》二此義一。委者可レ待二口伝一[14]

と述べられ、

三重極秘者《トハ》。是正《ク》神勅偈頌深義。宗門《ノ》一大事。究竟《ノ》相承而唯授一人《ノ》密意也[15]。

と述べている。このように『時宗統要篇』では、「無量寿経要偈相伝分」として「十一不二頌」に一句ずつ詳細な解釈をし、次に、「観経要偈相伝」として「六十万人頌」に詳細な解釈をし、「阿弥陀経要偈相伝」では、「六字無

生頌」の解釈を行っている。

「観経要偈相伝」による「六十万人頌」解釈に、

> 右神勅要偈弥陀教宗之秘典也。不レ可三輙《ク》出二口外一《ニ》。実知《ニ》。秘事瞕《ハナル》者也。宗祖一遍上人証誠大薩埵直伝真法。冥慮可レ恐《ル》可レ信《ス》。穴賢。(16)

と述べられている。この『時宗統要篇』では、一遍の偈頌である「十一不二頌」「六十万人頌」「六字無生頌」について詳細な解釈が施されているが、ここに、「右神勅要偈弥陀教宗之秘典也。不レ可三輙《ク》出二口外一《ニ》。」とあり、この時期には、「六十万人頌」自体が時宗教団内での秘伝であり口伝であり、そのように伝承されていたのではないだろうか。

次に、其阿賞山は、兵庫真光寺初代院代に登位し『一遍上人絵詞伝直談鈔』のほかに、『一遍上人誓願文標示鈔』『一遍上人別願和讃直談鈔』『播州問答集私考鈔』などの著作が現存している。この其阿賞山は遊行四十五代他阿尊遵（一六三八―一七〇七）の門下であり、宝暦版『一遍上人語録』の編纂者、遊行五十二代他阿一海とは兄弟弟子である。

さて、『一遍上人絵詞伝直談鈔』巻一において、其阿量光『播州問答領解鈔』を引用して述べているが、それには、

> 今《マ》此《ノ》題者《ハ》約《シテ》人《ニ》立《テテ》レ題《ヲ》言《フ》二一遍上人絵詞伝《ト》一也一遍上人《ト》者初《メ》在《テハ》二天台一《ニ》名《ク》二随縁《ト》一後《ニ》帰《シテ》二浄土門一《ニ》号《ス》二智真《ト》一今称《スルコトハ》二一遍

上人《ト》一由《テ》二熊野権現《ノ》神勅《ノ》偈《ニ》一自《ミ》字《ク》二一遍《ト》一播州問答《ノ》序《ニ》曰《ク》一遍《ノ》之号亦《タ》是《レ》神之勅也謂《ル》神勅《ノ》之偈《ニ》曰《フ》二六字名号一遍法十界依正一遍体万行離念一遍証人中上上妙好華《ト》一依《テ》二此勅偈《ニ》一自《ミ》字《ル》二一遍《ト》一耳《ノミ》已上(17)

と述べている。ここで、一遍の名称は、熊野権現からの神勅によるものと述べていることがわかる。さらに同書巻三においては、

夫一遍上人名《ノ》以《ハ》下熊野権現《ノ》神勅《ノ》偈《ニ》云《ヘル》二六字名号一遍法十界依正一遍体万行離念一遍証人中上々妙好花《ト》一。(18)

とある。また、同書巻四には、

聖頌曰

六字名号一遍法　十界依正一遍体

万行離念一遍証　人中上上妙好華

此頌文宗門《ノ》秘事神勅勘文也問云此偈頌《ハ》代々相伝《シテ》　為二神勅《ノ》頌文《ト》一。故《ニ》播州問答《ノ》序《ニ》云二神勅《ノ》之偈《ニ》云二六字名号一遍法乃至妙好華《ト》依《テ》二此勅偈《ニ》一自《テ》字《ク》二一遍《ト》一耳《ミ》（中略）爰《ニハ》云《ヘリ》二聖《ノ》頌《ニ》曰《ト》一。二祖上人《ニハ》　神勅頌也《ト》相二伝《シタマフカ》　之《ヲ》一故《ニ》代々伝灯《ノ》師々相伝《シテ》是《ヲ》為二神勅《ノ》頌《ト》一。(19)

と述べられている。ここから時宗教団では、一遍から二祖他阿真教にこの神勅としての「六十万人頌」が伝えられ

たことにより、自ら名称を一遍に改称したと代々伝承されていたことがうかがえる。また、「代々伝灯師々相伝」とあるように、この『一遍上人絵詞伝直談鈔』においても秘伝であり口伝であったことがうかがえる。

近世の伝統的な宗学に多大な影響を与えた人物に浄土宗西山派の学僧俊鳳妙瑞の存在があげられよう。この俊鳳妙瑞は、宝暦十二年（一七六二）九月、藤沢山で『播州問答集』の講義に引き続き円頓戒相承を行った人物である。(20)また、明和版『一遍上人語録』を編纂し、その註釈書として『一遍上人語録諺釈』を著しているが、この『一遍上人語録諺釈』が、撰述以後宗義に影響を与えているのではないだろうか。

その『一遍上人語録諺釈』巻二において、各偈頌について解釈がなされているが、そのなかの「六十万人頌」の解釈の箇所には、

独一ノ名号周㆓遍法界㆒故称㆓尊号㆒以為㆓一遍㆒也。法トハ謂㆓法門㆒。体トハ謂㆓体性㆒。証トハ謂㆓証悟㆒也。此頌ハ今宗ノ秘賾、不㆑可㆓輙解㆒。若欲㆑知者ハ随㆑師ニ更ニ問ヘ。(21)

と述べている。続いて「十一不二頌」以下すべての偈頌については、さまざまな典籍を引用するなどして詳細な解釈がなされているものの、「六十万人頌」においては詳細な解釈を施すことを避け、「此頌ハ今宗ノ秘賾、不㆑可㆓輙解㆒。若欲㆑知者ハ随㆑師ニ更ニ問ヘ」と、秘伝であり、かつ口伝であることを強調する旨を述べている。

取り上げてきた宗典では、一遍の名称の改称および「六十万人頌」の神勅としての取り扱いなど、近世を通じて宗学において継承され展開されていることを考察し得た。

さて、これら近世の伝統的な宗学の影響は、近代においてどのように継承されたのであろうか。このことについ

て近代の宗学者である兵庫真光寺河野往阿（一雨生善）は、その著作である『時宗綱要』において、

大神　頌ヲ賜フ曰ク

六字名号一遍法、十界依正一遍体

万行離念一遍証、人中上々妙好華

是レ此ノ頌ハ、宗門ノ要偈ニシテ迦文一代ノ聖教、此中ヨリ生シ、亦能ク此中ニ摂ス、故ニ正依ノ三部経ヲ判スルモ、之ヲ以テ釈シ、宗門ノ領解モ是レヨリ生ス

宗祖、頌シテ曰ク

十劫正覚衆生界　一念往生弥陀国

十一不二証無生　国界平等坐大会

是レ此ノ頌ハ　宗祖己証ノ法門ヲ頌スト云フト　大神ノ頌シ玉フト云フト二義ノ習ヒアリ[22]

とあり、「六十万人頌」を神勅の偈頌として取り扱い、「十一不二頌」はその神勅の偈頌を受けて宗祖領解の偈頌として解釈がなされている。

以上のことから、近世に著された宗典では、一遍の熊野成道がしだいに強調され、「六十万人頌」を熊野権現からの神勅と捉えられ、さらに、この神勅により一遍という名称に改称したということが伝承され、このことは近代にまで継承されていたことがうかがえる。つまり、偈頌や一遍の名称もすべて熊野権現による神勅であり、その神勅によって裏づけされ伝統的な宗学が形成されたのである。

おわりに

本節では一遍作の偈頌のうち、「十一不二頌」「六十万人頌」を取り上げ、近世の伝統的な宗学における解釈の変遷という一視点から考察を試みてきた。

『一遍聖絵』と『一遍上人縁起絵』においては、この偈頌記載の順序に相違が存在している。おそらくは、この偈頌成立の相違によって、後世、それぞれの偈頌に対する解釈が変わってきたのは確かであろう。

時宗遊行派においては、近世に入る頃まで『一遍聖絵』ではなく『一遍上人縁起絵』を中心に『一遍上人行状』『一遍上人年譜略』などが編纂され、一遍の生涯および思想が伝承され、流布していた状況がうかがえる。

また、他阿知蓮『真宗要法記』以降、其阿吞了『時宗要略譜』まで約一〇〇年間ほどは時宗関係の宗典もなく、時代とともに時宗教団自体が混乱期でもあったため知る手がかりがないものの、混乱期だからこそ、一遍を祖師として崇拝する信仰が芽生え、しだいに発展し、熊野成道の際に作成された偈頌が神勅として伝承されたのではなかろうか。[23]

つまり、一遍作「六十万人頌」が神勅の偈頌として取り扱われ、同じく、一遍作の「十一不二頌」が神勅を受けてその真意を表現した一遍の偈頌として時宗教団内で伝承されたのである。

註

（1）梅谷繁樹「聖絵における十一不二頌の形成過程」（『時宗教学年報』第二輯所収、一九七三年三月）、橘俊道「一遍智真の己心領解の法門（十一不二頌）再考」（『時宗教学年報』第一七輯所収、一九八九年三月、後、橘俊道先生

遺稿集刊行会『一遍上人の念仏思想と時衆』所収、一九八八年四月）、金井清光「時衆研究の動向と問題点」（『時宗教学年報』第一九輯所収、一九九一年三月）、林譲「一遍の宗教覚書」（大隅和雄編『中世の仏教と社会』所収、吉川弘文館、二〇〇〇年七月）、戸村浩人「一遍の思想形成」（『時衆文化』第三号所収、二〇〇一年四月）などがあり、「十一不二頌」には、西山義を脱却していないため「六十万人頌」が一遍独自の思想を表現しているとの評価が目立つが、はたしてそうであろうか。筆者は、どちらかというと「十一不二頌」そのものが一遍独自の思想を明示しており、その念仏思想を徹底して表現したのが「六十万人頌」ではなかったかと現時点で考察している。また、「十一不二頌」が、その後の時宗教学に影響をおよぼしていることについては、拙稿「託何教学における「器朴」について」（『大正大学大学院研究論集』第三一号所収、二〇〇七年三月）、「託何教学における衆生観（一）」（『時宗教学年報』第三五輯所収、二〇〇七年三月）を参照されたい。

（2）『宗典』下巻、三六六頁下段。

（3）『宗典』下巻、三六九頁下段。

（4）『宗典』下巻、三七〇頁上段。

（5）『宗典』下巻、四〇二頁下段。

（6）『宗典』下巻、四四〇頁下段。

（7）『宗典』下巻、二九一頁上段。林譲「一遍の宗教覚書」（大隅和雄編『中世の仏教と社会』所収、吉川弘文館、二〇〇〇年七月）において、中世から近世にかけて一遍伝の中心は、『一遍聖絵』よりも『一遍上人縁起絵』であるとの同様の趣旨が論じられており、参照させていただいた。

（8）『一遍聖絵』は、ほかにはその草稿本とも模写本ともいわれている数本しか存在していないのに対して、『一遍上人縁起絵』は、書写年代が多岐にわたるものの二十数本の写本が現存している。

『一遍聖絵』第十二　奥書

正安元年己亥八月廿三日　西方行人聖戒記之畢

画図　法眼円伊

外題　三品経尹卿筆

応安二年己酉卯月破損之間修補之畢于時僧阿

于時満願寺住持

延徳四年壬子六月廿三日及大破間修理之　　覚阿

模本

1、御影堂本（紙本墨画　南北朝時代　京都御影堂新善光寺旧蔵）

前田育徳会本　七巻

北村家本　　四巻

2、旧七条道場金光寺本（江戸時代）

藤田美術館本　一二巻

3、佐渡大願寺本（紙本著色）江戸末期から明治初期　一二巻

4、『一遍上人絵伝断簡　江ノ島』（絹本著色）鎌倉時代　重要文化財　個人蔵

詞書のみ版本があり、『六条縁起』三巻として安永五年（一七七六）に刊行されている。その刊行は、遊行五十三代他阿尊如（一七一一―一七七九）の命により、六条道場弥阿輪山（現在、京都市東山区鳥辺山の御影堂墓地に隣接している聖戒の供養塔は、この弥阿輪山が建立した）が中心になり、校訂上梓した。

模本の分類（宮次男氏の指摘により、異なる部分から分類がなされている）

甲本系

兵庫真光寺本　　　　一〇巻　元亨三年（一三二三）重要文化財

東京国立博物館本　　二巻（旧田中親美氏蔵　鎌倉期）

大和文華館他諸家分蔵残欠本　（第二―一段　鎌倉期）

京都金光寺本　　　　四巻（第三・五・六・九巻　鎌倉期）重要文化財

別府永福寺本　一巻（南北朝期）重要文化財
京都金蓮寺別本　一巻（第八巻　南北朝―室町期）
京都金蓮寺本　二〇巻　徳治二年（一三〇七）
新潟専称寺本　一〇巻（室町期）
藤沢清浄光寺本　一〇巻（室町期）

乙本系
藤沢清浄光寺旧本　一〇巻（藤沢道場古縁起　明治四四年焼失）
山形光明寺本　一〇巻　文禄三年（一五九四）最上義光寄進　重要文化財
東京国立博物館本　一〇巻（藤沢道場本模本　江戸期）
新潟来迎寺本　八巻（江戸期）
谷文晁模本　五巻　文化十三年（一八一六）
大阪逸翁美術館本　五巻（江戸期）
　折本二帖（江戸期）
田中親美氏蔵住吉模本　八巻（江戸期）

丙本系
長野金台寺本　一巻（第二巻　鎌倉期）重要文化財
尾道常称寺本　四巻（第二・五・六・八巻　南北朝期）重要文化財
埼玉遠山記念館本　四巻（第一・六・七・八巻断簡　南北朝期）

各巻の構成や詞書などについては共通しており、図様面での人物の動作、諸物の配置・建築に異同があるだけで、まったく別々に生じた異本ではない。また、近世において『一遍聖絵』に注目したのは、俊鳳妙瑞である。それは、宝暦版『一遍上人語録』が焼失し改版する際に『一遍聖絵』から多数所収していることから推定できる。

（9）『宗典』下巻、一〇頁下段―一一頁上段。

(10)『宗典』上巻、二八頁下段。
(11)『宗典』上巻、五〇四頁下段。
(12)『宗典』下巻、二三一頁下段—二三二頁上段。
(13)『宗典』下巻、七七頁下段。
(14)『宗典』下巻、七八頁上段。
(15)同前。
(16)『宗典』下巻、八二頁下段。
(17)『宗典』上巻、七三四頁上段。
(18)『宗典』上巻、七五六頁下段。
(19)『宗典』上巻、七六九頁下段。
(20)どのような経緯で俊鳳妙瑞が藤沢山で講義を行うことになったのか、詳細がわからないものの、一遍の法語を研究していることから、時宗僧侶との何らかの接触があったのであろうか。人物交流を考察することも重要といえよう。
(21)『宗典』上巻、四五三頁上段。
(22)『宗典』下巻、三三一頁上段—下段。
(23)松尾剛次氏（中世史研究選書『新版鎌倉新仏教の成立』吉川弘文館、一九九八年十月）が指摘している遁世僧に見られる祖師神話の影響が、時宗教団にも存在したのではなかろうか。

第三章　時宗宗学と儀礼の接点

第一節　臨終の儀式と遊行寺歳末別時念仏会

はじめに

神奈川県藤沢市にある時宗総本山清浄光寺（通称は遊行寺。以下、遊行寺）で毎年十一月十八日から二十八日まで行われている歳末別時念仏会は、遊行寺で行われている年中行事の中でも特に重要かつ有名な行事である。

この歳末別時念仏会は、一山の僧侶の修行として現在、十八日の御連歌の式（非公開）にはじまり二十八日大御台までの十一日間行われている。二十七日「一ッ火」は、一般公開され、ほかに類を見ない独特の行事として毎年多くの参拝者で賑わっている。ちなみに、十一月でありながら歳末の語が付されているのは、昭和五年（一九三〇）頃までは実際に歳末に行われていたためである。また、別時念仏とは、一定の期間（一日、七日、十日、九十日など）を定めて念仏修行に励む修行のことである。

管見によれば、この歳末別時念仏会に関する先行研究は、中居良光、梅谷繁樹、佐藤道子、橘俊道、大橋俊雄ら宗門内外の先学諸氏(1)が考察を行っているものの、そのほとんどが儀式の歴史的変遷を中心に論じたものである。

さて歳末別時念仏会「一ッ火」の儀式自体は、前段「報土入り」(詰時)後段「御滅灯」(一ッ火)という二部構成である。遊行寺本堂の内陣には十二光箱を置いて報土と穢土に区分し、中央には本尊を隠すように鳥居形の枠を設置し、歴代上人の名号を掛け荘厳がなされている。

前半の「報土入り」は、修行者が報土である白道に入り進んでいき、現前知識の前で結跏趺坐し念仏三昧に入るのであるが、この時、現前知識から十念を授かることにより浄土往生ができたことを具現化し、再び穢土に立ち帰るという行法を表現している。この立ち帰るという行法は、すなわち穢土の衆生を済度すべく立ち帰るのであるから、いわゆる還相回向を表現していることになろう。では、この還相回向の思想はいつ頃から時宗宗学に入り、儀式として取り入れられ、どのように「報土入り」(詰時)と「御滅灯」(一ッ火)が関係づけられてきたのであろうか。

本節では、特に遊行寺で行われている歳末別時念仏会の「報土入り」(詰時)と「御滅灯」(一ッ火)と時宗宗学との接点について考察を試みたい。

一　時宗教団における別時念仏会関係史料

ここでは、まず時宗教団における別時念仏に関係する史料を、中世から近世にかけて成立順に列挙する。

史料ア　『一遍聖絵』第四

其(の)年信濃国佐久郡伴野の市庭の在家にして歳末の別時のとき　紫雲はじめてたち侍りけり(2)

史料イ　『一遍聖絵』第六

弘安五年三月二日かたせの館の御堂といふところにて　断食して別時し給（ふ）に　願行上人の門弟上総の生阿弥陀仏来臨して十念うけたてまつりて　六日のあした往生院へ召請したてまつり(3)

史料ウ　『一遍聖絵』第九

又天王寺にして歳末の別時をはじめ給（ふ）　凡（そ）別行の時は時衆の過現の業報を知見し　信心の浅深をかゞみ給（ふ）事侍（り）き(4)

史料エ　『一遍上人縁起絵』第五

凡（そ）毎年歳末七日夜の間はあかつきごとに水をあみ一食定斎にて在家出家をいはず常坐合掌して一向称名の行間断なく番帳を定（め）て時香一二寸を過さず　面々に臨終の儀式を表せられけるは　月日空（し）くうつりきて露（の）命もきゆることはりの至極する所を行じあらはされけるなるべし(5)

史料オ　『一遍上人縁起絵』第十

嘉元元年臘月恒例の別時は相州当麻といふ所にて修せられけるに　いつもの事なれば貴賤雨のごとく参詣し道俗雲のごとく群集す　さて念仏結願の後　晦日の暁元日の朝大衆に対して法文のたまふ事あり(6)

史料カ　遊行七代他阿託何『条条行儀法則』

第四歳末別時事
七日七夜別時中《ノ》一《チ》食定斎《シテ》 毎暁《ニ》浴《シ》二浄水《ヲ》一常坐合掌《シ》一向称名《シテ》 四行《ヲ》暫《ク》可レ闕《ク》一時《ニ》定《テ》二数十八人《ヲ》一時香一二寸《ヲ》不《レ》
レ過面面表《ニス》二臨終《ノ》儀式《ヲ》一是《レ》臨終平生一同《ニシテ》 当下《ノ》称名《ニ》証二得《シ》往生《ヲ》一即便当得一機《ニシテ》 往生《ハ》只今《ノ》名号《ナル》 事《ヲ》顕《ス》報土《ト》名付《ナテ》当
時衆一所《ニ》居《ス》同《ク》知識坐《ス》二報土《ニ》一知識《ノ》前《ニ》持《チ》二蓮華《ヲ》一受二十念《ヲ》一往生《ス》是《レ》居《シテ》二報土一臨終《スルハ》 即便往生表《シケル》レ 顕《ルコトヲ》二 当得《ニ》一乎《カ》当
座道場生諸仏家是《レ》也凡《ソ》別時表《ス》二臨終《ノ》儀式《ヲ》一不《ル》二臨終《セ》一処《ヲ》為レ顕《サン》也(7)

史料キ　伝遊行二十一代他阿知蓮『別時作法問答』（『時衆宗別時記』）
問ヒテ云ハク、他阿流義ニハ中日ノ夜号《シテ》二知識《ノ》臨終《ト》一悉《ク》滅《シ》レ灯《ヲ》於《テ》二暗中《ニ》一一声念仏スル意如何。答ヘテ云ハク先ヅ
滅《スルコトハ》レ火《ヲ》法華経ノ文殊、説《キタマフニ》二日月灯明仏《ノ》涅槃《ノ》相《ヲ》一云《ハク》、我今於《テ》二中夜《ニ》一当《ニ》レ入《ル》二涅槃《ニ》一乃至仏此《ノ》夜滅度《シタマフコト》如《シト》二薪尽《キ》
火《ノ》滅《スルガ》一。(8)

史料ク　『時宗要義問弁』
別時役名章第四
報土役　本寮又ニ庵　後灯役　五軒已上
番帳屋　一寮興徳院　同代　文峰軒
軸屋　十室　大御台　甘膳司
看六　室前　助僧　平僧(9)

史料ケ　遊行四十九代他阿一法『別時念仏励声記』

別時念仏者《ト》亦《ハ》名《ク》二別行《ト》一。此《レ》対《スル》二長時《ニ》一之言也。長時者《ト》平生也。別時者《ト》臨終也。所《ル》レ謂別時別行者《ト》於《テ》二日日行法《ノ》一常《ニ》不《ル》レ能《ハ》二勇進《スルコト》一 故《ニ》応《ニ》三有《テ》レ時修《ス》二別時《ノ》行《ヲ》一。(10)

史料コ　『遊行・在京日鑑』享保二年（一七一七）十二月二十六日条

御滅灯ノ晩、御前先昼之三十番之時報土御出それゟ夜之十五番者ノ報土へ入テ御前御沐浴ニ御入被遊(11)、

史料サ　『藤沢山日鑑』宝暦五年（一七五五）十二月二十六日条

今四ツ時迄十八番相詰畢而惣大衆不残出仕ニ而報土掃除有之候、別行役人中御夕飯御相伴被仰付候(12)、

史料シ　『藤沢山日鑑』宝暦五年（一七五五）十二月二十七日条

明七時半鐘次第御出堂被遊候、詰次畢而桂光院下陣へ熊野様其外御光之火等備へ晨朝被遊候(13)、

次に、列挙した別時念仏に関する史料について考察を加えることにしたい。

史料ア・イ・ウの『一遍聖絵』は、一遍の伝記であり、史料アの本文には、「其（の）年信濃国佐久郡伴野の市庭の在家にして歳末の別時のとき」とあるが、この「其（の）年」とは、弘安二年（一二七九）であり、この時、歳末別時念仏を行っていたことがわかる。

史料イの本文には、「弘安五年三月一日かたせの館の御堂といふところにて　断食して別時し給（ふ）に」と、

鎌倉入りを小袋坂で阻まれた一遍は、弘安五年（一二八二）三月に片瀬浜で別時念仏を修した。このことから、一遍と時衆との間では、しばしば別時念仏を厳修することがあったことがうかがえるのである。

史料エ・オは、『一遍上人縁起絵』の他阿真教の伝記に相当する部分であるが、その本文中には、

凡（そ）毎年歳末七日夜の間はあかつきごとに水をあみ一食定斎にて在家出家をいはず常坐合掌して一向称名の行間断なく番帳を定（め）て時香一二寸を過さず[14]

とある。この「毎年歳末七日夜の間は」とあることから、他阿真教の代には、歳末に七日七夜の別時念仏が行われていたことがうかがえる。その際の別時念仏の儀礼内容が定められており、その内容を見ると、灌水を行い称名念仏を相続するようになっているのである。この四六時中に称名念仏を相続することは、浄土教の伝統を継承していることを示す。また、その構成は、番帳によって定められていたのである。一番から六番まで分け、そこに構成人員として八名を割り当て、合計四十八名としている。その構成を記したものが「時衆番帳」であり、そのうちのひとつが『一期不断念仏結番[15]』である。

史料オには、「嘉元元年臘月恒例の別時は相州当麻といふ所にて修せられけるに　いつもの事なれば貴賤雨のごとく参詣し道俗雲のごとく群集す」とあり、嘉元元年（一三〇三）には、恒例の別時念仏として臘月（十二月）に恒例化していたことが読み取れ、他阿真教が当麻道場に独住した後、恒例的に別時念仏が当麻道場で行われ、各地から結縁のために参詣する信者が雲のように群集していたことが記されている。

そして、注目すべきは、史料カの他阿託何『条条行儀法則』「第四歳末別時事」である。

そこには、

七日七夜別時中《ノチ》一食定斎《シテ》毎暁《ニ》浴《シ》二浄水《ヲ》一常坐合掌《シ》一向称名《シテ》四行《ヲ》暫《ク》可レ闕《ク》一時定《ニテ》二数十八人《ヲ》一時香一二寸《ヲ》不《レ》レ過
面面《ニ》表《ス》二臨終《ノ》儀式《ヲ》一(16)

と記されている。先にあげた史料エの他阿真教が行っていた別時念仏の儀礼内容が継承され、続けて「不《レ》レ過二面面一表《ス》二臨終《ノ》儀式《ヲ》一」とある。

史料アからオまでは伝記史料であり、カは儀礼について記された教義書であるため、性格は異なるが、他阿託何『条条行儀法則』では、儀礼内容としてほぼ一遍や他阿真教の時を継承しているものの、教義的側面は、いっそう明確に記されているのである。教義的側面については次に述べるが『条条行儀法則』に、

臨終《スルハ》即便往生表《シケル》レ顕《ルコトヲ》二当得《ニ》一乎《カ》当座道場生諸仏家是《レ》也凡《ソ》別時表《ス》二臨終《ノ》儀式《ヲ》一(17)

とある。ここから臨終を表現する儀礼であったことがうかがえる。このことについては、一遍在世中にその淵源を求めることができるのではなかろうか。他阿真教以降他阿託何の代までに儀礼的にも整備されながら、歳末別時念仏会は、教団として重要な儀礼となり臨終の儀式として行われていたことを、『一遍上人縁起絵』そして『条条行儀法則』から推察できる。そうすると、現在の「報土入り」の儀式も、一遍在世中に存在していたのであろう。つまり、臨終の儀式とは、現在の「報土入り」そのものではなかろうか。このことは、次に考察する「御滅灯」の儀

礼同様「擬死再生」[18]をも表現していたのではなかろうか。

では、火打ち石と釜を用いて行う「御滅灯」（一ッ火）と呼ばれる儀礼はいつからあったのであろうか。史料キの他阿知蓮『別時作法問答』には、「九　別時中夜滅灯事」があり、「暗中《ニ》高声念仏一唱《ス》。具《ニ》記《ス》二別紙《ニ》一」と記されている。他阿知蓮の頃には、別時念仏の際、法要中に暗闇になるような儀礼が成立しており、高声念仏を一声出すことがあったのであろう。この暗闇において火を打ち出すという儀礼には、中世以前に行われていた民間儀礼としての側面を見出し、「報土入り」同様、命の再生つまり「擬死再生」を意味しているものなのではなかろうか。例えば、天照大神が天の岩戸に隠れ再生した神話に代表されるように、これは、仏教や神道などのさまざまな儀式に見ることができる。さらに、長野善光寺に見られる「戒壇めぐり」などは、「あの世」と認識された場所にいったん入り、そこから出てくることが、生まれ変わり（再生）を意味していたとされている。平安・鎌倉時代は聖徳太子の墳墓の中に自由に出入りができたらしく、『聖徳太子伝私記』には、空海や重源などの高僧たちがここに籠り「体内くぐり」の修行を行ったとされている。[19]一遍も善光寺、聖徳太子廟へは、それぞれ参詣していることからもそれらの儀礼と何らかの接点があったに違いなかろう。また、古代より結社組織に見られる入門儀礼や通過儀礼のような儀礼が時衆教団でも考えられていたのではないだろうか。

この「擬死再生」の儀礼は、「けがれ」に充ち満ちた濁世を暗闇に喩え、火打ち石で打った火により、この世とともに生命をも浄化し再生する儀礼として、現在まで継承されている。推測の域を脱し得ないものの、一遍在世中には、臨終の儀式として、さらに「擬死再生」を意味する現在の「報土入り」と「御滅灯」の原型に相当する儀礼が、それぞれ存在していたのではないだろうか。では、それが、いつの時代に二つの儀礼が歳末別時念仏会として一緒に行われるようになったのであろうか。

こうした記述は、他阿知蓮『別時作法問答』以前の史料から見出すことができないが、近世に入ると、史料ク『時宗要義問弁』の成立以前には、現在でも歳末別時念仏会で使用されている「報土役」「後灯役」などの役職名がすでに存在していたことがうかがえる。

史料ケの遊行四十九代他阿一法『別時念仏励声記』によれば、

別時者《ト》臨終也。所《ル》レ謂別時別行者《ト》於《テ》二日日《ノ》行法《ニ》一常不《ル》レ能《ハ》二勇進《スルコト》一故《ニ》応《ニ》三有《テ》レ時修《ス》二別時《ノ》行《ヲ》一。(20)

とあることから、近世に入ってもなお、別時念仏は、時宗教団の重要な儀礼として受け継がれていたのはもちろんのこと、他阿託何『条条行儀法則』に記された教義的側面も継承されていたことがうかがえる。

近世における時宗遊行派では遊行・藤沢両体制であり、その実態や内容を知る手がかりとしては、遊行回国および在京（七条道場金光寺）の様子を記した『遊行・在京日鑑』と、藤沢における様子を記した『藤沢山日鑑』がある。遊行・藤沢における年中行事を比較しても、ほぼ同様の行事が行われており、その内容ももちろん同様のものである。そのため、史料コからシは、ほんの一部であるが、それらを比較してみてもそのことがうかがえる。

二　時宗宗学と別時念仏との接点

さて、史料を通して時宗教団における別時念仏の変遷を概観したが、教義的に臨終を表現する儀礼として継承されていたことがうかがえた。ここでは、時宗宗学と別時念仏との接点を中心に考察を行うことにする。

他阿託何『条条行儀法則』「第四歳末別時事」には、

是レ臨-終平-生一同ニシテ当下ノ称名ニ証シ二得往生ヲ一即便当得一機ニシテ往生ハ只今ノ名号ナル事ヲ顕ス報-土ト名ナ付テ当-時-衆一-所ニ居ス同ク知識坐ス二報土ニ一。[21]

とあることから、別時念仏では臨終観が根底に存在し、機法一体の論理からただ今の一念の中にその臨終の時点を見出している。これは、一遍の偈頌「十一不二頌」「国界平等坐大会」を具現化したものともいえよう。

さて、この臨終観はどのように展開されたのであろうか。『一遍上人語録』五二には、

又云（く）、『往生は初（め）の一念なり。初（め）の一念といふもなを機に付（き）ていふなり。南無阿弥陀仏はもとより往生なり。往生といふは無生なり。此法に遇ふ所をしばらく一念とはいふなり。三世截断の名号に帰入しぬれば、無始無終の往生なり。臨終平生と分別するも、妄分の機に就（き）て談ずる法門なり。南無阿弥陀仏には、臨終もなし、平生もなし。三世常恒の法なり。出（づ）る息いる息をまたざる故に、当体の一念を臨終とさだむるなり。しかれば念々臨終なり。念々往生なり。故に「回心念々生安楽」と釈せり。おほよそ仏法は当体の一念の外には談ぜざるなり。三世すなはち一念なり。[22]』

とある。また、『一遍上人語録』七八に、

又云（く）、『臨終念仏の事、皆人の死苦病苦に責（め）られて、臨終に念仏せでやあらむずらむとおもへるは、是いはれなき事なり。念仏をわが申（し）がほに、かねて臨終を疑ふなり。既に念仏申（す）も仏の護念力な

り。臨終正念なるも仏の加祐力なり。往生にをいては、一切の功能、皆もて仏力法力なり。たゞ今の念仏の外に、臨終の念仏なし。臨終即（ち）平生なり。前念は平生となり、後念は臨終と取（る）なり。故に「恒願一切臨終時」と云（ふ）なり。只今念仏申されぬ者が臨終にはえ申さぬなり。遠く臨終の沙汰をせずして、能々恒に念仏申（す）べきなり。(23)』

とあり、これらの法語から、一遍の思想においては、ただ今称える念仏の中に臨終と平生を見出していることがうかがえる。このことから一遍は、六字名号を称えるはじめの一念を当体の一念と称し、臨終と平生との関係は、この時間の中に臨終も平生もそれぞれ存在しているというのである。

この一遍の臨終観を継承しているのが他阿託何である。他阿託何『七代上人法語』「付念仏条々不審事」には、

平生《ノ》時《ハ》念仏《ス》トモ臨終《ニ》十念一念ナクハ往生不可ナリヤト云々。平生念仏《ノ》外《ニ》臨終ノ一念アルヘカラス。臨終平生一同《ナル》故也。平生《ニ》念仏スル人《ハ》必臨終《ニ》念仏《ス》。ソノ臨終トイフハ只今ノ念仏也。(24)

とあり、さらに、他阿託何の『器朴論』「第十四臨終要心門」には、

実《ニ》如二所解《ノ》一。不レ可レ有《ル》二退縁業繫一。依レ之云《ハ》レ爾《ト》者。平生不《ルノ》レ断二念仏《ヲ》一者。有三臨終《ニ》不《ルコト》二称名《セ》一。又有《リ》レ遇二横病横病《ニ》一。如何《カ》可《キ》レ解乎。答云。即便当得《ハ》一機之始終也。摂取不捨《ハ》又仏照鑑也。摂取不捨光《ノ》益《ハ》成二臨終《ノ》来迎《ヲ》一。即便往生《ノ》実証《ハ》彰二最後十念《ニ》一。然《レハ》者誇《テ》二即便往生之文《ニ》一念仏懈《ル》者《ハ》非二摂取《ノ》機《ニ》一。言《カ》二蒙光触者心不退《ト》一故。蒙二光触《ヲ》一者《ハ》必可二臨終正念《ナル》一。

言二慈悲加祐令心不乱ト一故ニ。[25]

とあることから、他阿託何も一遍の臨終観を継承しており、平生の念仏の中に臨終の一念を見出していることがうかがえる。つまり、この臨終の儀式は、一遍の臨終観である臨終即平生・平生即臨終の思想を具現化しているといえよう。

つまり、一遍、他阿真教の代にすでに行われていた臨終の儀式としての別時念仏は、他阿託何の著した『条条行儀法則』によって儀礼面に教義的側面が強化されたことをうかがうことができ、この臨終の儀式は、他阿託何以降さらに重要性を増し現在に至っているのであろう。[26]

三　時宗宗学と還相回向

臨終の儀式と時宗宗学との接点について前項で考察を行った。民間儀礼としての「擬死再生」との接点をも垣間見られる「報土入り」と時宗宗学との関係はどのように見ればよいのであろうか。報土に向かい白道を進んでいく行為は、いわゆる「往相」を表現していると考えられるが、現前知識（遊行上人）に十念を授与され、立ち帰るために白道を戻っていくことは、「還相」を表現しているのではなかろうか。

ここでは、時宗宗学と還相回向について考察する。

『一遍上人語録』六八には、

又云（く）、『「生（き）ながら死して静（か）に来迎を待（つ）べし」と、云云。万事にいろはず、一切を捨離して、孤独独一なるを、死するとはいふなり。生ぜしもひとりなり。死するも独（り）なり。されば人と共に住するも独（り）なり。そひはつべき人なき故なり。又わがなくして念仏申（す）が死するにてあるなり。わが計ひをもて往生を擬ふば、惣じてあたらぬ事なり。(27)』

とあるが、一遍の法語とされるものや伝記史料からは、還相回向と考えられるものを見出せない。

また、一遍の思想を継承しているとされる他阿託何の主著『器朴論』「第六大小権実門」には、「又念仏者ハ六字名ノ号也　南無者ト即チ是レ帰命　亦是レ発願回向之義　回向有二往相還相菩提心ノ一。菩提心ノ事可レシ悉ス二下ノ章一。(28)」と記され、「下ノ章ニ」に相当する「第九発菩提心門」では、還相について具体的に述べられず、六字名号に帰入することにより、弥陀と凡夫の三業が互いに捨てず、能帰と所帰が一体となる能所一体であると説いている。つまり、十劫正覚の時に往生が決定している凡夫に対し救済を説きながらも、往生した後は六字名号そのものになるため、娑婆世界に還相することを積極的には説いていないのであろう。

遊行十三代他阿尊明、遊行十四代他阿太空、遊行十五代他阿尊恵の伝記であり、室町初期、応永二十四―二十五年（一四一七―一四一八）頃の成立と推定されている『遊行縁起』には、

此回向によりて往生の行となれり。又此回向に二あり。一には還相回向、極楽に往生して後、此娑婆世界に還来て、有縁の衆生を引導、無縁の群類を度せんと回向するなり。(29)

と、他阿尊明の頃に「還相回向」の語が使用されているのを見ることができるが積極的に説いていない。

また、時代が下り近世において、時宗宗学と還相回向の接点について興味深いことがある。それは、一遍作「別願和讃」の本文への追句と二本の註釈書である。

まずは、文化版『一遍上人語録』所収による「別願和讃」の本文を引用したい。

1　身を観ずれば水の泡　消（え）ぬる後は人もなし
2　命をおもへば月の影　出（で）入（る）息にぞとゞまらぬ
3　人天善所の質をば　あしめどもみなたもたれず
4　地獄鬼畜のくるしみは　いとへども又受（け）やすし
5　眼のまへのかたちは　盲（ひ）て見ゆる色もなし
6　耳のほとりの言の葉は　聾（ひ）てきく声ぞなき
7　香をかぎ味なむること　只しばらくのほどぞかし
8　息のあやつり絶（え）ぬれば　この身に残る功能なし
9　過去遠々のむかしより　今日今時にいたるまで
10　おもひと思ふ事はみな　叶はねばこそかなしけれ
11　聖道浄土の法門を　悟（り）とさとる人はみな
12　生死の妄念つきずして　輪回の業とぞなりにける
13　善悪不二の道理には　そむきはてたる心にて
14　邪正一如とおもひなす　冥の知見ぞはづかしき

15 煩悩すなはち菩提ぞと　聞（き）て罪をばつくれども
16 生死すなはち涅槃とは　いへども命をおしむかな
17 自性清浄法身は　如々常住の仏なり
18 迷も悟もなきゆへに　しるもしらぬも益ぞなき
19 万行円備の報身は　理智冥合の仏なり
20 境智ふたつもなき故に　心念口称に益ぞなき
21 断悪修善の応身は　随縁治病の仏なり
22 十悪五逆の罪人に　無縁出離の益ぞなき
23 名号酬因の報身は　凡夫出離の仏なり
24 十方衆生の願なれば　独（り）ももる、過ぞなき
25 別願超世の名号は　他力不思議の力にて
26 口にまかせてとなふれば　声に生死の罪きえぬ
27 始の一念よりほかに　最後の十念なけれども
28 念をかさねて始（め）とし　念のつくるを終とす
29 おもひ尽（き）なん其後に　はじめおわりはなけれども
30 仏も衆生もひとつにて　南無阿弥陀仏とぞ申（す）べき
31 はやく万事をなげ捨（て）て　一心に弥陀を憑（み）つ、
32 南無阿弥陀仏と息たゆる　是ぞおもひの限（り）なる

33　此時極楽世界より　弥陀・観音・大勢至
34　無数恒沙の大聖衆　行者の前に顕現し
35　一時に御手を授（け）つ、　来迎引接たれ給ふ
36　即（ち）金蓮台にのり　仏の後にしたがひて
37　須臾の間を経る程に　安養浄土に往生す
38　行者蓮台よりおりて　五体を地になげ頂礼し
39　すなはち菩薩に従ひて　漸く仏所に到らしむ
40　大宝宮殿に詣で〻は　仏の説法聴聞し
41　玉樹楼にのぼりては　遥（か）に他方界をみる
42　安養界に到りては　穢国に還（り）て済度せん
43　慈悲誓願かぎりなく　長時に慈恩を報ずべし

（番号は、筆者が付したものである）

この文化版『一遍上人語録』所収「別願和讃」の本文と、一遍の伝記である『一遍聖絵』第九および『一遍上人縁起絵』第三にそれぞれ所収されている「別願和讃」の本文とを比較すると、後者は1から35までであり、36以降の箇所については記載していないことは、すでに先学の諸氏により指摘されている。[30]

この「別願和讃」には、次の註釈書が存在している。

ア、『別願之註』　遊行三十五代他阿法爾（一五六三―一六四〇）[31]

イ、『別願和讃新註』　遊行四十九代他阿一法（一六六四―一七二五）、享保元年（一七一六）刊行

前者は「古註」、後者は「新註」と、それぞれ称されている。このうち、「古註」には、1から35までの本文について註釈がなされているのに対して、「新註」には、36以降の本文についても註釈がなされているのである。この「別願和讃」に後世追加された箇所の本文を見ていくと、極楽世界に往生した後の様子が述べられており、末句には「還相回向偈」がそのまま引用されているのである。このことから、この別願和讃に関する二種類の註釈書成立間において、還相回向の思想が時宗宗学の中に何らかの形で取り入れられたのではないだろうか。また、『一遍上人語録』の註釈書としては、俊鳳妙瑞『一遍上人語録諺釈』明和四年（一七六七）成立[33]があるが、当然ながら、この註釈書には追加された36以降の本文にも註釈がなされているのである。

おわりに

本節では、遊行寺で行われている歳末別時念仏会の「報土入り」（詰時）、「御滅灯」（一ッ火）と、時宗宗学との接点について考察を行った。

本節の考察から、一遍在世中に現在の「報土入り」や「御滅灯」の原型に相当する儀式は、すでに行われていたのではないかと推察できる。ただし、それは、一遍や時衆教団独自の儀式ではなく、広く民間で行われていた儀礼である「擬死再生」の儀礼の影響によるものであったことがうかがえるのである。おそらく、それが、いつからか特定できないにせよ、二つの儀式が歳末別時念仏会として一緒に行われるようになったのではなかろうか。

「報土入り」に関して時宗宗学との接点については、この臨終の儀式としての「報土入り」が、一遍の臨終観である臨終即平生・平生即臨終の思想を具現化していることになろう。さらに、他阿託何は、一遍における臨終観を

継承しつつも、よりいっそう六字名号への絶対性を見出しており、一遍、他阿真教の代にすでに行われていた臨終の儀式は、他阿託何著『条条行儀法則』によって儀礼面に教義的な側面が強化されたことがうかがえる。

歳末別時念仏会における「報土入り」は、臨終を表す儀礼として行われていたが、時宗宗学と還相回向との接点はいつどのようにしてできたのであろうか。このことについては、一遍作「別願和讃」の本文の追句と二つの註釈書が著される間に取り入れられたのではないだろうか。

註

（1）大橋俊雄「時宗における別時念仏について」（『儀礼文化』第一八号所収、一九九三年一月）、中居良光「歳末別時念仏会修行の指針」（『時宗教学年報』第一四輯所収、一九八六年三月）、橘俊道「持蓮華の弁付歳末別時念仏」（『時宗教学年報』第七輯所収、一九七九年三月、後、橘俊道先生遺稿集刊行会編『一遍上人の念仏思想と時衆』一九九〇年四月、所収）、佐藤道子「遊行寺の年中行事」（『佛教藝術』一八五号所収、毎日新聞社、一九八九年七月）、梅谷繁樹「時宗の別時念仏と御連歌の式」（『国文学会誌』一四所収、一九八四年、後、『中世遊行聖と文学』一九八七年六月、所収）など。

また、浅山円祥氏は、「今日伝わる時衆の別時念仏は往生講式（阿弥陀講・順次往生講）のデフォルメされたものであって、唱礼と連歌を入れた念仏の儀礼で、必ずしも時宗の教義の中心的なものと考えられない」（一遍会編『一遍と時衆』一九八〇年六月、三二一頁）と述べている。この往生講式と一遍時衆との接点についてはさらに検証が必要である。

（2）『宗典』下巻、三七一頁下段。

（3）『宗典』下巻、三七四頁下段。

（4）『宗典』下巻、三八三頁上段。

（5）『宗典』下巻、四一四頁上段。

（6）『宗典』下巻、四二九頁下段。

（7）『宗典』上巻、二五一頁上段―下段。

（8）『宗典』下巻、七五三頁下段。また、他阿知蓮『真宗要法記』には「九、別時中夜滅灯事　暗中ニ高声念仏一唱ス。具ニ記ス二別紙一ニ也」（『宗典』下巻五頁下段）とあり、ここで引用した『別時作法問答』の該当箇所と同様に『法華経』が引用されている。

（9）『宗典』下巻、二四〇頁下段。続けて「付言法器章第五」では、別時で使用する「大光灯」「後灯」「六灯」などの法器の説明がある。

（10）『宗典』下巻、七四五頁上段。先に引用した『真宗要法記』『別時作法問答』と同様、「滅灯」の説明の説示には、『法華経』が引用され、「爾則於此顕臨終平生一同義也云云」（『宗典』下巻、七四七頁上段）と述べられている。

（11）高野修編『遊行・在京日鑑』第一巻（仏教研究所、一九八九年四月）三一頁上段。この記述は在京の箇所である。

（12）『藤沢山日鑑』第二巻（藤沢市文書館、一九八四年三月）四三五頁下段。

（13）同前書、四三五頁下段―四三六頁上段。

（14）『宗典』下巻、四一四頁上段。

（15）大橋俊雄校注『時宗二祖他阿上人法語』（大蔵出版、一九七五年十二月）四一六―四一九頁。

（16）『宗典』上巻、二五一頁上段―下段。

（17）『宗典』上巻、二五一頁下段。

（18）『聖の系譜と庶民仏教』五来重著作集第二巻（法藏館、二〇〇七年十二月）。

（19）『続々群書類従』一七雑部二所収。

（20）『宗典』下巻、七四五頁上段。

（21）『宗典』上巻、二五一頁下段。

(22)『宗典』上巻、三一頁下段。
(23)『宗典』上巻、三五頁上段。
(24)『宗典』上巻、三八〇頁上段―下段。
(25)『宗典』上巻、三〇〇頁下段。
(26)拙稿「託何教学にみる臨終と平生」(『時宗教学年報』第三一輯所収、二〇〇三年三月)を参照されたい。
(27)『宗典』上巻、三三頁下段。
(28)『宗典』上巻、二八五頁上段。
(29)『宗典』下巻、四六六頁下段。
(30)『和讃史概説』多屋頼俊著作集第一巻(法藏館、一九九二年三月)、『和讃の研究』同第二巻(法藏館、一九九二年一月)など。
(31)『宗典』上巻、所収。
(32)同前。
(33)同前。

第二節　時衆教団における入門儀礼考

はじめに

今日、日本中世仏教史は、黒田俊雄氏が一九七五年に「顕密体制論」を提唱してから、その論をめぐり賛否はもちろん、さまざまな分野からの議論がなされ、しかも新たな視点からも構築されようとしている[1]。

この顕密体制論に対して新たな視点で問題提起がなされるなか、松尾剛次氏が、鎌倉新仏教を規定する新旧の概念を再検討すべく提示したのが「得度・授戒制」という入門儀礼システムであった。松尾氏は、教団の戒律に注目し、国家的得度・授戒制により出家した僧たちを官僧僧団、官僧から離脱し二重出家した僧たちを遁世僧僧団に区分、さらに祖師神話の存在にまで注目し、独自の考察を試みている。その著書『鎌倉新仏教の成立』においては、遁世僧僧団の入門儀礼システムとして、新義律僧団・法然門下・五山禅僧・道元門下・親鸞門下・日蓮門下に関して論究している[2]。

とくに法然門下については、法然の時代に独自の入門儀礼のシステムを創作できていたかどうかは、知る手がかりがないため疑問としながらも、弁長の時代には、筑紫善導寺に戒壇を設立、システム的に延暦寺戒牒に類似した儀礼が行われていたことを推定している。そこで、この入門儀礼について、時衆教団では、どのようにして構築していったのであろうか。

本節では、試みに中世時衆教団の入門儀礼について一遍から他阿託何までを一区分[3]として考察を行う。

一　儀礼に関する先行研究

時衆教団の儀礼に関する先行研究を、管見の限り整理しておきたい。

時衆教団における儀礼に関して、知識（遊行上人）に身命を帰命する知識帰命という帰命戒についての論究が、先行研究では多くなされている。

この知識帰命成立に関しては、一遍時成立説と他阿真教時成立説とに二分できる。一遍時成立説については、加藤実法・吉川清・寺沼琢明・大橋俊雄・橘俊道ら[4]の諸氏の論があり、他阿真教時成立説を取るのは、河野憲善・金井清光・今井雅晴・梯實圓ら[5]の諸氏である。また、これらの先行研究では、入門儀礼に関して加藤実法・吉川清氏らが触れられているが、その論点の根拠や史料などを提示しての論究[6]がなされていない。

入門時に授けられ、教団に所属している間保持すべき戒については、具体的に誓戒と制戒に関する論究がなされている。

二　時衆教団入門儀礼の変遷

一遍から他阿託何に至るまでの伝記類・法語などの史料から入門儀礼に関連する記載を探り、その変遷を考察していく。

一遍（一二三九—一二八九）

イ『一遍聖絵』第二

発願かたくむすびて十重の制文をおさめて　如来の禁戒をうけ　一遍の念仏をすゝめて衆生を済度しはじめたまひけり(7)

ロ『一遍聖絵』第四

法門などあひ談じ給（ふ）あひだ　他阿弥陀仏はじめて同行相親の契をむすびたてまつりぬ　惣じて同行七八人相具して(8)

二祖他阿真教（一二三七―一三一九）

ハ『奉納縁起記』

次定《ニム》㆓誓戒之《ノ》詞《ヲ》㆒其《ノ》禁戒堅固《ナリ》也是《レ》乃金剛心《ナリ》也云云（中略）受㆓取《リ》発願誓戒之《ノ》詞《ヲ》㆒然《シテ》打㆓禁戒之《ノ》金《ヲ》㆒後若破《ハ》㆓誓戒《ヲ》㆒者知識堅《ク》加《ル》㆓禁詞《ヲ》㆒之時悔《テ》㆓破-戒之過《ヲ》㆒而廻-心修-行《セハ》者善根同《キ》㆑前《ニ》也(9)

ニ『一遍上人縁起絵』第六

時衆に入（る）者は今身より未来際を尽して身命を知識に譲り此（の）衆中にて永（く）命をほろぼすべし若（し）此（の）下をも出で制戒をも破らば今生にては白癩黒癩と成（り）て後生には阿弥陀仏の四十八願にもれ三悪道に堕（ち）て永（く）うかぶべからずと誓を成し金を打（ち）て入（る）といへども適こ無道心の輩ありて制戒を破（り）ぬれば(10)

三代他阿智得（一二六一―一三二〇）

ホ『知心修要記』

従二今身一尽マテ二未-来-際ヲ一知-識ニ譲リ二身-命ヲ一誓ヒ金ヲ打畢ヌ故ニ身ノ所求ヲモ不レ宥サ心ノ所欲ヲモ不レ任セ乍レ生キ受ケ二三-塗ノ苦ヲ一専ラ弥陀ヲ可二称念ス一
誓心決-定シテ毫厘モ無レ所レ犯スル妄想常ニ競ヒ起テ二狂スモ身心ヲ一誓戒ハ堅固ニシテ聊モ不レ破レ若シ誓戒破レハ願-心即可レ破ル願-心即破ハ往-生即可
レ虚シカル往-生即虚レハ必-定シテ可レ堕ス二無間ニ一[11]

七代他阿託何（一二八五―一三五四）

へ『条条行儀法則』

入二時-衆ニ一共二住シテ彼ノ遺-跡ニ一成シ二厭-離穢土ノ思ヲ一励ス二欣-求浄-土ノ志ヲ一夫レ門-下ノ時-衆従二今-身一尽マテ二未来際ヲ一身-命ヲ知-識ニ譲リ
了ヌ若シ破リ二一-一ノ誓-戒ヲ一出ル二足-下ヲ一程ナラハ今生ニハ成リ二白-癩黒-癩ト一来世ニハ漏レ二阿-弥陀-仏ノ四十八願ニ一堕シテ二三-悪道ニ一永ク不
レ可レ浮フ成シレ誓ヲ打チレ金ヲ入ル二時-衆ニ一者ナリ也（中略）是ノ故ニ懸ケ誓フノ所ノ金ハ仏ノ四十八-願可レ知ル二知-識ト仏ト一-体ナルコトヲ一[12]

以上のように、この史料に共通していえることは、他阿真教以後、「今身より未来際を尽すまで身命を知識に譲り」といった知識帰命をまず誓い、続いて起請がなされていることがうかがえる。

その際に用いられた文言には「今生にては白癩黒癩となり来世には阿弥陀仏の四十八願に漏れ三悪道に堕ちて永く浮かぶべからず」という罰文があり、このことを誓いその証として金を打つという一連の行為が、入門儀礼に用いられている。

こうした儀礼は、史料から確認できる範囲でも他阿真教代に現れ、知識は「仏之ノ御使ト」（『奉納縁起記』[13]）と認識され、さらに他阿託何代に至っては、「能ク知識雖ニ二帰命スト一所-帰ハ仏-体ナリ也」（『条条行儀法則』[14]）とされ、善知識（遊行上人）と、仏とが一体であるという考えが確立し、いっそうその権威を増長し誓う対象として尊厳されるようになったことがうかがえる。

三　誓戒と制戒

制戒については、大橋俊雄・金井清光・平田諦善・高野修らの諸氏が主張する「時衆制誡説」がある。大橋俊雄氏は、

一遍は、時衆が専修念仏者として守るべき理想像実現のために、一八か条の『時衆制誡』をまとめ、「我が遺弟等、末代に至るまで、すべからくこの旨を守るべし、努め努めて三業の行本を怠ることなかれ」と述べ、末永く制誡を守って念仏せよとすすめている。[15]

と論じている。

金井清光氏は、他阿真教の『道場制文』を取り上げ、そのなかの「制戒を破り乍ら云々」に着目した上、

この制戒とは一遍の定めた時衆制戒専莫十八か条をさすと考えられる。いったん時衆集団にはいった以上、死ぬまで僧尼共存生活を送るから、実際問題としてこの十八か条を完全に守りとおすことは不可能に近いほど困難であろう。[16]

と述べている。

平田諦善氏は、

十重禁は法華の、円頓大戒に対する戒行であるが、この十八専莫は帰命誓戒に対する時衆の戒行を示すものともいうべきである。[17]

と述べている。

また、高野修氏は、

この教団に与えられたのが弘安九年（一二八六）の春、天王寺で書かれた専莫の偈「時衆制誡」である。（中略）一遍の生涯において、制戒を出されたのはこれ一度のみであった。時衆集団を維持していく上での最低の必要条件であったわけである。[18]

と述べ、このことから、一遍作とされる『時衆制誡』をもって制戒としている。

ただし、最後の一文である「我遺弟等末代云々」に関しては慎重な見解も示されている。以上の見解と異なった説を述べているのが橘俊道氏である。

橘氏は仏戒、とくに『梵網経』を中心とした十重四十八軽戒を基本とする『防非鈔』を一遍の制戒とする説をあげている。史料においても一遍は、四天王寺において十重の制文（十重禁戒）を自誓受戒したことが述べられている。

橘俊道氏は、制戒・誓戒の用語に関して史料を精査して使用例を具体的にあげ考察した結論として、

「誓戒」は入門に当り㈠知識に身命を譲り御下を出ないこと、と㈡「制戒」を犯さないこと、この二つを誓う契約であった。その事を論じたのが〔その一〕である。次に「制戒」とは何かという事を調べてみた。多くの人が『一遍上人語録』に収められている「時衆制誡」（十八専莫）をこれに宛てている。私はそうではなく『防非鈔』にある仏戒を中心とした四十八ヶ条の禁戒であろうという結論に達した。〔その二〕はこれを論じたものである。(19)

と論じ、先にあげた諸氏の「誓戒」と「制戒」の意味の曖昧さを指摘して、具体的に「誓戒」は知識帰命と制戒を犯さないことであるとし、制戒は『防非鈔』であると主張している。

さて、筆者としては、まず、他阿託何『条条行儀法則』に記述されている、

彼《ノ》誓戒《ハ》三-世諸-仏《ノ》通戒《ニシテ》浄《ノ》-業正-因《ナリ》也サレハ帰仏《ノ》心ヨリ所-持《スル》戒《ナレハ》以《テ》二不-護《ヲ》一可レ云レ成《スト》二浄-戒波-羅蜜《ヲ》一（中略）成《スル》二三-心正因《ヨリ》一戒《ナレハ》何《ソ》有《ン》二破《スル》事一金剛宝戒是《レ》ナリ(20)

に着目する。『条条行儀法則』では、誓戒すべき戒が「金剛宝戒」であることを述べている。「金剛宝戒」とは、大乗戒を指し、天台宗延暦寺戒壇においては、一人前の僧侶と見なされるための儀礼として『梵網経』に説かれる十重四十八軽戒を受戒させていた。おそらく法然浄土教以後も継承された戒は、やはり『梵網経』と考えてよいので

はないだろうか。

一遍自身が四天王寺において十重禁戒を自誓受戒していることや、一遍に帰依し入門した時衆が仏戒を受戒するのは当然であろうし、その誓戒の内容は十重四十八軽戒であったろうと推察できる。しかし、それによって即座に誓戒が十重四十八軽戒だといえるかどうか、再度、史料の考察を試みたい。

まず、他阿真教の場合は、

①時衆に入（る）者は今身より未来際を尽して身命を知識に譲り此（の）衆中にて永（く）命をほろぼすべし若②（し）此（の）下をも出で制戒をも破らば今生にては白癩黒癩と成（り）て後生には阿弥陀仏の四十八願にもれ三悪道に堕（ち）て永（く）うかぶべからずと誓を成し金を打（ち）て入（る）といへども適こ無道心の輩ありて

とあり、このうち傍線部①にあるように、時衆入門時には、知識つまり阿弥陀仏の化身として存在している遊行上人に帰命する、いわゆる知識帰命を行い、続いて傍線部②では、知識の前で誓った制戒を破った場合に受ける罰の内容を記している。

さらに制戒に関して、『他阿上人法語』「梅田の師阿弥陀仏へつかはさる御返事」にはその内容が具体的に述べられている。それには、

その制戒といふは、生死の根源をいとはんために、尼は法師にちかづかず、法師は尼女を捨離して、総じて用

事をつくし、万事を知識に任するなり。(21)

とあり、制戒とは万事を知識に任すことであると、教団内の規律に関して述べられている。

さて他阿託何に関しては、『条条行儀法則』にあるように、入門時には、他阿真教の代と同様に「従二今身一尽マテ二未来際一身ヲ命ヲ知識ニ譲リ了ヌ」と、知識帰命が誓われており、「今生ニハ成リ二白癩黒癩一ト来世ニハ漏レ二阿弥陀仏ノ四十八願一ニ三悪道ニ二」と、これらの誓戒を破った場合に受ける罰に関しても、やはり他阿真教の代と同様のことが記されている。

このように他阿真教から他阿託何に至る間、時衆教団に入門する際には知識に対しての帰命が求められ、それを誓い、その誓約としての起請がなされていることを知り得た。

このことから、誓戒とは橘氏が指摘しているように仏戒であることは、『条条行儀法則』や時代的に下るが『真宗要法記』(22)『時宗統要篇』(23)などからも十分考えられ、また、制戒は、高野氏をはじめとして諸氏が指摘している知識帰命をはじめとする『時衆制誡』を制戒であると考えることができるのではないだろうか。

まず、初めに仏弟子として当然受けるべき仏戒を受戒し、時衆として守るべき戒としての『時衆制誡』を受けるということが通例のようであった。つまり、教団の伸張とともに仏戒、とくに十重四十八軽戒を基礎とした『防非鈔』が作成され、さらに遊行生活全般において詳細な清規として、他阿託何『東西作用抄』が考案されたのであろう。

つまり、「誓戒」は仏戒であり、「制戒」は時衆教団独自に作成された規律であるといえよう。

四　誓文

さて、次に戒を誓う際に使用されている誓いの文言、つまり誓文に関して考察を行う。

まず「今生にては白癩黒癩と成（り）て後生には阿弥陀仏の四十八願にもれ云々」と称える誓文が意味するものは、いったい何なのか。

若（し）此（の）下をも出で制戒をも破らば①今生にては白癩黒癩と成（り）て②後生には阿弥陀仏の四十八願にもれ三悪道に堕（ち）て永（く）うかぶべからず

この誓文の、①では、現世において誓戒を犯した場合には白癩黒癩になり、②では、来世において阿弥陀仏の本願によっても救済されることがなく三悪道に堕ちてしまい、なかなか救済されることはない、と誓われている。つまり、①では現世②では来世とつまり現当二世にわたり誓いが成されていることがうかがえる。こうした誓文は、起請文として中世以降広く行われていたようで、神仏に加護を求める際、もし誓約を破棄した場合に受ける罰の内容も添えられていたのである。

誓約に背いた罰に関しては、現世において白癩黒癩を受け、来世においては堕地獄と、現世と来世の二世にわたるものが多数あり、時代が下るにつれ、神仏名や罰の中身も増加していったようである[24]。

中世、盛んに行われた起請文の形式は、遵守すべき誓約の内容を述べた前半部分が「起請文前書」、後半部分が神仏の勧請と罰文を述べる「神文」という様式をとっている。

この様式をそのまま、先に提示した史料に当てはめていくと、まず、

時衆に入（る）者は今身より未来際を尽して身命を知識に譲り此（の）衆中にて永（く）命をほろぼすべし

あるいは、「夫レ門-下ノ時-衆従二今-身一尽マテ二未来際ヲ一身-命ヲ知-識ニ譲リ了ヌ」といった時衆教団に入門以後の堅固な知識への帰命が誓約されているこの箇所は、「起請文前書」に該当し、

若（し）此（の）下をも出で制戒をも破らば今生にては白癩黒癩と成（り）て後生には阿弥陀仏の四十八願にもれ三悪道に堕（ち）て永（く）うかぶべからず

という文言および次の文言、

若シ破リ二一-一ノ誓-戒ヲ一出ル二足-下ヲ一程ナラハ今生ニハ成リ二白-癩黒-癩ト一来世ニハ漏レ二阿-弥陀-仏ノ四十八願ニ一堕シテ二三悪道ニ一永ク不レ可レ浮フ

は神仏の勧請と罰文を述べる「神文」に該当することが指摘できよう。

時衆教団が入門儀礼を行う際に用いられた誓文は、中世から盛んに行われていた起請文の形式そのものであったことが推定できる。

では、神仏の勧請と罰文を述べる「起請文前書」と「神文」に該当する文言についてそれぞれ考察していきたい。①の現世に関する記述の白癩黒癩とは、現在のハンセン病を指している。ただし、この表現は中世において、いったん神仏に誓いを行い冥加の尽きた者がこの白癩黒癩に罹るという俗信があったことから転じて、絶対的なものなどを強調して表現する際に用いられており、決して差別を目的にしたものではなかろう。

こうした中世における白癩黒癩の問題に関して、黒田日出男氏は、中世民衆の皮膚感覚と恐怖としての身体感覚・身体意識と社会的意識形態といった面から「毛穴」に注目して考察され、次のように述べている。

癩病は癩風とも呼ばれ、「毛穴」の病いのなかでは最も治癒困難な病状を呈します。したがって、「毛穴」の病いを想定するかぎり、起請文の成立期から、「白癩・黒癩の重病」が起請文の現世の罰のうちに位置づけられていたことは、確かであると思います。そして、疥癩宿の成立や癩者の施浴を極とする光明皇后伝説からすれば、早晩、起請文の罰の中心に「白癩・黒癩の重病」がすえられるのは必然でありましょう。(25)

ここから、中世における癩病に対する意識が読み取れ、起請の際に「白癩・黒癩」といった用語は、差別的あるいは嫌悪的な表現というより、起請する内容の重大さを物語る格好の表現として用いられていることが推察される。次に②の来世に関してであるが、法然浄土教成立以後、他力であり易行である称名念仏を中心とした救済構造の根拠として『無量寿経』に説かれる阿弥陀仏の「四十八願」があげられる。その本願からも漏れ、ひいては三悪道に堕ちてしまい永く救済されることがないという内容が記されている。こうした神・仏に起請された中世の起請文に関して、佐藤弘夫氏は、

仏自身が積極的に罰をくだすとはひとことも書かれていない。仏は罰を与えるのではなく、その本来的な機能である〈救い〉の力を行使しないことによって、結果的には敵対者を悪道に落とすとされているのである。(26)

と述べている。

佐藤氏が指摘されていることを踏まえ誓文の文言を見ていくと、同様に積極的に仏の側からは述べられることはなく、起請する側が自ら救済を拒絶していることが改めて認識できる。

これら誓文に記された現当二世における文言には、中世の人々が最も恐怖を感じ、起請したことを絶対に侵せない表現をしていることがうかがえる。しかし、このように誓約しておきながら遵守できない時衆も出現していたと考えられる。

中世から盛んに行われた起請文には、その誓約を破る「起請破り」と誓約を破棄し白紙撤回をする「起請返し」が存在した。誓約を遵守できなかった時衆は、いったいどうしたのであろうか。

おそらく生前に不正が発覚すれば、それ相当の罰が与えられ教団を追放され、回心した場合は教団追放を免れることもあった[27]。また、死後に発覚した際は、往生を取り消す不往生[28]の判定が下されたのである。

五　誓いの金

『条条行儀法則』に「誓いを成し金を打ち時衆に入る者なり」とあるように、このような「誓いの金」「金を打つ」の儀礼は、どのようにして入門儀礼に取り入れられたのであろうか。

時衆教団に入門する際、その誓いの場において行われた金を打つという儀礼であるが、そもそも中世において、金を打つということは、誓約の作法の中で誓約を固める重要な役割を担っていたようである。

先行研究[29]によると、広義では契約・起請・一味神水などの成立過程に随伴して行われる作法の一つであったらしく、何かのことを誓約する際には文章表現を取らず、金を打つ形式が取られたのであろう。

こうした金を打って起請或いは誓約した前例を、『源氏物語』『今昔物語集』『平家物語』などに求めることができる。

また、金を打つという作法は、武士が行う「金打」のことで、それは「金を打つ」即「誓約」を意味するのであり、この「金打」について、藤田徳太郎氏は次のように述べている。

つまり、ある事を、これから始めるといふ合図に、又は、ある事が終つたといふ合図に「かねを打つ」のであつて、「かねを打つ」とは、その「合図する」といふ意である事が重要なのである。ある事がら、行為に関する信号として、「かねを打つ」のである。（中略）仏前で「かねを打つて」自分のなす行為が、誓約に違反すべからざる信号とし、自分の態度が、約束を破らず、契約に背かず、不信の行為をなさざる合図とするのである。[30]

また、このように金を打つなどの誓約の場について、千々和到氏は、

すなわち、中世における「誓約の場」とは、鐘の音や誓言の声がおごそかに流れ、煙がたちのぼり、香ばしいかおりが充満し、次々に神水をのみかわす、つまり、神の意志と人の意志とが通じあったことを、また、神がその場に臨んだことを、目で見、耳で聞き、鼻でかぎ、口で味わうことによって確認する、いわば、聴覚、視覚、嗅覚、触覚、味覚の、人間の五官の全てが働きかけをうけるような場だったのである。こうした五官への働きかけによって、中世の人々は、まさにそこに神とともにいる、という臨場感に、身のひきしまる思いを覚えたであろう。[31]

と述べている。

このことから、時衆における入門儀礼で行う「金を打つ」という行為は、中世を通じて行われていた儀礼そのものであり、おそらく遊行上人と対面して行われたであろうことが想像でき、あたかも、目の当たりに阿弥陀仏が来臨し、直接、阿弥陀仏と結縁したと認識されるような誓約の場であったのではないだろうか。

また、誓戒を成す際に打つ金の意味に関してこのように理解できるものの、時衆との接点に関してはどうであろうか。

一遍は武家である河野氏の出身であり、また、「一遍聖[32]」と呼称され、空也を思慕するなど、聖との接点は大きいと考えられる。一遍が再出家した後、文永八年（一二七一）以降、遊行を開始する文永十一年（一二七四）までの間、生国伊予において真言霊場で修行し、高野山へ参詣している。遊行の際に配布している賦算札の原型は、高野聖からの影響[33]ではないかとする説もあることから一遍と高野聖との接点がうかがえる。

また、時代的にはさかのぼるが、養和元年（一一八一）東大寺再興勧進が勧進主重源[34]の差配のもとに行われ、全国の勧進は高野聖が行い、大きな原動力となったとされるが、その際、高野聖の勧進スタイル[35]は、胸に鉦鼓を懸けて勧進するといったものであったようであり、高野聖と接点を得たことからこうした金打ちの行儀を取り入れ、踊り念仏の際にも使用したのであろう。

一応、これらのことから、一遍と「金打」との関連性を見出すことができよう。では、実際に金打の儀礼が行われたのはいつ頃からであろうか。

この誓いの金を打つという儀礼は、宗祖一遍在世中にすでに行われていたことが、二祖他阿真教の消息法語を近世に編纂された『他阿上人法語』所収「上人より〳〵道俗に対して示したまふ御詞」に記されている。それによれば、又云。智恵なく一念発心せずしての行体は、何十年を経たりとも、さらに仏道に相応すべからず。そのゆへは生式は故聖のとき東域修行より西国四国までも飢寒ともに凌ぎ来れども、まことの発心いまだなきあいだ、当時は正体もなふしてかねをうち、誓ひをなす言語をだにも前後を失ひたり。過去の修行その功なき謂れもまた顕然なり[36]。

とある。この中で「故聖」とは一遍を指している。一遍在世中に遊行に同行していた生式という尼僧が、発心もしていないまま誓いの金を打ち誓いをなしたことが記されている。これは、他阿真教が一遍在世中にあったことを回想したものであり、ここから、一遍在世中に誓いの金を打つという作法が行われていたことがうかがえる。

また、他阿真教の『他阿上人法語』にも金に関する記述をみることができる。

「弥阿弥陀仏へつかはさる御返事[37]」には、

作阿弥陀仏是へ来るあひだ時衆分になりて、こゝろに身をはからひ、本処を憂かるは、仏に身命を奉るかねをやぶるなり。誓ふ時の詞は人の言ばにあらず。

とあり、また、「小田解阿弥陀仏へつかはさる御返事[38]」には、

万時を他に任すといふは、われ〳〵が迷ひの執心をもちひざるため、または用事をつくさん為に、身命を知識に帰命するかねの時、制戒を破らじこのしたを出じといふ誓ひは、何事をも他に任すべからんには、此かねを

うつべきなり。他にまかするといひて、人のかたらひによりて出もし制戒をもやぶらば、かねは何のためぞや。

とある。さらに「大耳作阿弥陀仏へつかはさる御返事(39)」には、

時衆所望の処へ御房達をつかはすは、ひとつは願主の信心をたすけて往生を遂させんが為、または尼法師身命を知識に譲りて誓ひをなし、かねを打て我心に任せずして業を滅し護念に預りて往生を遂ん為なれば、いづくにても知識の命に随ひてかねの通り破らざれば、決定往生を遂べきゆへに先つかはす。

とあり、時衆に入門する際に知識帰命などの制戒を誓うことが述べられている。

このほかにも『他阿上人法語』には、「古厩僧阿弥陀仏不審申ける条々に付て示し給ふ御返事」「億阿弥陀仏並に令式房への御返事」「人見音阿弥陀仏へつかはさる御返事」「越後国古厩本郷へつかはさる御返事」など(40)数箇所に「かね」に関する記述がなされている。

嘉元四年（一三〇六）頃成立とされる『奉納縁起記』には、「受コ取《リ》発願誓戒之《ノ》詞一《ヲ》然《シテ》打ニ禁戒《ノ》金二《ヲ》(41)」の記述があることから、この嘉元四年にはすでに儀礼として行われており、同時期に成立したとされる『道場誓文』には、臨終後「破《リ》ニ制戒二《ヲ》(42)」が発覚し不往生になった時衆が存在したことが記載されている。

これらのことから、他阿真教の代には、入門儀礼に欠かせない儀礼として「金を打つ」という行儀が存在していたことがうかがえよう。

おわりに

以上、本節において誓戒と制戒・誓文・誓いの金といった点から、時衆教団、特に一遍から他阿託何における時期の入門儀礼について、次のような考察をすることができた。

一、時衆教団における誓戒は仏戒を意味し、おそらくは『梵網経』に説かれた「十重四十八軽戒」であろうこと。さらに制戒は、時衆教団独自の規則では知識帰命がまずあげられ、具体的には「時衆制誡」などが当てはまるであろうこと。

二、入門儀礼に宣誓された誓文の様式は、中世に貴族や武士・庶民に至るまで幅広く行われていた起請文の様式を採用していること。

三、誓いの金を打つといった儀礼に関しても、同時代的関連性を垣間見ることができること。

これらのことにより、時衆教団は同時代の官僧・遁世僧僧団と類似しない入門システムを行っていたことがうかがえ、一遍の代には、すでに誓文や誓いの金などの入門儀礼が行われており、儀礼の様式は他阿真教以後しだいに整備されたものといえよう。

他阿呑海、他阿安国、他阿一鎮に関しては、伝記や法語類といった史料が不足していることもあり、入門儀礼に関して垣間見ることもできないが、他阿真教時と同様に行われていたと推定される。

このことによりしだいに遊行上人に権威づけがなされ、他阿託何の代には、教義的側面が強化されその裏づけを得て善知識の権威が高まり、入門儀礼は重要性が高まったといえよう。

中世には時衆教団とともに念仏聖の集団が存在していたであろうことが推定されているが、同様の念仏聖集団が名を後世に残すことなく消滅、あるいは近世頃まで存続しながらも幕府の統制により他宗派に組み込まれるなど[43]変遷を辿るのに対し時衆教団、具体的には近世に遊行派と称されている集団が優位に存続し得たのは、早期に教義や儀礼を組織的に確立し発展を遂げ得たことがその大きな要因の一つであろう。

そして、時代が近世に至って時衆教団は時宗教団へと移行し、遊行派を中心としながら、幕府の宗教統制下のもと新たな規律を作り上げていったようである。

入門儀礼で用いられた誓文は、元来口伝であったが「伝法次第[44]」などへと発展し、「誓いの金」もそのまま伝宗伝戒の儀礼へ取り込まれていったのであろう。その伝宗伝戒の開筵も、当初は不定期であったものが定期的に開催され、内容が整備されるようになったのは享保年間以降[45]のことであろう。

註

（1）『顕密体制論』黒田俊雄著作集第二巻（法藏館、一九九四年十二月）。その後、この論点において日本中世仏教史には膨大な蓄積がある。管見の範囲で書籍だけをあげておくことにする。佐藤弘夫『日本中世の国家と仏教』（吉川弘文館、一九八七年三月）、『神・仏・王権の中世』（法藏館、一九九八年二月）、佐々木馨『中世国家の宗教構造』（吉川弘文館、一九八八年五月）、平雅行『日本中世の社会と仏教』（塙書房、一九九二年十二月）、末木文美士『日本仏教思想史論考』（大蔵出版、一九九三年四月）、『鎌倉仏教形成論』（一九九八年五月）、松尾剛次『鎌倉新仏教の成立』（吉川弘文館、一九八八年七月、後に『新版鎌倉新仏教の成立』吉川弘文館、一九九八年十月）、『勧進と破戒の中世史』（法藏館、一九九五年八月）、『鎌倉新仏教の誕生』（講談社、一九九五年七月）など。

（2）前掲註（1）松尾著書。これに対して平雅行氏は厳しい書評（『史学雑誌』九九―三、一九九〇年三月）を行っている。特に本節であげた浄土宗二祖聖光の行っていた入門儀礼の典拠となる史料が近世まで下るため、その取り扱いは慎重であるべきだと論じている。

（3）ここで他阿託何までを一区分とする理由は、他阿託何が教学大成者としての評価だけでなく儀礼に関しても大成者であるという評価がなされているからである。他阿託何の業績については、橘俊道氏が第一に宗門の統一団結に力を注いだこと（組織化）、第二に教学の大綱を樹立したこと（教義大成）をあげている（『時宗史論考』法藏館、一九七五年三月）。今井雅晴氏はこれに加え儀礼の整備をあげており、具体的に他阿託何の著作を分類している（『中世社会と時宗の研究』吉川弘文館、一九八五年十月）。

（4）加藤実法『時宗概説』（東方書院、一九三五年一月）、吉川清『時衆阿弥教団の研究』（池田書店、一九五六年五月、後に芸林舎、一九七三年九月再刊）、寺沼琢明『時宗の歴史と教理』（時宗宗学林、一九七一年四月）、大橋俊雄『時宗の成立と展開』（吉川弘文館、一九七三年二月）、橘俊道『時宗史論考』（法藏館、一九七五年三月）などがあげられる。

（5）河野憲善『一遍教学と時衆史の研究』（東洋文化出版、一九八一年九月）、金井清光『一遍と時衆教団』（角川書店、一九七七年八月）、今井雅晴「初期時衆における知識帰命について」（『日本仏教』三七所収、一九七六年一月）、梯實圓「時宗に於ける帰命戒の成立とその意義」（『教学研究所紀要』二所収、浄土真宗教学研究所、一九九三年三月）など。

（6）加藤実法『時宗概説』（東方書院、一九三五年一月）四三頁、吉川清『時衆阿弥教団の研究』（池田書店、一九五六年五月）一六六頁。両者とも、帰命戒を論究するにあたり入門儀礼に関して触れているものの、その根拠を明確に提示していない。

（7）『宗典』下巻、三六八頁上段。

（8）『宗典』下巻、三七一頁上段。

（9）『宗典』上巻、二三七頁下段―二三八頁上段。

（10）『宗典』下巻、四一七頁下段。

（11）『宗典』上巻、二四〇頁下段。

（12）『宗典』上巻、二五〇頁下段―二五一頁上段。

(13)『宗典』上巻、二三八頁上段。
(14)『宗典』上巻、二五一頁上段。
(15)大橋俊雄『時宗の成立と展開』（吉川弘文館、一九七三年二月）一六〇頁。
(16)金井清光『一遍と時衆教団』（角川書店、一九七五年八月）二二九頁。
(17)平田諦善『改訂増補　時宗教学の研究』（山喜房佛書林、一九七七年八月）一三二頁。
(18)高野修「時衆教団にみる制戒について」（『藤沢市文書館紀要』五所収、一九八二年三月）四頁。また「時衆関係制規」として中世から近世にかけての時衆教団に関する制規・掟などを翻刻し所収されている。中世より近世に至る教団の動向を知る手がかりになろう。
(19)橘俊道「誓戒・制戒・破戒」（『時宗教学年報』第一三輯所収、一九八五年二月、後に橘俊道遺稿集『一遍上人の念仏思想と時衆』所収、一九九〇年四月）四〇頁。
(20)『宗典』上巻、二五〇頁下段―二五一頁上段。
(21)『宗典』上巻、一四三頁上段。
(22)『宗典』下巻所収「六時宗誓戒事」「三九破戒回心事」「四三帰命事」など、戒誓戒に関する項目がある。
(23)『宗典』下巻所収「時宗道場誓戒之事」などがある。
(24)千々和到「中世民衆の意識と思想」（『一揆　四、生活・文化・思想』、東京大学出版会、一九八一年八月）一九頁。
(25)黒田日出男『境界の中世　象徴の中世』（東京大学出版会、一九八六年九月）二三三頁。
(26)佐藤弘夫『神・仏・王権の中世』（法藏館、一九九八年二月）三五六頁。
(27)例えば『他阿上人法語』所収「或時時衆他所の道場を退屈し出きたりてこの御したにてたすけられ奉りたきよしまうしければ示して云」（『宗典』上巻、一六五頁上段）。
(28)不往生に関しては、こうした入門儀礼が盛んになるにともない、直接現前に来臨した阿弥陀仏の化身として考えられていた遊行上人には、当然往生の可否を握る与奪の権限も持つと考えられていたのではないだろうか。
(29)起請など誓約に関して参考にした先行研究は、藤田徳太郎「『金を打つ』と『金打』」（『国語解釈』一九三六年四月号所収）、斉木一馬「起請破りと起請返し」（『日本仏教史学』第一一号所収、一九七六年十二月）、前掲註(24)千々和到「中世民衆の意識と思想」、および「「誓約の場」の再発見」（『日本歴史』第四二二号所収、一九八三年七月）、荻野三七彦「落書起請に関する一揆証文への理解」（『日本古文書論集』一〇所収、吉川弘文館、一九八七年十月）、笹本正治『中世の音・近世の音』（名著出版、一九九〇年十一月）などである。

(30) 藤田徳太郎「『金を打つ』と『金打』」（『国語解釈』一九三六年四月号所収）五五頁下。

(31) 千々和到「「誓約の場」の再発見」（『日本歴史』第四二二号所収、一九八三年七月）九頁上。

(32) 『宗典』下巻、三六五頁など。

(33) 金井清光『一遍と時衆教団』（角川書店、一九七七年八月）四六頁。

(34) 五来重『増補高野聖』（角川選書七九、角川書店、一九七五年六月）一七九頁。

(35) 同前書、一八六頁。『融通念仏縁起』（『日本の美術』第三〇二号、至文堂、一九九一年七月）第一二図など参照。

(36) 『宗典』上巻、一四七頁下段。

(37) 『宗典』上巻、一三四頁上段。

(38) 『宗典』上巻、一四二頁下段。

(39) 『宗典』上巻、一四五頁上段。

(40) 『宗典』上巻「古厩僧阿弥陀仏不審申ける条々に付て示し給ふ御返事」一三九頁上段―下段、「億阿弥陀仏並に令弌房への御返事」一四四頁下段―一四五頁上段、「人見音阿弥陀仏へつかはさる御返事」一五八頁下段、「越後国古厩本郷へつかはさる御返事」一九四頁上段。

(41) 『宗典』上巻、一三八頁上段。

(42) 『宗典』上巻、二四〇頁上段。「道場誓文」であるがすでに橘俊道氏が「誓戒・制戒・破戒」（『時宗教学年報』第一三輯所収、一九八五年二月、後に橘俊道先生遺稿集刊行会編『一遍上人の念仏思想と時衆』一九九〇年四月所収）で「道場誓文」は「道場制文」とするのが正確であると指摘されているが、『他阿上人法語』の中で「尼崎時阿弥陀仏まうすむねありければ書てしめし給ふ御教誡」には「しかあれば道場制文を書て面々処々の者にあたへしむるは唯この一事なり」（『宗典』上巻、一三七頁下段）、あるいは「梅田の師阿弥陀仏へつかはさる御返事」には「兼日道場制文を書あたふるは、併大慈大悲の哀憐をたれて、もはら愛執の煩悩をさらしめん為なり」（『宗典』上巻、一四三頁上段）とあることからも、「道場制文」とするのが正しいのではないだろうか（波線は筆者による）。

（43）例えば「時宗十二派」呼称の初見は、浅草日輪寺住其阿呑了（後、遊行四十八代他阿賦国）による『時宗要略譜』である。このうち、一向俊聖を派祖とする一向派・天童派は明らかに一遍とは法脈を異にしており、国阿随心を派祖とする霊山派・国阿派、解意阿を派祖とする解意派など中世の遊行上人あるいは遊行派との接点に関して、疑問が残る。ともかく時衆教団同様にある程度の教義や儀礼を有する集団はほかにも存在していたことは推測でき、それらの集団が吸収合併しながら、しだいに現行の時宗教団を形成していったといえよう。

（44）「興長寺資料二伝法次第」（『時衆研究』第九号所収、私家版、一九六四年十二月）。

（45）『藤沢山日鑑』『遊行・在京日鑑』などから、その変遷がよく理解できる。さらに、享保年間に伝宗伝戒の整備が行われるが、戒脈に関しては、『一遍上人語録』を改版した西山派学僧俊鳳妙瑞が円頓戒相承を開莚したことが影響していると推察する。

第三節　時衆教団と密教修法

はじめに

黒田俊雄氏は、昭和五十年（一九七五）に提唱した「顕密体制論」で取り上げている問題点の中で、いっさいの宗教が密教を基調に統合しているとし、その統合の中に浄土教と密教の結びつきをあげている。まず黒田氏は、九・一〇世紀における諸々の宗教・宗派の交渉ないし習合の基本的性格を、密教を究極の原理として全宗教の包摂あるいは統合と把握することができるとおもう。すなわち、仏教各派の教学の兼修さらには会通が説かれるについては、つねに密教の絶対的優位をその前提として推しすすめられていた。(1)

と密教がいっさいの宗教を包摂していることを論じ、密教と浄土教の結びつきについて触れた上で、結論としては、浄土教がはじめから反密教的なものとして成立したのではなく、反対に密教による統合過程のなかでの天台的な達成であったことは、重ねて強調したい。(2)

と述べ、浄土教の発展は密教と相反するものではなく、連動して発展していることを論じている。この密教と浄土教との結びつきについては、速水侑氏らに代表される先行研究がある。それによると、密教修法が貴族社会を中心に浸透していくことになるのは九世紀末から一〇世紀にかけてであり、これは貴族社会に浄土教が発生した時期と一致するとされている。それは、末法思想を背景に、社会変動からもたらされる不安や緊張が高まり、国家的信仰から個人的信仰へと発展したと考えられ、その結果、共通基盤の上に立つ以上、浄土教と密教修法とは互いに否定し合うものではなく、その接点が見出せると考察されている。(3)

つまり、法然による専修念仏が確立される以前の念仏観は、阿弥陀仏の本願を信じて極楽世界に往生しようと願う絶対他力ではなく、念仏は呪術的色彩を強く有すると考えられ、光明真言を中心とした真言陀羅尼などによる浄土往生思想と同様のものと認識されていたと考えられていたようである。

では、この法然による専修念仏確立以後浄土教、特に称名念仏と密教修法との関連は、どのように展開していったのであろうか。この問題点について、法然の門下門流に連なる時衆教団に着目したい。

時衆教団は、法然の門下である證空の孫弟子である一遍を宗祖としている。この一遍は、市中において念仏を流布させ、当時、僧侶（官僧）が積極的に関わらなかった葬送の儀礼に関わっていった空也（九〇三―九七二）を『一遍聖絵』第七において「空也上人は我（が）先達なり(4)」と追慕しつつ自らも実践し、一所不住の遊行を行い全国に賦算と踊り念仏を用いて念仏を流布させている。つまり、この時衆教団は、空也に代表される念仏聖の系譜に連なることになろう。

さらに、教団存続の意志が希薄であった一遍の入滅後、この時衆教団は二祖と称されている他阿真教によって再興されている。さらに、遊行七代他阿託何により教学・教団・儀礼などの面が整備され現在まで存続している。(5)

そこで、本節では、時衆教団の展開のうち、南北朝期に照射し、時衆教団と密教修法、とくに葬送の儀礼との関連について考察を試みるものである。

一　一遍と密教との関連

文永八年（一二七一）の春に、一遍は信州善光寺に参詣している。このときの様子は、『一遍聖絵』第一には、この参詣で「この時己証の法門を顕（は）し　二河の本尊を図したまへりき」(6)とある。一遍は、唐代に活躍した善導（六一三―六八一）の主著『観経疏』散善義に記された「二河白道」の譬喩を図として描き、秋には、予州窪寺という所で念仏三昧に励んでいた。その後、修行の場を窪寺から菅生岩屋寺に移動している。

さて、一遍と密教との関連の要因は、一遍が誕生し、出家あるいは再出家後は修行に励んでいた四国という風土ではなかろうか、と想起する。

一遍が活躍していた鎌倉時代において、四国という地には、すでに空海によって開かれた霊場があり、それらの霊場は修行の場として存在していた。また、一遍の生家である河野家には、天台浄土教と早い段階で結縁されていた痕跡もうかがえる。(7)一遍が修行した菅生岩屋寺も空海によって開かれた霊場の一つであった。

その菅生岩屋寺について『一遍聖絵』第二には、

> 文永十年癸酉七月に予州浮穴郡に菅生の岩屋というところに参籠し給（ふ）　このところは観音影現の霊地　仙人練行の古跡なり(8)

とあり、この地において念仏三昧の修行をすることを一遍が決意するのであるが、決意する一因として、この地が

空海と縁のある故地であることがあげられている。そのことについては、

一宇の精舎をたてゝ万人の良縁をむすばしむ　其（の）所に又一の堂舎あり　高野大師御作の不動尊を安置したてまつる　すなはち大師練行の古跡　瑜伽薫修の爐壇ならびに御作の影像すがたをかへずして　此（の）地になをのこれり[9]

とある。このことからも、一遍は、空海を意識した上で修行の場をこの菅生岩屋寺に求めたのではないだろうか。

その後、一遍は、わずかな同行と共に遊行の旅に出るのである。一遍は、四国を出てまず、聖徳太子ゆかりの四天王寺に参籠している。この四天王寺の西門は、極楽の東門と称され、信仰を集めていた。そして、一遍は、「十重の制文をおさめて　如来の禁戒をうけ[10]」と自誓受戒を行い、初めてお札配り「賦算」を開始したとされている。この念仏札には、いかなる文字が記されていたのであろうか。現在の念仏札には、「南無阿弥陀仏」の六字名号の下に「決定往生　六十万人」と二行に割書されているが、当初からそうであっただろうか。おそらく、一遍の念仏札には、「南無阿弥陀仏」だけであり、それも空海の影響を受けてのことであると推定される。それは、『一遍聖絵』第二に、次のように記されていることからである。

かるがゆへに弘法大師帰朝ののち　猟者のをしへによりて三鈷の霊瑞を翠松の梢にたづね　五輪の即体を緑苔の洞にとゞめ給へり　凡（そ）願力によりて依身をとゞむること　天竺には迦葉尊者　はるかに鶏足附受の暁を期し　日域には弘法大師まさに龍華下生の春をまち給ふ　又六字名号の印板をとゞめて五濁常没の本尊とし

給へり[11]

この内容により、空海の影響がうかがえるのである。

さて、一遍は、遊行回国を続けるなか、聖徳太子廟にも参籠している。

『一遍聖絵』第八によれば、

さて太子御墓に参（り）て三日参籠し給ふ　第三日日中の後御廟を拝し給（ふ）時奇瑞ありければ　他阿弥陀仏一人にしめしてかさねて日中の礼讃を勤行し給（ふ）（中略）高野大師の御記（に）云（く）西土之三尊　垂権跡於馬台　東家之四輩　成菩提於安楽と侍る事おもひあはせられ侍りけり聖一面の鏡をたてまつり給ふ　いまに太子の御帳のうしろにかけられたり[12]

とあり、参籠三日目にして奇瑞があり、ここで日中礼讃偈を厳修している。

では、何故、一遍は聖徳太子廟に参籠したのであろうか。『聖徳太子伝私記』などの伝記類によると、平安・鎌倉時代、聖徳太子の御廟の中には自由に出入りができたらしく、空海や東大寺大勧進であった俊乗房重源らの高僧たちがこの御廟の中に籠り「体内くぐり」の修行を行っていたという伝承がある。おそらく、一遍が「戒壇廻り」「体内くぐり」がすでにあったと推定される信州善光寺と、修行の場としての聖徳太子廟へ参籠しているのは、偶然ではなく、四国において勧進聖や高野聖らと何らかの接点があり、そのような修行方法を見出したからに違いなかろう。[13]

『一遍上人語録』五には、密教との接点を記している。

故に名号を「不可思議功徳」ともとき、又は「真実」とも説（く）なり。理趣経の首題を大楽大日金剛阿閦不空宝生真実弥陀三摩耶不空成就経といふ。本より真実といふは弥陀の名なり。されば至誠心を真実心といふは、他力の真実に帰する心なり。[14]

この法語で一遍は、『無量寿経』で南無阿弥陀仏の六字名号を真実と説いているが、空海の『理趣経開題』においても真実に阿弥陀仏をあてている。だから、至誠心を真実心というのは、ただ阿弥陀仏が他力本願を成就された六字名号のことだとしている。この法語から、一遍の思想のなかに密教との融合がうかがえるのである。

このように、断片的ながらも伝記や法語などから一遍と密教との関連を指摘でき、その一遍の思想背景には、空海の影響が色濃く残る四国という地域性がうかがえる。

二　南北朝期における時衆教団の動向

他阿託何は、暦応元年（一三三八）に越前往生院（現、福井県坂井市丸岡町　時宗称念寺）[15]において遊行世代を相続している。何故、七条道場金光寺四世であった他阿託何は、在京のはずなのに、わざわざ越前の地まで移動して相続したのであろうか。その要因として南北朝期の動乱をあげ、一時的に京都から避難したのではないだろうかという推定もされているのだが、はたしてそうであろうか。[16]

たしかに、軍記物語『太平記』などを紐解くと南朝北朝の動乱期であり、他阿託何が遊行相続をした往生院は、数カ月後に、越前藤島の合戦で斯波高経らと戦い戦死した南朝方の新田義貞の遺体が、時衆によって担ぎ込まれ埋葬供養されている。これは、他阿託何と新田義貞との間に何らかの関係があったのであろうか[17]。

ちなみに、他阿託何代の『時衆過去帳』には、北朝方で足利家の執事をしていた高師直、高師泰の戒名も記されている。また、時宗教団の『過去帳』には、『時衆過去帳』(遊行上人所持)と『藤沢山過去帳』(藤沢上人所持)があるが、双方に後筆で新田義貞の戒名が記されている[18]。ここには、南北朝の両方の武士を供養する怨親平等思想の一面を垣間見ることができる。

また、他阿託何が越前において遊行相続をしている頃の京都の様子がうかがえるものとして、南北朝期の重要な史料であり、時衆研究史料としても注目されてきた中原師守の日記『師守記』がある。南北朝期の社会情勢や京都市中の動向などが詳細に記されているため、時衆研究に限らず、この『師守記』を史料として引用している先行研究も少なくない[19]。

この『師守記』には、暦応二年(一三三九)から応安七年(一三七四)までの記述がある。大外記中原師守を輩出した中原家とは、代々公家の外記職を世襲する家柄であり、中原師守も、兄中原師茂と同様に朝廷の文書や儀式関係を少外記として取り扱っていた人物である。そのため『師守記』は、南北両朝の交渉の状況や当時の京都市中の年中行事などが詳しく記されている。さらに、中原家の葬送の様子やさまざまな忌日などの仏事に関する記述が比較的詳細に記されており、しかも時衆教団との日常的接触に関する記事が豊富に見られるのである。

さて、『師守記』では、中原家と時衆教団との関連記事について、時宗教団の主流を成していく遊行派の拠点である七条道場金光寺との関連についての記述は見出せない。しかし、中原師守の兄であり「家君」と呼称していた中原師茂と六条道場歓喜光寺や、中原師守自身と四条道場金蓮寺は、それぞれが師檀関係にあったと推定されており、中原師守の祖父母の代から樋口大宮道場（長福寺）[20]や四条坊門油小路道場（式阿〈弥〉道場西興寺）などとの関係があったと推定される記述が随所に見られる。

それでは、『師守記』からうかがえる、南北朝期において時衆教団が行っていた葬送の儀礼とはいかなる法要であっただろうか。このことについては、『師守記』から中原家の仏事に関して時衆教団との接触について記述されている箇所をいくつかあげておきたい。

イ　暦応二年（一三三九）八月十四日条

十四日、庚子、天晴、今日文殿庭中延引、可為明日之由被仰了、今日予時也、家君御物詣、頭殿・予・外史等御共、先六角堂、次浄阿弥陀仏御聴聞也[21]、

ロ　暦応三年（一三四〇）三月八日条

八日、辛酉、天晴、酉剋許夕立、雷鳴甚、今日有御物詣如例、有御同車、頭殿・予・外史等、其次六条塔頭御覧也、有其興者也、阿闍梨房・覚照房・善覚房参会[22]、

ハ　暦応四年（一三四一）二月十八日条

丙申、天陰、今暁寅剋以後雨降、今日終日降、今日御参詣六角堂、有御同車、国士、外史等、

今日浄阿弥陀仏弟子妙一房来、予方来、進時可□[23]

ニ　康永元年（一三四二）七月二十一日条

廿一日、庚寅、天晴、今朝経御房参入、今日覚妙聖霊遠忌也、如形僧前断被遣持蔵堂了、経仏房・智仏房等自十八日別時[24]、

ホ　康永三年（一三四四）四月五日条

今朝油小路尼衆参入、御布施人別一連[25]、

ヘ　康永四年（一三四五）二月十二日条

今日初七日也、大倉令・予不及参御墓、是御前御方為御哀□〔日〕可被憚之由、陰陽師申之故也、（中略）説法以後、籠僧[26]二人、（此外弟子一人、適来間被同道、）已上三人也、又阿闍梨房・教道房・菊若丸・青侍左衛門［　　］〔太郎カ〕入道善覚・新左衛門尉国兼・和泉掾国尚幷六条［　　］（成一房・経仏房）等、被参霊山、籠僧以下帰宅、後有□□〔風爐〕儀、於御墓所作梵網経十重・宝篋印陀羅尼・光明真言・阿弥陀経・錫杖幷念仏等也[27]、

ト　康永四年二月二十五日条

今日四条聞一参入、被差時了、今夜被修二十五三昧[28]、

チ　康永四年二月二十六日条

廿六日、辛巳、天晴、三七日也、早旦家君（令着黒染狩衣、持花田檜扇、）□〔給〕、□□□□〔有御同車〕籠僧二人（空一房・了心房・）幷予（着黒染狩衣、持花田檜扇、）・少外記師

躬（直垂）等、令参御墳墓給、菊若・黒法師・青侍善覚・国兼・国尚等同参之、歩行、又〔此〕外成一房・経仏房（六条尼衆）并妙一房・慈仏房・為阿弥陀仏（四条尼衆）等内〻参入御墓、有所作、僧衆宝篋印陀羅尼・光明真言・尼衆阿弥陀経・念仏等也、面〻帰宅、家君・予脱黒染狩衣、着白直垂、対面僧衆、[29]

リ

康永四年三月三日条

今夜二〔三〕十五味被修之、[30]

ヌ

康永四年三月四日条

四日、戊子、天晴、四七日也、早旦予（着黒染狩衣）同車□□記師躬・籠僧二人（空一房・丁□房）等、参御墓、家君（師茂）依物忌不参給也、

「文殿庭中有□、大□卿着座、但沙汰無之歟」

参会人菊若丸・青侍善覚・国兼・国継・国尚等也、又時衆二人（成一房・経仏房）同参之、於御墓所作、宝篋印陀羅尼・光明真言・阿弥陀経・念仏等有之、其後帰宅、予脱黒染狩衣、着白直垂、[31]

ル

康永四年四月五日条

癸〔己〕未、天霽、祖母聖霊遠忌也、三条坊門尼衆五人参入、布施人別百文、六条経仏房・浄一房自元参入、人別百文、先人御時如此之間、今度又同前、[32]

ヲ　貞和三年（一三四七）五月六日条
六日、戊申、
天陰、辰剋已後雨降、今暁寅剋地震、
今日先考（師右）月忌也、供霊供如毎月、妙一房来予方、有一時、唱光明真言、祈彼菩提者也、
今日経仏房不被参入、下向南都云々、自余尼衆参入、
今日無御参霊山、[33]

ワ　貞治三年（一三六四）六月二日条
今夕下一房・南一房・菩一房参入大方、明日観心聖霊（助教母儀）遠忌之間、為被修別時也、[34]

イの史料に記されている「家君」は、著者である中原師守の兄中原師茂を指しており、「予」は、中原師守本人を指している。「次浄阿弥陀仏御聴聞也」にある「浄阿弥陀仏」は、四条道場金蓮寺住職の浄阿弥陀仏（歴代浄阿を世襲）を指していることからも、中原家と四条道場との関係をうかがわせる。ロの史料には、「其次六条塔頭御覧也」とあり、この「六条塔頭」とは、六条道場歓喜光寺塔頭を指していると考えられる。ホの史料では、「油小路尼衆参入」とあるが、これを林譲氏は、『師守記』の他の記述や他の史料から、三条坊門油小路道場西興寺（式阿弥道場）であると推定している。[35]

ハの史料には、「今日浄阿弥陀仏弟子妙一房来、予方来、進時可」とあり、中原師守のもとへ四条道場浄阿弥陀仏の弟子妙一房が来ている。また、ヲの史料には、「今日先考月忌也、供霊供如毎月、妙一房来予方」とあり、「先

考月忌」とは、中原師守の父大外記中原師右（法名顕恵）を指している。史料ヲは、貞和三年（一三四七）五月六日条であり、中原師右は、さかのぼること康永四年（一三四五）二月六日に死去している。

ちなみに、『師守記』には、康永四年の記述が二月六日まで欠けており、同七日も前半が汚損されているため、中原師右の葬送の様子を知ることができないが、それ以降の仏事については比較的詳細に記されている。

ニの史料以降、中原師守の父中原師右やその妻顕心尼、祖父母の仏事の記述がある。その中に、墓参の際に訪れている地に霊山があげられている。

中原家の墳墓が造営されていた葬地の霊山は、おそらく、現在の京都市東山区清閑寺霊山町付近の地域を指していると推定される。この霊山地域一体は、西方を望む地とされ、古くから京都周辺で鳥辺野や蓮台野とともに埋葬地として知られている地域であり、古くから葬送に関わる三昧聖が居住していたようである。

この霊山地域や鳥辺野といった地域には、京都市中に存在していた四条道場金蓮寺や六条道場歓喜光寺などの時衆寺院が末寺を構え、葬送の儀礼に携わっていたと推定できる。また、林譲氏は、霊山地域には六条道場末寺の霊山道場行福寺、鳥辺山には四条道場金蓮寺の末寺宝福寺（南無地蔵）が存在し、葬送の儀礼に関与していた[36]、とされる。そのほか、この霊山には、南北朝期以降、天台宗系寺院であった霊山正法寺や真葛が原双林寺を中心に、国阿随心を祖とする時宗霊山派・国阿派が形成されていく。

また、中原家の仏事には、六条道場歓喜光寺の尼衆である成一房・経仏房や四条道場金蓮寺の尼衆である妙一房（浄阿弥陀仏の弟子）が中原師右や中原師守と共に墓参し、その追善供養の法要を厳修していた。

ここで注目すべきことは、中原家の墓前回向に用いられた法要内容である。仏事の前日、逮夜法要として「今夜二十五三昧被修之」が修せられていたことである。さらに、墓前回向の際には、「宝篋印陀羅尼・光明真言・阿弥陀経・念仏等有之」などの内容が見られることである。なぜならば、四条道場金蓮寺や六条道場歓喜光寺の尼衆が法要において『阿弥陀経』や称名念仏を修するということはごく自然な流れであると考えられるのだが、『宝篋印陀羅尼』『光明真言』といった密教経典などを使用しているからである。

つまり、この記述には、法然による専修念仏確立以後の浄土教と密教修法との接点が見出せるのではないだろうか。

三　他阿託何と密教修法

すでに四条道場金蓮寺や六条道場歓喜光寺の尼衆が中原家の墓前回向において「宝篋印陀羅尼・光明真言」を使用していることが指摘できた。時衆教団において、教義内容に密教修法の影響がさらに色濃く見られるようになるのは、他阿託何の代になってからであろう(37)。

ここでは、念仏結社の系譜に繋がる時衆教団と、光明真言などの密教修法との関連について、他阿託何の著作を通じて考察したい。

まず、はじめに浄土教と光明真言との関係であるが、日本において光明真言が読誦されるようになるのは最澄・空海の頃とされるが、史料上の確証がなく、貞観三年（八六一）の行教にはじまるものであろうと考えられている。この光明真言は、良源（九一二―九八五）没後の諸条の中にその記述があり、しだいに天台教団内へと浸透していったようである(38)。

さらに、光明真言が葬送に関連していっそう流布した要因には、源信（九四二―一〇一七）や慶滋保胤などによって結成された念仏結社二十五三昧会の存在があげられよう。寛和二年（九八六）に慶滋保胤が起草し、さらに永延二年（九八八）に源信が改定した『横川首楞厳院二十五三昧起請』（十二箇条）には、

一、可下以二光明真言一加上持土砂一。置中亡者骸上事。右念仏之後。以二別道師一。令レ著二礼盤一。発二五大願一。然後以二
光明真言可レ加二持土砂一。[39]

と記されている。二十五三昧会による葬送の儀礼には、この光明真言を修し土砂加持を行っていたのであろう。また、『宝篋印陀羅尼』や『尊勝陀羅尼経』などの信仰も、この光明真言と同様に浄土教と密接に結びついて展開していったようである。[40]

では、この光明真言と浄土教との関連であるが、法然の専修念仏確立以後、どのように展開したのであろうか。この点について速水侑氏は、無住（一二二六—一三一二）『沙石集』を引用した上で「真言陀羅尼と念仏は、決して同一ではないし、厭離穢土の浄土教と、即身成仏の密教とは、本質的に異なるものである」とし、無住が述べている称名念仏に対して光明真言などが亡者追善・死者鎮送における優越性・易行性を強調している点において、その時代の実態をよく伝えているのではないかと述べている。[41]

つまり、称名念仏の確立により、極楽往生のためには念仏が重視されていながらも、死者埋葬や亡者追善、死者鎮送といった点においては、光明真言などの真言陀羅尼が重要視されていたのであろう。そして、この流れは、その後も時衆教団において連綿と継承されていったのではないだろうか。

このことから、『師守記』に見られるように、亡者月忌供養などにともなう墓前における追善の場面で時衆教団の尼衆が浄土経典や念仏以外に「宝篋印陀羅尼・光明真言」を用いることは、あながち不自然なことではないといえよう。また、この密教修法との接点について、他阿託何の主著である『器朴論』「第十二念仏多福門」には、注目すべき記述がある。それには、

光明真言尊勝陀羅尼経。随求陀羅尼経等。或加‐持《シ》土沙《ヲ》㆒或書‐写《シテ》支提《ヲ》㆒置《カンニ》㆓之《ヲ》墳墓《ニ》㆒。皆出㆓地獄《ヲ》㆒忽《ニ》生《セント》㆓極楽《ニ》㆒。(42)

と述べられており、埋葬の地と光明真言などの関連をうかがうことのできるものの、続けて、

説相大底相‐似宝篋印陀羅尼経《ニ》㆒。凡為㆑経《ト》而説㆓亡者《ノ》得脱《ヲ》㆒。莫《シ》㆑不《ルコト》㆑謂《ハ》㆑生《ト》㆓極楽《ニ》㆒。其故《ハ》是諸《ノ》真言陀羅尼等。皆此弥陀《ノ》大悲心呪也。名号体内《ノ》功徳《ナルカ》故《ニ》悉生㆓極楽《ニ》㆒。然《レハ》者任㆓仏《ノ》本意《ニ》㆒唱‐書《セハ》六字《ノ》名号《ヲ》㆒者。亡魂《ノ》得脱最《モ》可㆑為㆓捷経《ト》㆒。但不㆑説㆘為㆓追福㆒而《モ》念仏㆖者。本願《ノ》名号《ハ》一生即脱《ノ》頓教《ナルカ》故《ニ》。無㆑論㆓冥土《ノ》益《ヲ》㆒不《レハ》㆓本意《ニ》㆒也。(43)

と記されている。ここに記された「光明真言尊勝陀羅尼経。随求陀羅尼経等」の内容が、おおよそ『宝篋印陀羅尼経』に相似しているとし、いずれの経典も極楽往生を説くが、その理由として諸々の真言陀羅尼などは、みな弥陀大悲呪であるからだとしている。それは、名号体内の功徳であるから、ことごとく極楽に往生するのである。しかし、追福のために念仏を説かないのは、本願の名号が即脱の頓教であるからであり、冥土の益を論じないのは本意でないからとしている。このことから、他阿託何は、さまざまな真言陀羅尼によって亡者の追善供養にあてることを認めつつも、それらのすべては弥陀の名号体内の功徳であるからだと説いていることから、あくまでも六字名号の絶対性を強調しているのである。

おわりに

日本において浄土教が発展する過程で、念仏と密教とは相反するものではなく、同一基盤のもとに結びつき発展

していたと考えられている。しかし、法然による専修念仏確立以後における称名念仏と密教修法との関連については、称名念仏の確立により自己の極楽往生のための念仏が重視されていた。中世時衆教団、特に京都における道場での鎮魂呪術による死者埋葬・亡者追善・死者鎮送といった点では、光明真言を始めとする真言陀羅尼などが重要視されていたのではないか、という結論に至ったのである。

つまり、『師守記』に見る、四条道場や六条道場の尼衆が中原家の墓前で行う法要には、念仏以外に「光明真言」などの密教修法が行われていたのも自然な流れであろう。おそらく、中世社会、とくに南北朝期において時衆教団が果たしていた役割は、往生行としての称名念仏を勧めるとともに、死者の追善のために密教修法をも施すという浄密双修であった。

このような状況下にあって他阿託何は、時衆教団において亡者月忌供養などに行われている密教修法を容認しつつも、それらはすべて南無阿弥陀仏の六字名号の体内の功徳によって摂取されるものであると、その六字名号の絶対性を強調しているのである。

註

（1）『顕密体制論』黒田俊雄著作集第二巻（法藏館、一九九四年十二月）六四頁。
（2）同前書、七三頁。
（3）速水侑『平安貴族社会と仏教』（吉川弘文館、一九七五年十二月）参照。
（4）『宗典』下巻、三七九頁上段―下段。
（5）拙稿「遊行七代他阿託何の伝歴と業績」（『時宗教学年報』第三二輯所収、二〇〇四年三月）を参照されたい。
（6）『宗典』下巻、三六六頁下段。

（7）菊地勇次郎「智真と西山義」（日本仏教宗史論集第一〇巻、橘俊道・今井雅晴編『一遍上人と時宗』所収、吉川弘文館、一九八四年十二月）

（8）『宗典』下巻、三六六頁下段。

（9）『宗典』下巻、三六七頁下段。

（10）『宗典』下巻、三六八頁上段。

（11）『宗典』下巻、三六八頁上段―下段。

（12）『宗典』下巻、三八二頁上段。

（13）この点に関しては、本書第三章第一節を参照されたい。

（14）『宗典』上巻、二六頁下段。

（15）越前往生院は、現在の長崎称念寺の前身とされている。ただ、推測の域を脱し得ないが往生院自体はそもそも新田義貞の遺骸を埋葬供養するための施設であったのではないだろうか。源信『二十五三昧起請』には臨終を待つ人を収容するための施設として往生院を造営しているが、この結社組織の要素を過分に吸収した時衆教団としてはあり得ることではなかろうか。また、長崎称念寺に関連する論考としては、橘俊道「長崎称念寺「光明院の蔵」について」（橘俊道先生遺稿集刊行会編『一遍上人の念仏思想と時衆』所収、一九九〇年四月）がある。

（16）平田諦善『改訂増補　時衆教学の研究』（山喜房佛書林、一九七七年八月）一六九頁。

（17）他阿託何が新田義貞の陣僧として請われ、越前の地まで行ったのではないだろうか。

（18）橘俊道「託何上人の長野御書をめぐって」（橘俊道先生遺稿集刊行会編『一遍上人の念仏思想と時衆』所収、一九九〇年四月）一五六頁。

（19）伊藤唯真「『師守記』にみる中世葬祭仏教――墓・寺・僧の相互関係を中心として――」（『鷹陵史学』三・四所収、一九七七年七月）、西口順子「女性と亡者忌日供養」（西口順子編『仏と女　中世を考える』所収、吉川弘文館、一九九七年十一月）、「「尼」と「家」」（『日本史の中の女性と仏教』所収、法藏館、一九九九年十一月）、同『中世の女性と仏教』（法藏館、二〇〇六年三月）、水藤真『中世の葬送・墓制』（中世史研究選書、吉川弘文館、一九九一年十月）、林譲「南北朝期における京都の時衆の一動向――霊山聖・連阿弥陀仏をめぐって――」（『日本歴史』四〇三、一九八一年十二月）、「三条坊門油小路道場西興寺をめぐって――時衆のいくつかの異流について――」（『仏教史学研究』三一―二、一九八八年十一月）、八田洋子「尼崎・如来院の笠塔婆と『師守記』――西大寺律宗と時宗の関係――（上）」（『史迹と美術』七六―一、二〇〇六年一月）、「尼崎・如来院の笠塔婆と『師守記』――西大寺律宗と時宗の関係――（中）」（『史迹と美術』七六―二、二〇〇六年二月）、「尼崎・如来院の笠塔婆と『師守記』――西大寺律宗と時宗の関係――（下）」（『史迹と美術』七六―三、二〇〇六年三月）など。

(20) 小野澤眞「『西大寺末寺帳』寺院推定試論」（『寺社と民衆』第七輯所収、二〇一一年三月、五三頁）によれば、「三条　長福寺」がある。寺院名の類似は多々あるが、時衆と律衆との活動内容の近似から混同され、あるいは、時衆から律衆へと移行した可能性も推定される。この接点についての研究も、今後の中世仏教史を研究する上で重要になってくるであろう。

(21) 『師守記』第三（史料纂集、続群書類従完成会、一九六九年十二月）一六頁。

(22) 同前書一〇三頁。

(23) 同前書二五六―二五七頁。

(24) 『師守記』第二、七九頁。この条に登場する六条尼衆経仏房は、他の記載から中原師右の妹である。

(25) 『師守記』第二、一一一頁。

(26) 井原今朝男『史実　中世仏教』第二巻（興山舎、二〇一三年六月）。

(27) 『師守記』第二、二七三頁。

(28) 『師守記』第二、二八九―二九二頁。

(29) 『師守記』第二、二九二頁。

(30) 『師守記』第三、二頁。

(31) 『師守記』第三、二頁。

(32) 『師守記』第三、六三頁。

(33)『師守記』第四、一〇二頁。
(34)『師守記』第七、二〇三頁。
(35)林譲「三条坊門油小路道場西興寺をめぐって――時衆のいくつかの異流について――」(『仏教史学研究』三一―二、一九八八年十一月)。
(36)林譲「南北朝期における京都の時衆の一動向――霊山聖・連阿弥陀仏をめぐって――」(『日本歴史』四〇三、一九八一年十二月)。
(37)本書第一章第七節を参照されたい。
(38)前掲註(3)一六九―一七〇頁。
(39)『恵心僧都全集』(叡山学院編、一九二七年七月)第一巻、三四一頁―三四二頁。
(40)前掲註(3)。また、念仏宗の人三論宗永観(一〇三三―一一一一)は、名号に絶対的な価値を置き称名念仏の発展に寄与した人物であるが、その根底には密教思想の影響が存在していることが指摘されている。
(41)前掲註(3)一九四―一九五頁。
(42)『宗典』上巻、二九八頁。
(43)同前。

第四節　近世時宗教団における伝法成立

はじめに

時宗教団において戒脈を含めた伝法は、いつ、どのようにして成立し制度化されたのであろうか。筆者は、近年、時宗教団で盛んになりつつある授戒会や僧侶のための伝宗伝戒加行などに関わる機会が増えたことから、時宗教団における伝法の歴史を探究することが急務となってきた。

現在では、伝宗伝戒加行と称し、隔年、総本山清浄光寺（神奈川県藤沢市）で伝法が行われる。そもそも伝宗伝戒加行とは、宗義を幾代にも伝え、守るべき戒律を授けることである。また、加行とは、灌頂、伝法に際し、その事前準備に行う行を指している。もちろん、宗祖一遍以来綿々と今日まで相承されてきた伝法を授けられるのが伝宗伝戒加行である。伝法の内容は、代々口伝であり、みだりに他言するものではない。そのため、時宗教団の伝法に関わる先行研究は、管見の限り金井清光氏(1)よる史料翻刻を見るのみである。

そのため、本節では、『藤沢山日鑑』『遊行・在京日鑑』などの近世史料をもとに、現在、時宗教団において行われている伝法が、いつどのように成立し制度化したのかについて、考察を試みるものである。

一　近世以前の伝法

中世時衆教団における伝法が、どのような形式で行われていたのか定かではないが、教団に入門する際の儀礼は次のようである。

時宗教団に入門する際には、誓戒として仏戒を授かる。おそらく『梵網経』に説かれた十重四十八軽戒であろう。さらに制戒として教団独自の規則で知識帰命や「時衆制誡」を誓っていたようである。この入門儀礼で宣誓される様式は、現世と来世にわたるものであり、中世に貴族や武士庶民に至るまで幅広く行われていた起請文の様式を採用している。そして、誓いの金を打つといった儀礼が行われていた。この誓いの金を打つという儀礼は、宗祖一遍在世中に行われていたことが、『他阿上人法語』所収「上人より〳〵道俗に対して示したまふ御詞」に記されている。それによれば、

又云。智慧なく一念発心せずしての行体は、何十年を経たりとも、さらに仏道に相応すべからず。そのゆへは生式は故聖のとき東域修行より西国四国までも飢寒ともに凌ぎ来れども、まことの発心いまだなきあいだ、当時は正体もなふしてかねをうち、誓ひをなす言語をだにも前後を失ひたり。過去の修行その功なき謂れもまた顕然なり。[2]

とある。このなかで「故聖」とは一遍のことである。一遍在世中に遊行に同行していた生式という尼僧が、発心もしていないまま誓いの金を打ち誓いをなしたことが記されている。これは、他阿真教が一遍在世中のことを回想している内容であろう。このことから一遍在世中には、誓いの金を打つという作法が行われていたことがうかがえる。

この入門儀礼は、二祖他阿真教以後その重要性が高まり、さらに制度化が進められていったのであろう。そして、遊行上人によってしだいに権威づけがなされ、七代他阿託何の代には、そこに教学的側面が強化され、善知識の権

威が高まっていったと考えられる。

また、推測の域を脱し得ないが、中世時衆教団の伝法は、教団入門後遊行回国をする遊行上人や藤沢道場に独住する藤沢上人の下で修学した修学年数や、技量により行われていたのではないだろうか。

二　近世における伝法

さて、近世に入り、時宗教団は、江戸幕府が進める宗教統制政策によって他宗派と同様の整備を行っている。しかし、浄土宗が関東に設置した十八檀林のように僧侶養成と伝法を行うような機関の整備は、大幅に遅れていた。

時宗教団で制定された制規のなかで伝法に関係するものに「敬白時宗伝法起請文之事」[3]がある。制定された年代ははっきりしないが「黄台山院代　其阿弥陀仏」とある。「黄台山」とは、時宗遊行派の関西における拠点であった七条道場金光寺の山号である。この七条道場金光寺は、近世以降遊行上人が兼帯する寺となり、普段は大炊御門道場聞名寺・吉水道場法国寺が院代として寺務を管理していた。そのため、「敬白時宗伝法起請文之事」は、寛文年間（一六六一―一六七三）以降の成立であると推定される。

また、史料上、最初に伝法に関する用語は、延享五年（一七四八）に藤沢二十六世他阿快存・遊行五十一世他阿賦存の連名で制定された『学寮条目』であろう。

『学寮条目』とは、延享五年に時宗教団における僧侶養成機関である学寮のために制定された条目である。[4]

さて、『学寮条目』の内容によれば、延享五年頃に藤沢道場清浄光寺・七条道場金光寺にそれぞれ学寮が設置されたことになる。しかし、『藤沢山日鑑』などには、延享五年以前に学寮の記述は見られず、その他の「寮」に関する例をあげれば枚挙にいとまがないが、いくつか例をあげると、『藤沢山日鑑』享保十一年（一七二六）二月四日条「祖来在堪被仰付、御十念出ル、麩献上候、下寮へ被仰付[5]」あるいは、『藤沢山日鑑』享保十一年二月十五日条「三嶋光安寺在堪之願差上候処ニ、其通今朝被仰付候、下寮ニ房主ニ被仰付候[6]」、『藤沢山日鑑』享保十一年四月二十二日条「遠州見付省光寺末寺弟子達岩御十念ニ上ル、菓子弐袋□、直ニ在堪ノ御十念也、尤藤沢付ニ被仰付[7]」『藤沢山日鑑』享保十二年（一七二七）四月四日条「真光寺弟子単教、在堪之御十念拝シ申候、則下寮へ被仰付候、勝手次第、寮へ移候様申付候[8]」などがあげられる。ここにしばしば出てくる「下寮」は何を指すのかはっきりしないが、おそらくは、学寮の前身か、あるいは修行僧が起居する寮ではないだろうか。

また、『藤沢山日鑑』に学寮が現れるのは、『藤沢山日鑑』寛延二年（一七四九）四月二十八日条のことである。「浜松教興寺弟子朴純只今まで江戸深川霊巌寺ニ罷有候所、此度学寮相立ニ付学寮附ニ相願、御十念頂戴仕候[9]」とある。この記述から、浄土宗関東十八檀林のひとつである深川霊巌寺に時宗寺院の子弟が修学していた実態と、時宗の学寮までも建設されたことがうかがえる。おそらく、他の檀林への修学もあったのであろう。

さらに、七条道場金光寺においても同時期に学寮建設が行われていたことがわかる記述がある。それには、『遊行・在京日鑑』寛延二年四月朔日条に「学寮雑作腐心（ママ）出来ニ而御越被遊御覧被遊候也[10]」とある。

つまり、『学寮条目』は、学寮自体の施設を建立するにあたり制定されたのであろう。この『学寮条目』には、伝法に関して次のように記されている[11]。

一、両本山幷学寮之時衆出世年数、自今已後不論本寺末寺之弟子、着帳之年月付次第座席可相立事

但、出世之年数位階之儀者、只今迄之通初堪忍より満三年目室前、満四年目十室、満七年目五軒、満十一年目二庵、満十七年目四院、各転席之時者出世名号期日可相改事

一、七条学寮之大衆出世之義者、年月相改、遊行兼帯之内者院代より遊行江可書出、藤澤兼帯之節者藤澤江可書出事

一、両学寮掛錫之間為被位銭、一ヶ年銀子　文目ツ、可指出事

但右之内三匁は上納、七条遊行兼帯之内ハ遊行江相納、藤澤兼帯之内者藤澤江相納候。残る三匁者配分壱匁ツ、院代并寮主五分ツ、役者并伴頭取之

一、三会下之時衆居並之時者、着帳之年月日付次第座席可有之事

一、宗脈付法之儀者、初堪忍より四年目安心相承之法脈令免許、七年満時宗戒血脈可付与之

右両度之相伝無之僧侶者、一寺住職堅可為禁制事但付法之定所者可限両本山七条道場事

一、本山并所化、参内綸旨頂戴之儀者、自今已後可限七年満之僧侶事但吹挙伏願之節宗戒血脈可相改事

この『学寮条目』によると、初堪忍（掛錫）から四年目で安心相承が伝授され、さらに、七年目で宗脈相承が伝授されていたことがわかる。そして、この両脈を相承されてはじめて住職資格を得ていたのである。この制度はその後も継続されており、半世紀後の享和元年（一八〇一）十一月に時宗総触頭浅草日輪寺が江戸幕府へ提出した「時宗門法服幷法臈階級之次第[12]」からわかる。その史料には、「一法臈階級之事」がある。

一法臈階級之事

茶執司　十室　五軒　二庵　本寮

右剃度仕世寿十五歳以上、藤沢山京都七条道場遊行回国先、右三会下之内、最寄を以掛錫仕、法臈相立候、尤

幼年ゟ致二剃度一候而も、十五歳未満ニ而掛錫不レ仕以前者、新発意とも沙門とも相呼申候、

一茶執司、掛錫ゟ四夏相満候間を茶執司と申候而、藤沢上人遊行上人両上人之侍者為レ致二給仕一申候、此間緍綟子紗等之衣着用不レ仕、麻之直綴衣のみ着用仕候、

一十室、五夏相満候後、此十室ニ入申候、此位階ニ而宗門之安心伝法等相承仕、初て綟子之衫付衣を着用仕候、袈裟ハ純黒之五条七条のみ着用仕候、

一五軒、掛錫ゟ八夏相満候ハヾ、軒号を蒙り申候、宗門之伝法宗戒血脈不レ残相承仕、初て和尚号を付、木蘭之色衣袈裟着用、在家之引導焼香仕候事を差許申候、

一二庵、掛錫ゟ十二夏相満、此階級ニ相進み、庵号を蒙り、青色之袈裟着用仕候、此法臈ゟ綸旨参内差許申候、

一本寮、十七年之法臈相満、十八年ニ宗門之書籍之内何ニても一部講釈相済、此階級ニ相進み、惣じて一宗之法務、右本寮四院有レ之之官名之僧是を司り、本山貫主を補佐する所之能分之老僧と相唱申候、是迄末寺幷所化昇進之次第ニ御座候、本山貫主ニ相進候次第左ニ申上候、

享和元酉十一月

ここから、延享五年頃までに安心相承・宗脈相承の伝法が成立し、その後、享和元年に幕府に提出された史料からも掛錫からの年限で安心・宗脈それぞれの相承が行われていたことがわかる。

では次に、近世において伝法がどのように成立し、制度化されていったのかについて考察する。管見の限りでは、伝法に関する用語が『藤沢山日鑑』『遊行・在京日鑑』に現れるのは、『藤沢山日鑑』享保十一年（一七二六）三月二十九日条である。そこには、「御血脈拵候ニ付、旦長・福及・知元・可善・□哲上ル」[13]とあり、また、『藤沢山日

鑑』享保十一年四月六日条には、「大衆御血脈御手伝ニ出ル[14]」とある。そもそも血脈は、師から弟子に戒を授ける時に与えるものであり、これは僧俗を問わず授与されていた。遊行回国先で檀信徒に血脈が授与されていたことが『遊行・在京日鑑』に散見している。

さて、その他、血脈に関する記述は、『藤沢山日鑑』享保十二年三月二十一日条「今日血脈御拵被成候ニ付、下寮ゟ常住庵幷教岳罷出候、近侍者ゟ老僧中御出、御番方廊下ニて拵申候[15]」また、『藤沢山日鑑』享保十二年四月十六日条「今日、血脈拵候様ニ被仰出候ニ付、近侍者和順・悦源、下寮等覚庵□萬生軒宜応、各々立合拵申候[16]」とあり、「血脈を拵える」ということから、血脈を授与する法要などがあり、準備として行われたものであろう。そして、『藤沢山日鑑』に「伝法」の語が現れるのは、享保二十年（一七三五）二月二十四日条「今日伝法之願相叶候由教順・恵智・快順・快悦・淳察・洞岩・善竜・快了・真光院右九人被仰付候間、今日ゟ支度仕候[17]」である。

さらに、『藤沢山日鑑』享保二十年三月七日条では、

今晩安心御伝授、新受者之衆慈照軒・常住庵教順・万生軒快順・文峰軒恵智・臥竜軒快悦・淳察・洞岩・善竜・快了・学湛・真光院・専水都合拾弐人再伝之衆、中村三郎兵衛隠居・同治右衛門内室・大和や惣四郎・中村治右衛門・岡田や五郎右衛門・馬淵喜左衛門・多葉粉や喜兵衛・岡田や孫兵衛・小林忠三郎再伝被参候[18]

とある。これ以前の三月朔日条には、「今初夜前、入行之御開闢新授者直綴如法衣也[19]」とあることから、この三月朔日夜から加行が開闢し、七日目に安心相承が行われており、さらに、僧俗に授与されていたことがわかる。信徒と思われる九名は、「再伝之衆」とあることから再度安心を相承していることになろうか。これは、現在、檀信徒

を対象に開筵されている授戒会の原型であろう。また、その翌日である『藤沢山日鑑』享保二十年三月八日条には、「今晩御会下新受之衆へ附法御伝受、再伝洞雲院・東陽院・常住庵・等覚庵・真浄院・長生院罷上候、六ツ過ゟ五ツ半時迄也[20]」とあり、安心相承の翌日に「附法御伝授」宗脈相承が行われている。これは僧侶のみが伝授されている。『藤沢山日鑑』は享保十二年十月二十七日から享保二十年一月八日までの記述が欠けているため、明確にできないが、おそらく、享保二十年までに伝法が制度化されていたのであろう。そして、制度化される背景には、時宗教団内で独自の伝法や僧侶養成機関を整備しなければならない事情があったからである。それは、先にあげた『藤沢山日鑑』寛延二年（一七四九）四月二十八日条のように、浄土宗関東十八檀林や他宗派で修学する時宗子弟が多く存在し、教団内で宗義を乱す者が存在したことである。このことについて正徳三年（一七一三）に成立した其阿如海『時宗要義集』の跋には、

吾宗相伝一々皆人師非二執見一。熊野八幡之御相伝故以二異流書一当流不レ可レ証《トス》。最《モ》元祖二祖発得已前西山鎮西習二流儀一。故釈義之面《ハ》雖レ准二二派一両祖本意《ハ》二神以二御相伝一解釈也。三祖七祖二十一祖述書幷一華堂解義悉一器相伝之故少無《モ》二異途一。中興宗門書《ニ》註解人雖レ多悉《トク》鎮西依二鈔書一解《カ》レ之故義大異也。秀公常談レ之。宗安心《ヲ》欲二会得一宗家五帖疏信師小経略記空師選択集《ヲ》可レ読。其上宗門三部書読悉両神御相伝符二合義一。三部書者宗門三経書也。一播州問答是小経疏也。二器朴論観経《ノ》疏也。三二祖十巻法語名二大鏡集一是大経疏也[21]。

と記されている。この『時宗要義集』の跋から、近世には、浄土宗鎮西義の教義を用いて時宗宗学を解釈する者が

おり、そのため、宗義解釈が大いに異なっていると山形光明寺覚阿玄秀が指摘していたことを述べている。その覚阿玄秀は、自ら時宗宗学宣揚のために自著である『時宗統要篇』に独自性を表し、また、「浄土三部経」の経説を用いて「三経相伝切紙」を創作していたのである。

おそらく、時宗独自の教育機関である学寮が存在しない状況下においては、宗義を修学する場が遊行あるいは藤沢のいずれかであり、不定期で行われる講義を聴講するだけでは宗義の習得がままならなかったのであろう。そのため、宗義を正しく伝えるために、時宗独自の学寮設置が懇願され、ようやく延享五年に条目が制定され設置となったのである。

では、その『学寮条目』制定後、どのように伝法が変遷していったのか見ていくことにする。『藤沢山日鑑』宝暦元年（一七五一）十一月十七日条に「今初夜より行人中入行仕候」とあり、また、七条道場金光寺での伝法について、『遊行・在京日鑑』では、宝暦二年（一七五二）十月十九日条に、

当霜月御伝法願六人、宗脈相承、専順、安心相承、長崎村称念寺弟子長順、鹿児島浄光（明）寺弟子儀弁、了智、兵庫津御院代弟子洞天、浜松教興寺弟子法順、右六僧御許容被仰成[22]

とある。七条道場金光寺においても藤沢道場と同様に十一月に伝法が行われていたことがわかる。さらに、宝暦三年（一七五三）十一月四日条には、「法用如常、安心相承之人数今朝ゟ加行入候由申来、即御十念ニ出ス、但シ七人也[23]」とあり、十一月二十三日条には、

今暮六ツ時分ゟ於客殿安心相承之御付法、新授者七僧古授者再伝願之僧帳続次第出ル、委曲ハ加行中撮要記[24]

とあり、この時にも「新授者」と「古授者」があり、加行を再度受ける者があった。しかし、何故再度受けているのかわからないため今後調査しなければならない。

三　時宗教団と戒脈

さて、『藤沢山日鑑』宝暦四年（一七五四）十月十八日条には、

長順・洞寛宗脈御付法、見龍・順貞・祖伯・章午・玄道・義円・□村右七僧安心御相伝寮主伴頭ゟ願出候処無相違被仰付候[25]、

とある。また、宝暦四年十一月二十二日条には、「今初夜後暮六ツ時半□次第行人中御番方へ来ル、伝法要偈五ツ時相済候[26]」とあり、十一月二十三日条には、「安心相承御相伝相済候[27]」とある。さらに十一月二十四日条には、「今晩者宗戒脈御相伝、夜ノ五ツ時畢ル□加行記ニ有之候也[28]」とある。これまでの内容から、安心相承を行い、その翌日に宗脈相承が行われていたことになるが、宗脈相承の中に戒脈が含まれていたことがうかがえる。この戒脈が示す具体的な戒とは何であろうか。

この戒脈について時宗教団では、一遍が師である聖達から円頓戒を伝授されたとしている。つまり、良忍・叡空・法然・證空・聖達・一遍へ、そして、それ以後も相承されたと考えられる。しかし、実際に時宗教団が中世か

ら近世へと円頓戒を相承していたことを、はっきりと示す史料が見当たらない。

時宗教団に円頓戒がもたらされた確たる証拠となる史料は、宝暦十二年（一七六二）に藤沢山夏安居で西山派の学僧俊鳳妙瑞が『播州問答集』の講義に引き続き円頓戒相承を行っている記録である。このとき、円頓戒を時宗の僧侶二十人が受戒している。このことについては、『藤沢山日鑑』宝暦十二年九月九日条に「今日ゟ円戒行始り申候事、勤行之次第三時共ニ真読念仏也[29]」とある。九月十八日条には、「此節依願円頓戒御授与有之候[30]」とあり、授者の名前を列挙し「二十人円頓戒授者也」としている。この二十人の中には、教団の総師である衆領軒や現在の執事職にあたる人物までいる。もとより時宗教団に円頓戒が相承されていたならば、わざわざ住職経験者や教団の要職に就いている者が受戒をしなくてもよさそうなものである。そこをあえて受戒していることから、これ以前、時宗教団では戒脈として、円頓戒ではなく他の戒を相承していたことになるのではないだろうか。それは、覚阿玄秀が『時宗統要篇』のなかで述べているように、近世の時宗教団では、時宗誓戒や三聚浄戒（摂律儀戒、摂善法戒、繞益有情戒）のみを相承していたのではなかろうか。

この俊鳳妙瑞による円頓戒相承の導入により、その後、時宗教団では、円頓戒が相承されることが恒例となったのか、それを示す記述が『藤沢山日鑑』『遊行・在京日鑑』に見られないため、実態が把握できないが、現在、円頓戒を相承していることから、特記しなくても当然のように円頓戒が相承されていたのかもしれない。

おわりに

本節では、『藤沢山日鑑』『遊行・在京日鑑』などの近世史料をもとに、時宗教団における伝法がいつどのように成立し制度化したのかについて考察を試みた。

おそらく、近世時宗教団において伝法が安心・宗脈相承に分けられ、形式的に開闢されるようになったのは、享保十二年以降二十年までの間であろう。そして、形式的な内容が定着するのは、延享五年に『学寮条目』が制定以降のことであろう。

一遍以来、時宗教団に入門するということは、過酷な遊行の旅を行う上で、生身の弥陀と信仰されていた遊行上人に身命を譲渡するということが絶対条件であった。中世から近世にかけては、帰命戒を授かり誓いの金を打つといった入門儀礼が重んじられていたのである。そのため、安心相承・宗脈相承のように分けて行われる伝法は、近世中頃になって他宗派に準じて行われるようになったのであろう。また、この形式的な伝法は、学寮の成立と大きく関係しているのである。それは、時宗教団の僧侶が掛錫年数で安心相承・宗脈相承を授かり出世していく形態であったが、出世に関わる席講の有無により、その出世が遅滞する場合もあったからである。

つまり、伝法と学寮制度の確立によって、近世時宗教団がようやく他宗派と同様の位置に辿りついたといえよう。

註

（1）金井清光「興長寺資料（二）伝法次第」（『時衆研究』第九号所収、私家版、一九六四年十二月）。

（2）『宗典』上巻、一四七頁下段。また、入門儀礼については、本書第三章第二節を参照されたい。

（3）『宗典』下巻、八〇二頁上段—下段。

（4）この時宗の学寮については、以下の先行研究がある。大橋俊雄「時宗における学寮について——特に七条学寮を中心として——」（『時衆研究』六〇号所収、時宗文化研究所、一九七四年五月）、長谷川匡俊「近世時宗教団の学寮覚書」（『長谷川佛教研究所年報』第一号所収、一九七四年三月）、同「『大衆帳』からみた時宗の学寮と修学生活」（橘俊道・圭室文雄編『庶民信仰の源流——時宗と遊行聖——』所収、名著出版、一九八二年六月）、『藤沢市教育史』（藤沢市教育委員会、二〇〇八年三月）などがある。
(5)『藤沢山日鑑』第一巻（藤沢市文書館、一九八三年三月、以下『藤鑑』）四一頁上段。
(6)『藤鑑』第一巻、四四頁下段。
(7)『藤鑑』第一巻、七四頁下段。
(8)『藤鑑』第一巻、九二頁上段。
(9)『藤鑑』第二巻、（藤沢市文書館、一九八四年三月）一一四頁上段。
(10) 髙野修編『遊行・在京日鑑』（仏教研究所、一九八九年四月、以下『遊鑑』）第一巻、一三八頁下段。
(11)『宗典』下巻、八〇五頁上段―八〇六頁下段。
(12)『続々群書類従』一二巻、四〇四頁下段―四〇五頁上段。
(13)『藤鑑』第一巻、六三頁上段。
(14)『藤鑑』第一巻、六五頁上段。
(15)『藤鑑』第一巻、八七頁上段。
(16)『藤鑑』第一巻、九五頁上段。
(17)『藤鑑』第一巻、一五九頁上段。
(18)『藤鑑』第一巻、一六一頁上段。
(19)『藤鑑』第一巻、一六〇頁上段。
(20)『藤鑑』第一巻、一六一頁上段。
(21)『宗典』下巻、一六六頁下段。
(22)『遊鑑』第二巻、六四頁下段。
(23)『遊鑑』第二巻、一四六頁上段。
(24)『遊鑑』第二巻、一五二頁下段。
(25)『藤鑑』第二巻、三四七頁上段。

(26)『藤鑑』第二巻、三五六頁上段。
(27)同前。
(28)同前。
(29)『藤鑑』第三巻、五〇八頁下段。
(30)『藤鑑』第三巻、五一一頁上段。

史料翻刻　誓願寺所蔵『西山上人所持』

本史料は、浄土宗西山深草派総本山誓願寺（京都市中京区）に所蔵されている聖教であり、「西山上人所持」と伝わる五巻からなる巻子本である。各巻に「西山上人所持」と題箋が付され、「西山上人所持巻物五巻」と付された箱に収納されている。その幅は、二十三センチほどの比較的小巻である。各巻の内題には、『如来意密証得往生要義』、『南無阿弥陀仏』、『弥陀観音勢至等文』、『真宗肝要義』、『臨終正念往生要』と、題目がそれぞれ記されている。

本史料は、昭和十七年（一九四二）頃に赤松俊秀氏が、誓願寺重宝調査を実施した際、法然の門下の上足である證空（一一七七―一二四七）所持と伝承されている五巻の聖教を発見された。その後、「一遍の著述と推定される聖教について」と題し、聖教の全文を翻刻するとともに考察を加えた論考を著書『鎌倉仏教の研究』（平楽寺書店、一九五七年八月）に所収されている。

その論文のなかで赤松氏は、考察するとともに證空の著作ではないことを断定した上で、著者が浄土教に連なる人物であることや使用されている紙の質などから、中世（具体的には鎌倉末期）の著作であろうと推論され、また、著者は一遍であろうと推定している。一遍には、著作などがないため、もし一遍作であるのならば重要な史料であることはいうまでもない。

筆者は、平成二十年四月に所蔵者誓願寺様のご協力を得て聖教を調査させていただき、全文翻刻作業を行った。

さらに、紙質などに関しては、筆者自身は門外漢であるため考察を加えることは控えるが、赤松氏が指摘されているように全体に草花や山水の絵が蝋で描かれている。しかし、著者を示す記述や撰述年代を示す奥書などのような記述は皆無である。

《凡例》

一、本文は、浄土宗西山深草派総本山誓願寺所蔵「西山上人所持」全五巻の翻刻である。また、翻刻掲載に関しては、誓願寺様の特別なご厚意により許可をいただいている。記して謝意を表する。

一、翻刻にあたっては、赤松俊秀「一遍の著述と推定される聖教について」（『鎌倉仏教の研究』平楽寺書店、一九五七年八月）を適宜参照した。

一、原文での改行箇所は　」でこれを示した。

一、旧字体などの字体については、原則忠実に起こすことを旨とした。

一、細字脇書されている仮名は、原文のとおりにした。

一、送り仮名は、大小の区別が困難な箇所や不統一の箇所もあるが原則原文のままにした。

一、くりかえしの記号は、原文のままにした。

一、本文中の「、」「・」は、読み方の便宜を図るため、赤松氏が付したものに従い、適宜修正を加えた。

一、「无」および本文で「旡《（ママ）》」「元《（ママ）》」を「無」の異体字として使用しているが、そのまま翻刻した。

一、本文の「……」は巻末を示す。

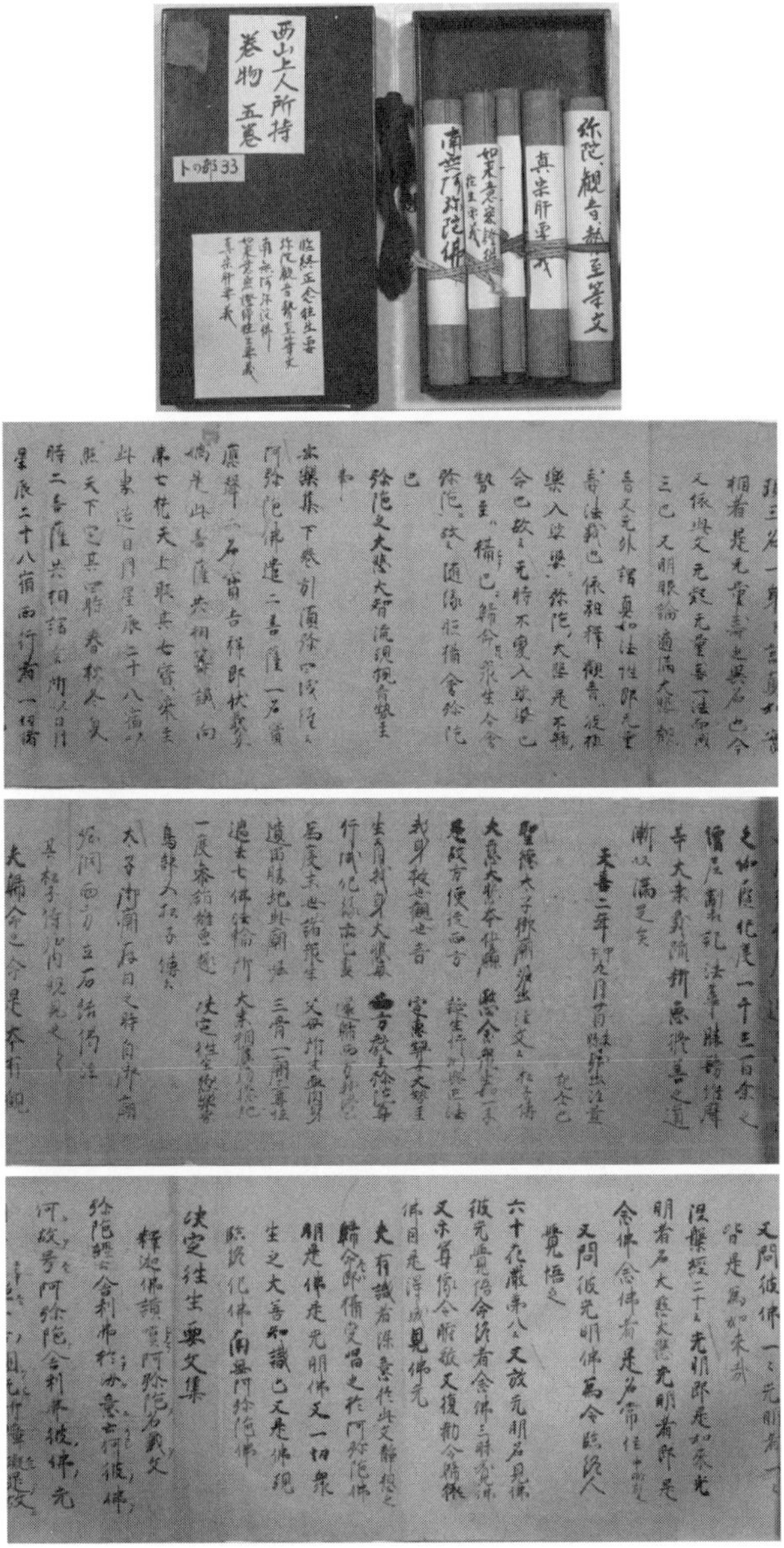

『西山上人所持』（京都・誓願寺蔵）

如來意密證得往生要義

南無阿弥陀佛

問曰、何故名如來意密、答曰」釋之、比歎《不説而現》如來意密也云々、夫、以」金色之南無阿弥陀佛、此所」歎如來名之於意密也、問曰、何」爲、證得往生、答曰、釋曰、弥陀」應聲、即現證得往生也云々、」聲者、十聲・一聲・一念等、應」者、金色南無阿弥陀佛、應知」夫我等生盲、所想者、雖是、」似虚名、佛眼之所照者、金色」相好之南無阿弥陀佛、是也、」問、如何攝取之、答、歸命《スレハ》即チ」攝取、号ニス之於元《(ママ)》量壽覺ト一、」是擧正、攝依、擧主而攝ス」伴、即成極樂之莊嚴矣、阿」弥陀者无生也、名之於涅槃、」无生涅槃者、名與躰、俱」是常住之色、而一佛也、」除此之外、无有餘法、然諸」法之中、以壽命、爲本、歸命、」即無量壽也、若知此心、三」業皆阿弥陀也、説之於是」心・是佛・是聲、々即佛義」也、既言是佛、豈无《(ママ)》其色」哉、是故雜觀説、阿弥陀佛、」神通如意、於十方國、遍現」自在、或現大身、滿虚空中、或」現小身、丈六八尺、所現之形、」皆眞色已上也、此中言阿弥」陀佛者、釋之於佛如意、」是念佛三昧之佛也、一々」光明遍照十方世界、念佛」衆生攝取、是今、於十方國、」遍現自在之意也、此念佛」皆金色佛、隨機、現大少」之身、釋之於衆生如意也、」念佛之佛、真金色故、大少」亦金、故言皆矣、一切衆」生聞此佛、歸命、即攝不」《捨》攝、其容立佛也、即立《タチトコロニ》生、」故号爲阿弥陀矣」

夢中僧來、指授玄義科」文事」

問、佛僧夢中來、四卷俱」爲指授之、當爲限玄義」乎、答、十有三結、條々順理、」

以應玄門、訖云々、限玄義之理、」分明哉、問、然者、何第四卷」之奥、再擧之乎、答、科、」文既了、更不復見云々、此有」深意、是雖玄義之科文、」而是一二三四、依文之意耳、」以何、證此、義者七門之中」、依文、釋義、意即不異於」一二三卷之、依文故也、宗旨」者十六正説、説人者其能」説、定散料簡、通於序正、」第六門者九品、第七者」經之得益、如是相當、雖」文前麁、依文、釋義之意、」同故也、如是解者、夢中」指授玄義者、意則指授」一二三四等意也、是故、四」卷奥、重書之也」

一念信決定往生要義

本願云、信心歡喜、乃至一念スレハト云々」

此レヲ聞キキ得エテ、未タサルニ口ニ唱トナヘ、即チ除テ二八十」億劫ノ生死之罪一ヲ、地獄ノ猛火化シテ」爲二ナル清涼ノ風一ト、其ノ被レラル、ハ念ゼ、无生ノ聲」也、此一念ニ束ツカネテ截キル八万四千ノ元(ママ)明ノ」頚クヒヲ一、即頓斷スル生死一ヲ也、此益、下輩ニ」乃至一念ト説キテ、弥勒ニ付屬シテ之於」歡喜踊躍、乃至一念一ト當來之」世、法滅百歳マテ、尒ノ時ニ聞テ一念スルモノ、皆」當ニ得ヘシニ生ルコトノ彼一コニ云々、彼ノ通論、自力ノ家ハ」乃至一念ニ曾ツテ未タ二惜スシムレ心ヲ一、此レヲ深信ス、」乃至一念ニ、无(ママ)レシ有ルコト疑心一、故名クト深心云々、」彼造レル五逆之罪者モノ、天台云ヒ下、或ハ一二」念ニ成就シテ、必ス得中ウト往生下ト、後善導准セ」觀經ノ下品下生一ニ者ハ、或有テ衆生一、作テ」不善ノ業タル五逆十悪一ヲ、具ラム諸ノ不善一ヲ」乃至、准スルニ无(ママ)量壽經ニ云一フニ、乃至一念ニ即」生ス淨土ニ上已、譬如下シ童子ノ執トル利劒ヲ一」時、十團ノ之繩須臾ニ兩分スルカ上也、又雖ヘトモ」世ハ末ニナリト、如コトシ月ハ是昔ノ月一ナルカ、我祖云ク、」門々不同、八万四、爲滅无明果」業因、利劒即是弥陁号、一」聲稱念、罪皆除上已、問曰、所」言一念者、凡愚所念歟、若」深法之中一念者、恐我等淺」近者難發、如何、答曰、今此」一念、以淺中淺、而顯深中深、」也、所以者何、彼下品上中生」罪人、或一生造十悪、元(ママ)餘善、」或破衆戒、元(ママ)有慚愧、然臨」命終、初遇知識、或稱一

聲、」得生、或聞、未稱一念、即生、」以此文證、是大少乘方便、以」前凡夫、如來滅後、乃至末法、今」時衆生、造惡凡夫所起一念」也、云之於歸命也、故是念佛、」取淺中淺、從此、淺心不可有也、」故言歸命也、阿弥陁佛者、是」深中ノ深、元(ママ)有從此深法也、故」佛、言之於元(ママ)上功德也、此淺心」歸命ト、而深カ中ノ深ノ佛号ト、因緣」和合、感應道交乎、相待レ住、」如像現鏡、如月浮水也、鏡」與像、不一而一、不異而異也、」衆生歸命與佛ノ元(ママ)量壽」不」一異」而一異也、如眼得日」光也、異而一、一而異也」

南無阿弥陁佛

南無阿弥陁佛

問曰、何想・何念・何處生蓮、」得何樂耶、答曰、佛言、心」想阿弥陁佛、十念名号、諸」佛法身、入一切衆生心想」中、若日日、如是、西方七」寶池生蓮華一朶、他日」於其中、託生、受元(ママ)窮壽」樂、以此義故、像觀之中、説未」來證得往生之義言、諸佛」如來是法界身、入一切衆」生心想中、善導和尚、於花」座、釋此義云、弥陁應聲、即」現、證得往生也、問曰、應聲」即現之佛、何在空中而立」耶、答曰、又釋此義言、弥陁」在空而立者、但使廻心正念、」願生我國、立即得生也、問」曰、住立空中之佛、自説如是」耶、答曰、既言我國、明是弥」陀之自説也、問曰、經中元(ママ)弥」陀之自説、祖何證此義乎、」答曰、經言無量壽佛住立空」中、所説無量壽佛者、歸命」阿弥陁佛、其躰、一切衆生念」佛心想之中、即現語聲、是」也、故言、説是語、釋之於應聲、」即現此中、言説十六觀、即」釋迦佛之説、言語者、即是」持是語者、即是持無量壽」佛名之語聲也、是則弥陀」自説之經也、光臺之中不説、」而現佛意密之語、是也、釋」之於亦、非是、無時佛語、既言、」佛語、何不説乎、夫南無阿弥」陀佛者、即是弥陀之自説、而三」世諸佛之正語也、常住遍照」光、不断生法界之解、々以名」説、是報身常恒之自説」也、亦名法身三世常空元（ママ）」生涅槃、無説之、而説也、若」解此意而説語者、皆是」弥陀之直説、應知、以此義」故、光臺及住立空中之元（ママ）」量壽、是元（ママ）語之語、般舟」經之中、弥陀自説是、而語」之無語、同是弥陀之自説」也、我等今釋迦尊之滅後、」二千二百二十五年、末法七百」二十五年之時、正蒙弥陀遍」照光益、所念、所知、所思惟」正是、成聞弥陀之直説、證」益、若修行者如説解者、」仰當信解此義、奴力々々勿」忽堵耳、我祖忝解此妙義、」而其益遠迄、於末法之時、」誰不信解之乎、問曰、此界」一人念佛名、西方便有一」蓮生、但使一生常不退、此」花還到此間、迎、如上十念」名号、生西方蓮花之義、抑又」照師、是善導之後身也、」此解稱論主正意、凡斯超」世悲願言、乃（下）至十聲、若不生」者、不取正覺、十念是正」覺之花也、諸生彼者、皆生」正覺之花王、即歸命正花」之佛、即生九蓮義也。故言、」如來淨花衆、正覺花化生、」釋之於同一、念佛无別道」故、是觀音之開花三昧之」法躰也、此花正開于下品下生、」此法花也、故名妙法、々是蓮」花、於人、名元（ママ）量壽佛、歸命、」者皆芬陀利花、若於歸」命、金蓮變成白蓮、若於如」來者、白蓮變成金蓮、若」於法者、非白、非金、而金而」白也、分陀利花、是白蓮、見金」蓮花者、果蓮也、喩蔡花、是、」經於千歳、龜之坐花蔡（花）也、真」分陀利花者、即妙法、〻〻」是、一切衆生本有元（ママ）作心、」蓮是名元（ママ）量壽、應知、問曰、如」行者、又佛名分陀利花耶、答曰、」涅槃經十八云、善男子云、何念」佛乃至人中蓮花、分陀利花、又八卷」云、蓮花者即是如來已上、大般若經」梵漢語撰云、奔荼利花、又云」芬陀利、此白蓮花、嘉祥法」華玄云、花末敷、名屈摩羅、敷」而將落、名迦摩羅、處中咸時、」名分陀利、弘法大師法花開題」云、妙法蓮華經者、唐語翻也、若」若（ママ）據梵名、正唱

《サタライアンタリシャソタラム》乃至、分荼利迦花有百葉、々」相勲可愛、外葉極曰名妙法蓮」花者、斯乃觀自在王之密号也、則」此佛名无量壽、又云、人名觀自在」王、法曰蓮花三昧已上、祖云、此華相」傳、名蔡《サイ》《カメ》花云々、有人、相傳云、經千」歳之蔡《カメ》、遊於蓮花上、其花五色云、」倩案此等文意、既弥陀名妙法蓮」花、妙法蓮花是分陀利花、名之」於白蓮花、依之、佛言分陀利者」、即是如來、斯今正覺花也、和尚」云、弥陀願智巧莊厳云々、明極楽」之妙花、是妙法正覺花之所生」也、喩之於人中、分陀利花、相傳名」蔡《カメノ》花、又大迦葉、從阿耨達池、取」此花云々、但弥陀是涅槃、〻〻是諸」法无(ママ)生、亦名真如、亦名實相、若知」此意、以佛智无生、令假蓮、成於」涅槃之眞蓮、應知」

釋尊末語、而弥陀教起事」

序分云、問曰、韋提、上請、爲我、廣」説無憂之處、佛今何故不」爲廣説、乃爲金臺、普現者」有意也、答曰、此歎如來意」密也、然韋提發言、致請、即」是廣開淨土之門、若爲之、惣」説、恐彼不見、心猶致惑、是以」一〻顯現、對彼眼前、信彼所」須、随心、自選已上、私問曰、所歎如」來意密者、是何躰乎、答曰、」釋云、如來赴請、光變爲臺、」影現霊儀云々、又云、或見弥陀金」色霊儀已上、今于臺、不歎、故云」意密、所言霊儀、即佛語」意、一々音聲、各々成佛」

決定往生唯信一事

大論一云、非一切智人、則不能」解、是故、佛法中信力能」初入、非布施持戒等、能初」入佛法、又云、佛法大海、信」爲能入、智爲能度」涅槃三十五云、一切惡行、邪見」爲正、一切惡行因、雖元(ママ)量、若」説邪見、則攝盡、或説阿耨」多羅三藐三菩提、信心爲」因、則菩提因、雖元(ママ)量、若説」信心、則已攝盡已上、又三十六云、」若人信心、元(ママ)有智慧、是則能」

増長元（ママ）明、若有智慧、无有」信心、是人則能増長邪見、」又十三云、如來佛性者、名大信心、」何以故、以信心故、菩薩摩訶薩」則能具足檀波羅密乃至般」若波羅密、一切衆生必定爲」得大信心故、是故説言、一切」衆生悉有佛性、大信心者」即是佛性、藏師云、諸佛説」法有二種門乃至復有二門、」一生慧門、二生信門云〻夫生慧、」生信、雖有門二、以信、爲躰、雖智」信共、猶信是本、以何、證之、云、非」一切智人不能解、以信、爲能入」故也、以此花嚴信、爲功徳母、又」譬手入佛寶山、用信心手故也、」今眞宗意、三品《心》通九、而三心中、」信心爲本、此信、從佛而生、信即」成歸命、〻名無量壽命、是所信」能成之命、成弥陁故、能《所》成之歸、亦」成元（ママ）生、々佛不二、故号歸命无（ママ）量」壽佛也、如是解者、念佛往生唯」由信心、不由智慧、故後善導云、」唯有信念佛、不揀道俗、不簡」男女貴賤、不問罪有輕重、唯」信爲本若成就者、万病皆差」、不假世間醫藥、万善自成、不」假世間經教云々」

凡夫三業虚妄虚顚事」

大経云、心常念悪、口常言悪、身」行常行、曾無一善、大論五十」云、凡夫法虚妄顚倒、此法」從凡夫法、邊生、何是實、又九十」七云、諸法於凡夫心中、以无（ママ）明因」縁故、邪典不正、問、凡夫三業」雖《未》真實、若須如來之真實功」徳得、名真實功徳乎、答、註」云、諸佛菩薩莊厳身口意」三業、用治衆生虚誑三業也、」我祖云、一切衆生身口意業、所」修解行、必須真實《ヲ》《井ル》心《ノ》中《ニ》作《ツレハ》、不」得外現賢善精進之相、内懐」虚假已上、大論三十一云、問曰、云何是」念佛、答曰、行者一心念佛、得如」實智恵、大慈大悲成就已上佛付」屬弥勒云、佛語弥勒、其有得聞」彼佛名号、歡喜踊躍、乃至一念、」當知、此人爲得大利、即是具足」无（ママ）上功徳已上、法花云、令與衆生、」佛之智慧云々、十住論一云、如名爲」實、來名爲至、至真實中、故」爲如來、何等真實、所謂涅槃、」不虚誑故、是名如實已上、藏師云、」本覺名如、始覺名來、始本不」二、名曰如來云〻、楞伽云、元（ママ）上法王、」是真實語、大論云、即爲《或以》

佛」名、々爲如来矣」

佛説現身得念佛三昧」之義文」

歸命無量壽覺、此無量」壽覺、説於諸佛如來、此」歸命、説於是法界身、又」此歸命之、是法界身、説」於念佛衆生、此無量壽佛」之、諸佛如來、説於攝取不」捨也、前由元《（ママ）》量壽、而令發、」後由歸命、顕元《（ママ）》量壽佛説《歸命》」之、於現身中、得念佛三昧矣」

弥陀観音勢至等文

弥陀観音勢至等文

歸命无量量壽覺義

祖云、言南無者、即是命亦是、」發願廻向之義、阿弥陀佛者、即」是其行、以此義故、必得往生」

問曰、不歸《サル》セ命ハ是何耶」

提謂經下卷云、南者佛、無者持、」弘法大師云、命名无量壽佛、歸」則能歸人也」

夫、觀經説歸命於是法界」元《（ママ）》量壽佛説之於身也、思此」等文、明命是元《（ママ）》量壽佛也」然歸命義生佛、並歎也、故弘」大師、以歸、釋之於能歸人、以」命、釋之於元《（ママ）》量壽佛也、如是」解者、生即佛也、是故、經言、南」者佛也、言此佛者、由命之」无量壽佛之神力、而持之故、」命之無名持也、大師得旨、故」不相違也、以、此

思之、不論衆（生）」歸與不歸、皆名元（ママ）量」壽佛也、又經既無量壽佛、名」自性清淨如來、是久成」佛也、是不歸
前無量壽」也、亦名妙法蓮華、是觀自」在王佛之異名耳、在人、是」觀自在王如來也、在法、名妙」法也、人
之中果、名無量壽」佛、因名觀世音也、然人者、」歸法、而成覺也、是故、法」是人之躰也、其法者即是」無
量壽佛名也、彼下品五逆」罪人、爲説妙法、教令念佛、」此義應知、如是、解於歸命」之義、自然阿弥陀佛義
顯」了、可知、不知之者、聞此義者、」可思深義、是不然也、所以」者何、歸命是淺中之淺也、」從此、淺々不
可有也、无量壽」佛是深中之深也從此深」々不可有也今於淺中之淺」説深中之深也、即是我源」師、於極惡最
下之機、而説」極善最上之法義、應知」問、不歸命、是爲觀世音、如何」

理趣釋云、婆伽梵得自性清淨」法如來者、是觀自在王如來異名、」則此名无（ママ）量壽、若於淨妙佛」國土、現成佛身、
住雜染世界、」則爲觀自在菩薩、此佛亦名」元（ママ）量壽佛、梵云、阿弥陀喩矖、又」云阿弥陀婆耶没馱、此云无量」
光明佛、彼佛、壽命无量、光明」元（ママ）量、眷屬元（ママ）量、一切皆元（ママ）量、」故以立謚号、而本名曰觀自在王、」佛眼如
四大海、遍觀法界衆生、」随其機縁、抜苦、与樂、故爲名」也」
弘法大師法花開題云、妙法蓮」花者、斯乃觀自在王之密号也、」則此佛名无量壽、若於淨妙」佛國土、現成佛身、
住雜染五」濁世界、則爲觀自在菩薩、」又云、人名觀自在王、法曰蓮花」三昧」

明眼論云、」
觀音大悲用、周遍滿六道、父母及妻已上、」互生慈悲心、无（ママ）有於慈心、皆是觀音悲、」鬼畜念其子、無悲（非）觀世音」
宗鏡第廿四云、觀音即是衆生」大悲心、勢至即衆生大智心」祖云、頂上寶瓶光顯照、普収念」佛衆往生機」
定善義云、救苦觀音、縁法界、」无時不變、入娑婆、勢至威光」能震動、随縁、照攝會　弥陀」
般舟讃云、一切時中、縁法界、攝」取六道、現身中、眼見耳聞、心内」事、尋聲、救苦剎那間、」

又云、救苦分身、平等化、々得即」送弥陀國、衆等咸蒙大悲力、」碎身、慚謝、報慈恩」
理趣ノ釋ハ无（ママ）量壽ノ果ヲハ名自」在王、因ヲハ名觀世音也、開題」亦然、但无量壽ノ法ヲ名妙法蓮」花、明知、佛與
菩薩、唯法身」也、是無量壽也聖徳太子」石文云、真如實相本一身、一躰」現三名一身云々、言真如實」相者、
是无（ママ）量壽之異名也、今」又依此文、元（ママ）疑、元（ママ）量壽一法而成」三也、又明眼論遍滿大悲觀」音又元（ママ）外、謂真
如法性即无量」壽法義也、依祖釋、觀音ハ從極」樂、入沙婆ニ弥陀ノ大悲是不歸ノ」命也、故云、无時不變入娑婆
也、」勢至ハ攝シテ已ニ歸命セル衆生、令會」弥陀ニ故云、随縁、照攝、會弥陀」也」
弥陀之大悲大智、流現觀音・勢至」事」
安樂集下卷引須弥四域經云、」阿弥陀佛遣二菩薩、一名寶」應聲、二名寶吉祥、即伏義女」嬀、是此菩薩、共相
籌議、向」第七梵天上、取其七寶、來至」此界、造日月星辰二十八宿、以」照天下、定其四時、春秋冬夏、」時
二菩薩、共相謂言、所以日月」星辰二十八宿西行者、一切諸」天人民、盡共稽首阿弥陀佛、」是以日月辰星皆悉
傾心、向彼」故西流也」
安然教時義云、觀世音爲日」天子、得大勢爲月天子、虚空」藏爲星天子」
日本記云、初伊装議《イサナキ》・伊装册《イサナミ》二」神爲夫婦、生大八嶋及山川草」木、次生日神・月神云々、夫惟、弥」陀悲
智・觀音・大勢、西天ニハ成」應聲・吉祥一、晨旦ニハ化伏羲・女」嬀一日本ニハ變伊装議・伊装册一ト、」各治天下、利
衆生、皆是弥陀」大慈悲・二菩薩所作而已」
聖徳太子御廟瑞相事舎利事」
弘法大師御記云、」
吾昔侍如來舎利配分之庭、分」受得也、爲興最上乘、得如來頂」骨、舎利乘器、故得背骨、爲成」如來隱密之悉

地、得如來常隱」骨、此是三部相應大如意寶珠、」五部成就精進也、以此潤國土雨」寶、利群生迷、故受利、不覺、其」末流弟子專修此法、當利蒼」生、興際佛法、令他自然發菩」提心、修菩薩行、經云、於閻浮」提、若有善男子善女人、得佛設」利、乃至一粒、分散一分、信受受」持、當知、是人是佛設利、真是」佛子、是即法身釋迦牟尼如來」常住之躰、是人即名大毗盧遮耶、」亦名救世大阿闍梨、持佛舍利、誦」此言者、即得如是名号、即名大」智恵善巧薩埵文、同經云、假使世」間、若有愚童・有情愚夫・有情」愚夷・有情老耄之婦女・愚癡」僧尼、如是有情類等、得佛設利、」乃至一粒、分散一分、及与設利、所」置之物、帶於身上、不論晝夜、若」淨、若不淨、若觸、不離其身、常可」帶之、所獲功德、无有所計比量、」若頂上、若頚上、若心前、若背後、」若兩脇、若腰間、帶設利者、辟」如世間材牛之角、若人帶之、離」水六尺、設利者亦復如是、離一切」罪業・惡業・惡趣、不能染着、善」根漸生、惡障漸離、善人自遇、」惡人自去、所作事業、皆同佛」行、同釋迦牟尼如來故、其身是」世間應化、既得世間應化、故即」是清淨法身・大毗盧遮那、其人」必入涅槃、於現身中、證得无想」法身文」

大師御記云、」

嵯峨天皇御宇、弘仁元年、以河」內國霊所、建立道場、下籠居」所之間、參詣上宮聖霊御廟、」一百箇日、第九十六日夜半、有」一霊筐《カ》、御廟之內、有微妙之」小音、誦大般若理趣分、應音、有」光、爰空褁祈念、此事誰者」所現哉、願示我、應誓願、廟崛」前有光明、輪光中有微妙」音、唱云、我身救世大悲之垂跡」也、昔於安養世界、爲利益此」土衆生、捨彼安養、來此穢土、」我母是本師无量壽如來化身」也、我后是同法大勢至菩薩」垂跡也、三尊結契、受生於和」國、施化於日域、已遷化年久、」擬彼三尊之位、並三骨於一」廟、忽然光中、現弥陁三尊像、」有微妙音、誦法花、勝鬘等」之要文、依見佛聞法力、空褁」證第三發光地已畢、夫以、西土」三尊垂權跡於東家之四輩、」成菩提於安樂、詣霊廟之」輩、成思於九品淨刹、生望」於安樂寶土矣」

于時弘仁元年八月十五日半夜初時」沙門遍照金剛記注之」

聖徳太子御廟、爲造立多寶塔、」曳夷地形、掘出石箱矣、其記文」曰」

吾、爲利生、出彼衡山、入此日域、」降伏守屋之邪見、終顕佛法」之威徳、於處々、造立四十六箇」之伽藍、化度一千三百余之」僧尼、製記法華・勝鬘・維摩」等大乘義疏、斷惡修善之道、」漸以滿足矣」

天喜二年甲午九月廿日未時崛出、注置」記尒也」

聖徳太子御廟崛出注文云　松子傳」

大慈大悲本誓願、愍念衆生、如一子、」是故方便從西方、誕生片州、興正法、」我身救世観世音、定恵契女大勢至、」生育我身、大悲母、」西方教主弥陀尊、」方域化縁亦已盡、還歸西方我淨土、」爲度末世諸衆生、父母所生血肉身、」遺留勝地此廟崛、三骨一廟三尊位、」過去七佛法輪所、大乘相應功徳地、」一度參詣、離惡趣、決定往生極樂界」

鳥部夕松子傳云、」

太子御廟存日之時、自御廟」崛洞、西方立石、結偈、注」其松子侍崛内、親見之云々」

夫歸命之命、是本有観」音也、此名理観音也、故明」眼論云、理観音者、九界之」衆生、慈他、悲自、皆是」観音大悲之相、有情随分」之慈悲、元(ママ)非菩薩内薫之」縁、眼見其色、耳聞其音、鼻」聞其香、舌嘗其味、身觸」其境、意縁其法、六根各」生慈、六識互起悲、親妻」子、敬父母、事主君、重師長、」仁儀礼智信、悉是観音大」悲、敢非於礼矣已上元(ママ)量壽佛」之中観音、是報身所具観」音也、此名事観音也、故又同」論云、事観音用者、或爲妙」覺果滿之世尊、示方域、而」住西方淨國土、而篣寶座、」或居等覺不足之地位、代」衆生、而受重苦、出娑婆、而」行四攝、譬如虚空之不泥巧」匠、濕水之不痛方圓、擁護」衆生、少時不離、歡喜持者、刹」那不捨、憑平生護念之」願、六根无病痛、臨終授臺」之益、三業有快樂、衆聖之」中、獨号大悲、名稱普聞十方、」開慈眼、而示愛敬、戴本師、」而表妙果、恭敬礼拜之倫、」永離四苦一心稱名之人、必」出八難、造像圖秋之菴上、影」光動、而入室、合掌、踟跪之」窓前、化佛來而擧聲、受」持讀誦之床邊、大天臨、与」聖財、一念往生之夢枕、授」華臺、坐蓮、凡、現世安穏、後」生善處、併元(ママ)非大悲之」恩矣」

又三聖和合事」

明眼論云、夫、万像有躰相用、」三四大、躰是文殊、相是普」賢、用是觀音」、又云、恵則是文殊・勢至願普[行]」賢及虚空蔵、大慈大悲觀音、」地蔵妙恵、是風行願、地水慈」悲火性、是名万法、心法一性、」名爲妙恵、亦心法性、名日行願、」大慈大悲、亦是心法、九界十界、」豈心外法矣」

眞宗肝要義

眞宗肝要義

南無阿弥陀佛

十方三世一切諸佛、□(自)念」此阿弥陀佛、皆得作佛文」

觀念法門云、般舟三昧經説、」佛告跋陁和菩薩、於是念佛三」昧中、有四事供養、飲食・衣服・」臥具・湯藥、助其歡喜、過去諸」佛、持是念阿弥陀佛三昧、四事」助歡喜、皆得成佛、現在十方諸」佛、亦持是念佛三昧、四事助歡」喜、皆得作佛、未來諸佛、亦持」是念佛三昧、四事助歡喜、皆得」作佛」問、此佛當釋尊始説之耶、」答、是弥陁教也、非釋迦語、以何」證之、即光臺之中、韋提先釋」尊未語、自密撰云、我今樂」生、極樂世界、阿弥陁佛所故」也、問、法藏比丘、始成佛、爲作」此号、答、今以所引般舟經、證」之、既是三世諸佛之所念、明」是非三世諸佛始作名也」法藏、由南無阿弥陁佛正因、」報得正覺、本願文」

第十八本願言、設我得佛、十方」衆生、至心信樂、欲生我國、乃至」十念、若不生者、不取正覺。」

問、法藏菩薩、於何位、爲發」此願、答、大論五十云、順入衆」生心者、菩薩住是八地中、」順觀一切衆生心之所趣、動」發思惟深念、順觀已智慧」分別、如是衆生、永无(ママ)得度」因縁乃至、有菩薩佛、將至十方、」示清淨世界、取淨國相、自作」願行、如世自在王佛、將法積比」丘、至十方、示清淨世界云々、以此文」證、明知、我法藏、如諸佛念弥」陁成佛、往昔於八地中、發起」此願、當知、此佛諸佛通因」也、然今釋尊、彼極樂主、託」此界國主因縁、偏勸之耳、」問、三世諸佛所念弥陁、誰作」之耶、答、佛言、涅槃亦名元(ママ)」作、和尚讃弥陁言、歸命盡十」方乃至果徳涅槃者、明證此佛」元來無作、是故或言、極樂」無爲涅槃界、亦云、自然即是」弥陁界、應知問、法藏未發」願已前、念何佛、成八地菩薩」耶、答、如三世諸佛、自念」弥陁、而成佛、還如我与此於」衆生令願也、文理如先矣」問、釋尊始至下三品、使説」智者復教・合掌叉手・稱」南元(ママ)阿弥陁佛、從此以前、未」見、如何、答、此佛有顕密、」密有本願十念、顕釋迦今」顕此也、又密不語、而語也、」歎之於光臺之中、密也、其」不語之語、釈迦未歎之時、爲」在何處、謂在於法界身意、」應知問、或云本家、或云自家」國、或云歸去來、是何身、何土」耶、答、三世諸佛所念無量」壽、是名法界身、今望、釋尊」説淨土、彼十劫以前常住不」變、元來无生、阿弥陁是本家」佛也、一切衆生壽命、是本」來無量壽故、已往生覺前」娑婆、即極樂也、故名自家」國、亦迷前、始生彼國、悟後、」元來法王家也、故云、歸去來矣」
佛自説阿弥陁義文」
經言、舎利弗、於汝意、云何、彼」佛何故号阿弥陁、舎利弗、彼佛」光明無量、照十方國、無所障」礙、是故
号爲阿弥陁、」彼佛壽命、及其人民、无量元《ママ》」邊阿僧祇劫、故名阿弥陁」
夫、佛者貫一言於八万聖教字」々皆如此、能當留意、思義理、今」阿弥陁者、是名、義是照十方、无」障礙
光明、」又人民同無量壽」也、然兩義中、説光明處、擧依、」略正、説壽命處、擧主、略伴、此即」能化壽、
即人民元《ママ》量壽義又念」佛衆生、即无礙光故也、佛言、」其土有佛、号阿弥陁云々、佛開、爲」三、謂一佛本
法也、是阿弥陁覺、」此故佛名阿弥陁佛是二、又歸之」心、即名無量壽、故説是心是佛」是三、以此義故、佛
号阿弥陁也、」論主讃之於歸命盡十方元《ママ》礙光」如來、云々、歸命是壽命无量義、又」元《ママ》礙光如來、是光明
无量義也、」盡十方是歎上成下義、應知、花嚴」云、如因日光照、還見於日輪、以佛」智慧光、見佛所行道
云々、見日」光者、自眼光而日輪光也、元《ママ》」礙光照十方、亦復如是、彼元《ママ》礙」光、是心佛也、彼佛壽命、
本」來自命耳」
佛聲非元《ママ》常色、而常佛色、」不凡夫所思佛、而是真佛」文」
雜觀云、阿弥陁佛、神通如意、於」十方國、變現自在、或現大身、」滿虚空中、或現少身、丈六八」尺、所現
之秋、皆真金色」
今阿弥陁佛者、是以聲、爲」躰、其皆金色、凡夫唱此佛」者、其聲雖似无常、其所稱、」是佛常色相也、然
衆生聲」者、是命風息絶之時、雖生」命風随息滅、所唱佛、是常」住色相、故迎其神變、父母」所生肉身、
即使弥陁真金」妙色變現之也、然則於一」聲内、約生者、雖彼常住妙」色、似元《ママ》常、約佛者、无常即」常

色成也、又、三世諸佛之」所念者是唯雖一佛身、此」一佛身分身、一切衆生聲」〻佛成也、故初所標阿弥」陁佛、是能分身、於十方國、」變現自在、是所分身也、又」從阿弥陁佛、至變現自在」者、是佛如意、念佛〻也、或」現大身、滿虚空中、或現少身、」丈六八尺者、是衆生如意」觀佛〻也」

源撰第三肝心云、大集月藏經」云、大念見大佛、少念見少佛、」感師釋云、大念者大聲念佛、」少念者少聲念佛」一〻音聲、各〻成佛、相好」莊嚴、説法教化、此謂、稱此」意義、如上、加之、大論云、即以」佛名〻爲如來、楞嚴云、佛是《无上》」法王、是佛《真實》正語、大集云、念」佛三昧、法身《性》爲身云〻、皆是」聲即是佛義也」義即是佛文」

涅槃六云、義名質直、〻〻名曰光明、」〻者名不羸劣、〻〻〻者、名曰如來、又」光明者名爲智慧」令名顕名義、謂阿弥陁名号、即」无礙光佛、」元《(ママ)》量壽佛、名之、爲義、」十住論第一云、語以得義、義非」語也、如人以指月、准之、思之、阿弥」陁名義如是、名如指、義如月、知」名即佛義、是佛也、是即聲〻」阿弥陁佛、應知」

阿弥陁即是法々名即三寶、〻〻」即平等一切諸法文」

導師云、无量壽者是法」佛言、八万諸法門皆是阿弥」陁」

大論四十五云、法寶不離佛法、」菩薩有三十二相・八十随孜好、」不名爲佛、得法寶故、名爲」佛法寶、」又九十四云、何等是佛法者須菩」提菩薩法、亦是佛法、」又九十一云、一切八万四千法衆、是」法寶、」又九十五云、須菩提白佛言、如我」從佛所聞義、佛寶・法寶・僧」寶与諸法等、无異乃至平等相」即是第一義」又云、平等即是法寶、法寶即」是佛寶・僧寶、何以故、未得法」時、不名爲佛、得平等法故、名」爲佛」起信論義記云、法身属法寶」構」

法性眞如、是无量壽異文義」文」
導師云、歸命盡十方法性眞如海」乃至果徳涅槃者」
菩提心義云、若諸經中、智恵・荘」嚴・諸度法門、是元《ママ》量壽佛異」名」
心云、金剛頂經題額大乘二字、」高祖大師釋阿弥陁・理趣・般若」摩訶衍句、廣智三藏、配阿弥陁」
藏師云、法性者、明此真躰普」遍義、謂非直与前、法寳爲」躰、亦乃通与一切法、爲性、即顕」真如遍染淨・通情非情之義、」又言、真如者、此明法性、通染淨」時、无變異義、真躰非僞妄、如」者性、无改異」
夫、阿弥陁、以爲法本時、随機、説」之於真如法性、若以法性、爲法本」時、弥陁、從真如法、出故、照云、至理」真法、一如化物利人、弘誓各別故、」我釋迦應生於濁世、阿弥陁出現」於淨土云〻、夫自測量、虚空廣大、无量、无」邊、无限、无際、无高、无下、无始、无終、」唯信息智、息氣是空、〻是自壽」・自躰、即空、故知、六情爲所構《空》、法」性真如、亦復如是、歸命盡十方、法」性、真如果徳涅槃、念佛无上功徳」會時、性智不同、而九品正行、随機、」顕時、於第一義、心不驚動、佛讃」之言、汝行大乘、解第一義、是故我」今來、迎接汝、論其廣大无際、五」乘不測、其邊十聖莫窮其際、」若論自力、如云、真如實相第一義、」空曽未憎心」
佛有五種之力、又佛諸弟子所知」・所解・所説・所學、皆是佛力文」
十住論十三云、諸佛、以佛力、爲五種」事、一令衆生、學聲聞乘、二者令」衆生、學辟支佛乘、三令衆生、學」大乘法、四力具足者、令得解脱、五」力劣者、令住世樂」
大論四十一云、須菩提知衆人心苦、舎利」弗等言、一切聲聞所説・所知、皆是」佛力、我等當美佛威神、爲衆人説、」譬如傳語人、所以者何、佛所説法、法」相不相違背、是弟子等學是法、」作證、敢有所説、皆是佛力、我等所説、」即是佛説、所以者何、現在佛前説、我」等雖有智慧眼、不値佛法、則无所見、」譬如夜行嶮道、无人執燈、必不得過、」佛亦如是、若不以智慧燈・焔、我等者」則无所見」

无行經云、文殊師利爲誰力故、能憶无」量阿僧祇劫罪業因縁、世尊諸菩薩、」有所念有所説、有所思惟、皆是佛之」神力、所以者何、一切諸法、皆從佛出」大論二十四云、復次有聲聞人及菩薩、修」念佛三昧、非但念身、當念佛種種功徳」法身、應作是念佛一切種・一切法、」能解故、名一切智人、」

十住論云、一切聲聞・辟支佛、皆由」佛出」

夫弥陁本願十念、諸佛猶念、皆」得作佛、況菩薩及二乘一切凡」夫哉我祖云、三乘等賢聖、學」佛大悲心、言佛大悲、謂念佛三」昧義、如上文」

臨終正念往生要

臨終正念往生要

問曰、十悪破戒五逆等」罪人、猶由乘本願力、臨終」正念、而得往生否」

安集上巻云、大經云、若有」衆生、縱令一生造悪、臨命終」時、十念相續、稱我名字、若不」生者、不取正覺」、又云、又問曰、「元(ママ)量壽大經云、十方」衆生、至心信樂、欲生我國、乃」至十念、若不生者、不取正覺、」今有世人、聞此聖教、現在一」形、全不作意、臨終時、方欲修」念、是事云何、答曰、此事不」類、何者、經云十念相續、似若」不離、然諸凡夫、心如野馬、識」劇猨猴、馳騁六塵、何曾停息、」各須宜發信心、預自　剋念、使」積習成性、善根堅固、如佛告」大王、人積善行、死元(ママ)惡念、如」樹先傾倒必　随曲也乃至、臨終」命時、迭相開曉、爲稱弥陁名号」願生安樂國、聲々相次、使成」十念也」

又問曰、乃至、下品云、念〻中、除」八十億劫生死之罪、是爲蒙」佛構受力」

觀念法門云、至心觀佛及口稱」心念者、佛即構受、既蒙構受」定知、罪滅、得生淨土」

又問、如何構受」

經云、一々光明、遍照十方世界、」念佛衆生、構取不捨」

礼讃註釋云、弥陁經及觀經云、彼」佛光明无量、照十方國、无所障」礙、唯觀念佛衆生、構取不捨、」故名阿弥陁、」

又云、今既有此增上誓願、可憑」

又問、彼佛一〻光明者、一〻」皆是爲如來哉」

涅槃經二十云、光明即是如來、光」明者名大慈大悲、光明者即是」念佛、念佛者是名常住中略引之」

又問、彼光明、佛、爲令臨終人、」覚悟之」

六十花嚴第八云、又放光明、名見佛、」彼光覺悟、命終者念佛三昧、必見佛、」又示尊像、令瞻敬、又復勸令歸依」佛、因是、得成見佛光」

夫、有識者、染意於此文、靜想之、」歸命《スレバ》即構受、唱之於阿弥陁佛、」明是佛、是光明、佛又一切衆」生之大善知識也、又是佛現」臨終化佛、南無阿弥陁佛」

決定往生要文集

釋迦佛讃嘆《シタマウ》「阿弥陁ノ名義ヲ文」

弥陁經云、舍利弗、於汝意《イテカニ》、云何《イカン》、彼ノ佛ヲ」何カ故ソ号スル阿弥陁ト、舍利弗、彼ノ佛ノ光」明無量ニシテ照スニ十方ノ國ヲ、元《(ママ)》シ所障礙スル、是ノ故ニ」号シテ爲ス阿弥陁ト、又舍利弗、彼ノ佛ノ壽」命、及其人民、无量元《(ママ)》邊、阿僧祇」劫ナリ、故ニ名ク阿弥陁ト

天親菩薩讃嘆《シタマウ》阿弥陁ノ名ヲ文」

往生論云、歸《カエス》命チハ盡シテ十方ヲ無礙光如」來ニ」

善導和尚開シテ論ノ、元《(ママ)》礙光如來ヲ以同ジク讃」嘆《タマウ》弥陁ノ名ヲ文」

玄義説偈云、歸《カエス》命チハ盡シテ十方ヲ、法性眞如」海、報化等ノ諸佛、一一ノ菩薩身、眷」屬等ノ元《(ママ)》量、莊嚴及變化十地三」賢海、時劫ノ滿未滿、智行ノ圓未圓」正使ノ盡未盡、習氣ノ亡未亡、功用」元《(ママ)》功用、證智未證智、妙覺及ヒ等」覺、正受金剛心、相應一念後ノ、果」徳涅槃者」

龍樹釋論釋起信論、歸命盡十」方文」

釋論第一云、唯《タダアラススルノミチミツカラノ》不歸《カヘス》自身命ヲ、乃チ通シテ、」取《トテ》一切ノ无量ノ衆生ノ、所有ノ身命ヲ、」歸《カヘス》於三寶ニ、由ルカ明ラカニ了スルニ知、一切衆」生ヲ、平等、平等ニシテ唯《タダ》一眞如ニシテ、元《(ママ)》シト」有《ルコト》別異、衆生ノ身命及ヒ我カ命チ、」一味一相ニシテ、不ルカ相ヒ離ハレ故ヘナリ、是ノ故ニ頃ニハ」言トフ、等ト等ノ言《コト》ハ、極メテ甚深ナリ、何以テナリ故、」攝取シテ一切衆生ノ元《(ママ)》量ノ身命ヲ」歸《カヘシテ》於三寶ニ、成スレハナリ和南ノ相ヲ、由ルカ十」方三世ノ一切ノ諸佛皆ナ悉ク歡喜《シ》」十方三世ノ一切ノ諸佛菩薩、」皆ナ悉ク讃嘆シテ、十方一切ノ諸ノ法藏」常恒流布シテ、不ルニ斷絶セ故ヘナリ」

弘法大師釋スル一切經ハ皆ナ歸命スト」无量壽佛ニ文」

大日經開題云、一切經ノ首ハシメ、如是ノ二」字ノ上ニ、皆有ニ歸命兩字ノ、翻譯ノ家略、」而不置《スヲカ》、今准スル梵本ニ、令有《シムアラ》

此ノ字至乃、」命ヲハ名ク無量壽佛ニ、歸ハ則チ能歸ノ人也、」無量壽トイハ者、法身常恒、不壞之德、」是也、身《ミ》遍シ虚空法界一ニ、心ロ亘《ワタル》性ト」相ト理ト事トニ、此ノ身心何ノ處ニカ不ラムレ有ラ、」誰《タレノ》生誰《タレノ》物逃出《カニケイテテ》、不《サラム》、構セ、故ヘニ名ク歸」命ト」

智覺禪師釋《スニ》歸命之中具《スルコトヲ》 三」寶ヲ文」

宗鏡録云、歸者《トイハ》是レ還《カヘル》レ源《ミナモトニ》義ナリ、衆生ノ」六根、從ヨリレ心起コテ、既《ステ》ニ背《ソムキテ》ニ自《ミ》ノ原一トニ、馳ニ散ス六」塵一ニ、今擧《アケテ》命根ヲ、惣シテ構ス六情ヲ、還ヘテ歸カエス其ノ」本ノ一心之原ニ、故ニ曰歸命ト、一心ニ即チ」具ス三寶ヲ」

結　章　総括と今後の課題

これまで本書では一遍の思想が時宗の伝統的な宗学においてどのように位置づけられたかを中世から近代までを問題として扱い、知り得た内容を整理した上で、今後の研究すべき課題を述べ、本書の結論としたい。

第一章では、一遍の思想形成について思想背景から探り、その後の展開を考察した。

第一節では、證空教学から一遍教学に継承された思想として「機法一体」に着目し考察を行った。ここでは、一遍の「機法一体」が證空教学を継承しつつも、あくまで南無阿弥陀仏の六字名号そのものを絶対視している点について證空教学をいっそう深化させた思想であることを考察した。

第二節では、一遍と同時代の念仏聖、一向俊聖の念仏思想との相違を考察した。まず、一向俊聖は鎮西義を、一遍は西山義をそれぞれの思想背景に継承しつつ自己の思想を展開していることを限られた史料から考察し、一向俊聖は思想背景にある鎮西義から法然の念仏思想に回帰する立場を取り、阿弥陀仏の本願に叶った行である称名念仏行だけを徹底したことを明らかにした。また、一遍は西山義を継承しつつも南無阿弥陀仏の六字名号の中において仏も衆生も摂取され一体となり、南無阿弥陀仏の六字名号がそれらすべてを超越した絶対的な立場を取ることから、両者が衆生救済を目的とし、念仏勧進を行っていた点では共通しているが、一向俊聖は阿弥陀仏に、一遍は南無阿弥陀仏の六字名号にそれぞれ救済の拠り所を見出している相違を考察した。

第三節では、一遍「別願和讃」などに使用されている「このとき」に着目し、この用語がいかなる意味で使用されているのか、について考察した。一遍は、南無阿弥陀仏の六字名号が平生も臨終をも超越した絶対的な存在であることを述べ、名号即往生によって平生と臨終という区別がなく、只今に往生すると強調している。さらに、一遍が六字名号に絶対的立場を取る背景には、一遍が修学した西山義の影響がうかがえる。つまり、「このとき」とは、一遍にとって念仏を称えるときであり、そのときに阿弥陀仏の来迎もあり、往生もある。それは、一遍が南無阿弥陀仏の六字名号のなかにそれらすべてが摂取され、六字名号に対して一遍自身が絶対性を見いだす証左である。したがって、「このとき」の使用例からは、一遍が修学した教義を超越し、南無阿弥陀仏の六字名号を絶対的な存在として見出した一遍特有の時間論的表現であることを考察した。

第四節では、西山義から一遍教学そして時宗宗学への継承について考察した。一遍から他阿託何に至る念仏往生観には、證空の説く衆生の往生は十劫の昔に阿弥陀仏が正覚した時点で決定しているという思想を継承していることを明らかにした。さらに、時宗宗学における念仏往生観は、西山義を継承しつつも南無阿弥陀仏の六字名号に絶対的立場を取ることから称名念仏によって往生することを説き、衆生の往生は六字名号にすべて具わっているため、衆生が往生する方法はあくまでも称名念仏以外にないとしていることを考察した。また、一遍は只今の念仏を強調するが、他阿真教は臨終正念を勧めている相違点については、あくまでも背景にある教団観にあることも述べた。

第五節では、一遍がいつ頃から「宗祖」として教団内で意識されたのか、門下門流の著作や法語に現れる一遍の呼称例をもとに考察を行った。一遍の呼称例は、一遍が活躍あるいは入滅後しばらくの間は、「聖」と呼称されていたが、代が下り「高祖」「元祖」と呼称されるようになり、時宗教団の祖師的な地位を獲得したことを明確にした。また、呼称例の変遷にともない、一遍の法語や偈頌など教義に関する内容が頻繁に引用されるようになった要因として、『播州法語集』の編纂にあることを指摘し、もともと教団において著作のない一遍の思想を継承することは困難であったが、法語から一遍教学を継承し教義の根拠にすることができたことを推察した。つまり、時宗教団の拡大および一遍の法語の編纂により、一遍の存在は教団の祖師的地位を次第に獲得し、教団の指導者的呼称の「聖」から教団の祖師的呼称の「宗祖」へと変化し、その確立された時期はおおよそ南北朝時代頃と推定した。

第六節は、一遍教学の変遷過程とその背景、そして融通念仏との関わりについて考察した。一遍は、修学した西山義と念仏聖である融通念仏との思想的接点を熊野権現からの神託に見出し、その現れが「一遍」という名称であったと推察した。それは、一遍が善導・法然・證空・聖達から継承した教学的な背景と、念仏聖として勧進する融通念仏に関連し一遍が目指していたものは、六字名号が世の中に流布することによって来世も現世もその六字名号によって摂取されていくことであったことを史料から推察した。しかし、その一遍の思想は、時代と時宗教団の変遷とともに異質なるものへと変化していったが、それは集団としての「時衆」から、教団としての「時宗」へ、その成長を遂げたことによる副産物であることを考察した。

第七節は、赤松俊秀氏によって発表された一遍作と推論された誓願寺聖教について取り上げ、赤松氏がその根拠にした弥陀の光益に浴したこと、真言系念仏との関連性について考察した。その結果、誓願寺聖教の説示内容からは、赤松氏が指摘している一遍作というよりも時代が下り、時宗教学の大成者他阿託何あるいはその周辺の人々の著作とする方が妥当ではなかろうかという結論に至った。

第二章では、一遍に著作や法語などの遺文が事実上存在しないなかで、どのようにして時宗宗学が形成されたのか、中世から近世・近代における時宗宗学では、一遍の思想をどのように解釈し歴史的に展開したのかを考察した。

第一節では、「時宗宗学とは何か」を命題に時宗宗典をもとに宗学の基底を考察した。近世に入り、江戸幕府統制下で時宗教団は、他宗と同等の機能を整備して行く上で宗学の成立が必要不可欠であったことを推察し、一遍が教団の宗祖として明確に位置づけられているものの、宗学の体系化が追いついていなかったことを指摘した。そのため、時宗宗学の体系化は、他宗教団に遅れつつも、時宗宗典の成立年代やその内容などから推察するに、元禄年間から正徳年間（一六八八―一七一六）頃にその基底ができつつあったと推察した。

第二節では、近代化の時勢に対して時宗教団がどのように対応し、子弟教育を行っていたのかについて考察を行った。明治新政府による近代化や大教院設置や教導職導入などによる要請にしたがいながらも、時宗教団は独自性を現そうとしたが、清浄光寺や金光寺、日輪寺など近世から子弟教育の中心となっていた寺院が火災などを理由に荒廃していたため、子弟教育を整備するまでに時間を要したことを通達類などの史料から明らかにした。

また、教導職の導入により明文化された内容からある程度、近世学寮において行われていた修学内容を推察したが、史料不足もありいまだ実態が明確になったとはいえない。ただし、教導職の導入の際に課していた典籍が浄土教の基礎的な典籍であったことや大教院設置あるいは廃止後に時宗宗学に関わる典籍を加えていること、そして、その学科配当から推察するに近世時宗教団では、時宗宗学に関わる典籍の講義は極めて少なかったことを指摘した。それは、時宗宗学の裏づけが近世を通じて「神勅」によるものであり、みだりに講義することがはばかられたのではないかと推察し、そのため、時宗教団の近代化は、子弟教育に時宗宗学に関わる典籍を講義することで大いに刷新を図ろうとしたことを考察した。

第三節では、時宗教団では、『阿弥陀経』を正所依の経典としてあげている。それは、近世に時宗宗学を構築していく上で『阿弥陀経』が「浄土三部経」の流通分に相当し、念仏一行を説くことを一遍の思想に帰結させていることを明らかにした。このことは、本来、平安時代から昼夜六時に念仏や礼讃を称えるための集団であった六時念仏衆の名称から派生したとされる「時衆」が、教団としての基盤を固めた「時宗」へと発展を遂げていく中で、『阿弥陀経』の一説である「臨命終時」の「時」と、宗祖として宣揚すべき一遍の思想とを結びつけ「時宗」の宗名とした証左であることを考察した。また、戦国期から近世後期にかけて様々な時宗宗学に関する宗典は「宗義無きを宗義とする」一遍の宗風を、いかにして合理的に教義へと反映させるかが近世時宗教団にとって一大関心事であったことを推察した。

第四節では、一遍の偈頌「十一不二頌」「六十万人頌」を取り上げ、その関係性について近世の伝統的な宗学における解釈の変遷から考察した。『一遍聖絵』と『一遍上人縁起絵』においては、この偈頌記載の順序に相違が存在していることを改めて指摘し、この偈頌成立の相違によって後世、それぞれの偈頌に対する解釈が変化したことを明らかにした。また、時宗遊行派では、近世まで『一遍聖絵』ではなく『一遍上人縁起絵』を中心に一遍の生涯および思想が伝承され流布していたことを指摘した。さらに、戦国時代から近世初頭にかけては時宗教団の混乱期でもあるが、そのなかで一遍を祖師として崇拝する信仰の萌芽が見られ、熊野成道の際に作成した偈頌「六十万人頌」が熊野権現からの「神勅」として伝承されていたことを推察した。

第三章「時宗宗学と儀礼の接点」では、時宗教団の歴史的展開の中で教学と儀礼の接点をどのように捉えられていたのかを検討した。

第一節は、遊行寺歳末別時念仏会を取り上げ、その法要で行われている「報土入り」(詰時)と「御滅灯」(一ッ火)に着目し、時宗宗学との接点を考察した。一遍在世中に現在の「報土入り」や「御滅灯」の原型に相当する儀式が行われていたことを推察した上で、その儀礼が一遍や時衆教団独自の儀式ではなく、広く民間で行われていた

「擬死再生」の儀礼の影響によるものであったことを明らかにした。また、「報土入り」と時宗宗学との接点は、一遍の臨終即平生の思想が他阿託何に継承されていることを考察し、この臨終の儀式の「報土入り」が一遍の臨終観である臨終即平生・平生即臨終の思想を具体的に実践し体験することを表現していることを指摘した。さらに、一遍、他阿真教の代にすでに行われていた臨終の儀式は、他阿託何著『条条行儀法則』によって教義的側面が強化されたことを考察した。

第二節では、誓戒と制戒・誓文・誓いの金から時衆教団、特に一遍から他阿託何にかけての時衆教団形成期の入門儀礼について考察した。時衆教団における誓戒は仏戒を意味し、制戒は時衆教団独自の規則で知識帰命があげられ、具体的には「時衆制誡」などが該当するであろうこと、また、入門儀礼に宣誓された誓文の様式は、中世に貴族や武士・庶民に至るまで幅広く行われていた起請文の様式を採用していること、誓いの金を打つといった儀礼に関しても、時代性を垣間見ることができることを伝記や著作などの史料を根拠に明らかにした。このことから時衆教団は、同時代の官僧・遁世僧僧団と類似しない独自の入門システムを行っていたことを指摘した。

また、中世には、時衆同様に念仏聖の集団が多く存在していたことが指摘されている。おそらく、念仏聖の集団が後世に名を留めることなく消滅、あるいは近世頃まで存続しながらも、幕府の統制により他宗派に組み込まれるなか、時宗遊行派がそのなかでも優位に存続できたのは、教団の形成期に教義や儀礼を組織的に確立し発展したことが要因の一つであろうことを考察した。

第三節では、中世時衆教団、特に京都における念仏道場では鎮魂呪術による死者埋葬・亡者追善・死者鎮送といった点で「光明真言」などの真言陀羅尼が重要視されていたのではないかと、『師守記』にみる四条道場や六条道場の尼衆が中原家の墓前で行う法要から推察した。中世社会、特に南北朝期に時衆教団が果たした役割は、自己の往生行としての称名念仏を勧めるとともに、死者追善のために密教修法を施すという浄密兼修であったことを指摘した。このような状況下にあって他阿託何は、時衆教団において亡者月忌供養などに行われている密教修法を容認しつつも、南無阿弥陀仏の六字名号の絶対性を強調したことを考察した。

第四節では、『藤沢山日鑑』『遊行・在京日鑑』などの近世史料をもとに時宗教団における伝法がいつどのように成立し制度化したのかについて考察を行った。近世の伝法が安心相承・宗脈相承に分けられ、形式的に開闢されるようになったのは、享保十二年以降二十年までの間であろうことを明らかにした。そして、形式的に伝法が定着するのは、延享五年『学寮条目』の制定以降のことであり、安心相承・宗脈相承のように分けて行われる伝法は、近世中頃になって他宗派に準ずる形で行われるようになったことを推察した。また、この形式的な伝法は、学寮の成立が関連していることを指摘し、伝法と学寮制度の確立によって近世時宗教団がようやく他宗派と同様の位置に辿りついたと考えるのである。

附録では、京都誓願寺所蔵で一遍著作と推定された『西山上人所持』を、できるだけ原文に忠実に翻刻することにつとめた。

最後に、今後の時宗宗学研究の課題を提示しつつ、本書の締めくくりとしたい。本書では、一遍の思想が時宗の伝統的な宗学のなかでどう位置づけられたかを、中世から近代までを問題として扱い全体像の把握に取り組んだ。そのため、近世の時宗が教団として確立していく上で教義的側面からの強化が必要となり、一遍の名称や思想が熊野権現からの「神勅」によるものと位置づけることで教団の維持を図ろうとしたことを指摘した。なるべく、全体像の把握に努めたが、各宗典や史料などの精読や精査が疎かであることは否めない。そのため、今後、より正確に伝統的な時宗宗学を把握するためには、膨大な分量ではあるがそれらを精読した上での思想的関連性、時代的史料などから人物交流を通じ思想的交流などの考察を行わなければならない。まだ課題は山積しているが、時宗宗学の構築のためには避けて通ることはできないと考える。

初出一覧

序章 書き下ろし

第一章 一遍教学の形成

第一節 證空教学から一遍教学へ（原題同じ、『時宗教学年報』第三九輯、二〇一一年三月）

第二節 一向俊聖の念仏思想（原題「一向俊聖の念仏思想について」『時宗教学年報』第三八輯、二〇一〇年三月）

第三節 一遍教学における「このとき」攷（原題同じ、『仏教 文学 芸能 関山和夫博士喜寿記念論集』思文閣出版、二〇〇六年十一月）

第四節 時宗宗学における念仏往生観（原題「時宗教学における念仏往生観」『西山学苑研究紀要』第九号、二〇一四年三月）

第五節 門流による一遍呼称の変遷（原題「門流による一遍呼称の変遷について」『西山学苑研究紀要』第三号、二〇〇八年三月）

第六節 一遍教学とその展開（原題「一遍教学の変遷過程とその展開――融通念仏との関わり――」『融通念佛宗における信仰と教義の邂逅 開宗九百年・大通上人三百回御遠忌奉修記念論文集』法藏館、二〇一五年五月）

第七節 誓願寺所蔵 伝一遍著作に関する一試論（原題同じ、『時宗教学年報』第三七輯、二〇〇九年三月）

第二章 時宗宗学の基底

第一節　時宗宗学に関する一試論（原題「時宗宗義に関する一試論」『時宗教学年報』第四〇輯、二〇一二年三月）
第二節　明治期時宗教団の子弟教育（書き下ろし）
第三節　時宗宗学における仏説（原題「時宗教学における仏説について」『日本佛教学会年報』第七六号、二〇一一年八月）
第四節　一遍の偈頌（原題「一遍の偈頌について——近世伝統宗学の一視点——」『時宗教学年報』第三六輯、二〇〇八年三月）

第三章　時宗宗学と儀礼の接点

第一節　臨終の儀式と遊行寺歳末別時念仏会（原題「臨終の儀礼としての遊行寺歳末別時念仏会について」『西山学報』創刊号、二〇〇九年三月）
第二節　時衆教団における入門儀礼考（原題同じ、『時宗教学年報』第三〇輯、二〇〇二年三月）
第三節　時衆教団と密教修法（原題「時衆教団と密教修法について」『西山学報』第二号、二〇一一年十一月）
第四節　近世時宗教団における伝法成立（原題「近世時宗教団における伝法成立について」小澤憲珠名誉教授頌寿記念論集『大乗仏教と浄土教』、ノンブル社、二〇一五年十月）

史料翻刻

誓願寺所蔵「西山上人所持」（原題同じ、『時宗教学年報』第四一輯、二〇一三年三月）

結章　書き下ろし

あとがき

本書は、平成十七年大正大学に学位請求論文（『託何教学の研究』）を提出した前後から、これまで発表してきた諸論文を改題の上、大幅に加筆・訂正を加え『一遍仏教と時宗教団』として上梓したものである。諸論文については、重複している箇所や拙く不十分な点が多くある。大方のご叱正ご批判を仰ぐばかりである。

さて、本来ならば学位請求論文を出版し、それを世に問うた後に別のテーマで本書を、というのが自然な流れなのかもしれないが、本書出版には少々特別な事情がある。

平成二十六年三月、私は伝統ある時宗宗学林学頭に就任した。浅学菲才の我が身にのしかかる重圧は相当のものがあったし、今でも必死に堪えているといっても過言ではない。そして、「時宗宗学とは何か」を確立し次世代に継承することを自らの使命と考えていた。しかし、その矢先、平成二十七年七月自坊である滋賀県大津市長安寺の境内を清掃中に転倒し、右膝下を強打した。大津市内の病院で診察を受け骨折と診断された。幸いにして骨折の状態は酷くはないため、ギプスをして自然に完治するのを待つことになった。ただ、独り身ではなにもできないため、しばらく、山形の実家で静養することになった。慌ただしく過ごしてばかりの生活であったため、不自由ではあるが久しぶりの静養となった。その間、右ふくらはぎに違和感を覚え、一度、大津市内の病院で再診の際に医師にそのことを伝えたが問題なしとのことであった。そして、診断書を受け取り、米沢市内の病院へ移動し診察を受けることとなった。この間の移動はすべて実父の運転によるものである。感謝してもし過ぎることはない。

米沢市内の病院で右ふくらはぎの違和感を伝えると直ぐに検査となりその結果、血栓が発見され緊急入院となった。もし血栓が静脈内で何かの拍子にはがれた場合、心臓へそして肺へと流れ命を落とす危険性があるとのことであった。幸いにしてこの医師のおかげで命拾いをし、二週間ほどの入院で血栓も消え退院することになった。この入院中に本書編集を担当して下さった法藏館編集部秋月俊也氏より、一通のメールをいただいた。それは、以前よりいくつかの時宗関係書籍の出版を相談しており、本書もその企画のひとつであった。一度は命を落としかねなかった私にとって「時宗宗学とは何か」をまとめ、世に問うことをやり遂げなければならないと強く感じたのである。

私は時宗寺院に生まれ育ったが、生まれつき勉強嫌いな性分であり、将来僧侶になることへの決意など微塵もなかったことを吐露する。しかし、その意志が変わったのは、大正大学入学直後から博士後期課程満期退学までの九年間、当時、大正大学教授・浄土宗東京教区重願寺住職故大谷旭雄先生のもと、書生としてご厚情とご教示をいただきながら過ごしたことによる。今日、僧侶にとって学問と修行が双輪であることを意識しつつ、研究を継続できている原動力は、故大谷旭雄先生の薫陶と重願寺様のおかげであると感謝している。また、大正大学入学以来、総本山に奉職しながら活動している今日に至るまで、兵庫真光寺住職長島尚道足下をはじめ、ご指導をいただいた多くの先生方そして学友に恵まれた勝縁によるものである。さらには、平成三十一年厳修の時宗二祖他阿真教上人七百年御遠忌を間近に控えた今日、『一遍上人縁起絵』現代語訳研究会、『他阿上人法語』現代語訳研究会などが時宗宗内で結成され教学面での充実が図られているが、そこからいただいた学恩にも感謝しなければならない。

時宗宗学を研究するには西山義を学ぶ必要性があるが、これも故関山和夫先生のお導きにより、短期間ではあったが京都西山短期大学（京都府長岡京市）に奉職できたことは今なお思い出深い経験となっている。

本書を作成するにあたっては、貴重な史料の掲載を時宗総本山清浄光寺様、浄土宗西山深草派総本山誓願寺様にご許可いただいた。煩雑な引用文献の校正や索引などの作業は時宗教学研究所研究員の奥田裕幸、髙木灌照、髙垣浩然、鈴木貴司の諸氏の協力を得ることができた。さらには、日頃の学究生活についても前時宗宗務総長髙木貞歡僧正、現時宗宗務総長桑原弘善僧正をはじめ、時宗宗務所・時宗総本山役職員各位のご理解のおかげである。本書出版にあたり遊行寺宝物館館長遠山元浩氏には何かとご助言いただいた。ここに衷心より御礼を申し上げたい。

また、出版にあたっては、本書のような出版をお引き受け下さった株式会社法藏館の関係者各位、とくに編集部秋月俊也氏には一方ならぬご厚意にあずかった。ここに記して深く感謝を申し上げたい。

今後とも未熟者であるが、時宗宗学に関する種々の問題を解決しながら歩んでいきたい。

最後に、筆者をこの世に送り出し、今なお支えて下さっている故郷の両親へ、そして、弟家族に対して感謝の意を表したい。

合掌

平成二十九年十一月　総本山歳末別時念仏会　修行中

藤澤山学頭寮にて　長澤昌幸

索　引

項目の所在は、本書のページ数で記した。
時宗の僧名は、道号のみで記した。例）他阿真教→真教
一遍、『一遍聖絵』『一遍上人語録』は頻出するため、あえて削除した。

あ行――

か行——

さ行――

た行――

な行――

は行——

ま行——

長澤　昌幸（ながさわ　まさゆき）

1975年山形県生まれ。大正大学大学院博士後期課程満期退学。『託何教学の研究』で大正大学より博士（仏教学）の学位を授与される。時宗宗学林講師、京都西山短期大学専任講師を経て、現在時宗宗学林学頭、大正大学仏教学部非常勤講師、滋賀県大津市長安寺住職。

専門は時宗宗学。

著書に『清浄光寺史』（共編著、清浄光寺、2007年）、『経典とは何か（一）仏説の意味』（共著、平楽寺書店、2011年）、関寺叢書「『法国寺諸記録』―附『長安寺記録』」（編著、長安寺、2012年）、『一遍読み解き事典』（共編著、柏書房、2014年）など。

一遍仏教と時宗教団

二〇一七年一一月二七日　初版第一刷発行

著　者　長澤昌幸
発行者　西村明高
発行所　株式会社法藏館
京都市下京区正面通烏丸東入
郵便番号　六〇〇―八一五三
電話　〇七五―三四三―〇〇三〇（編集）
〇七五―三四三―五六五六（営業）

装幀者　上野かおる
印刷・製本　亜細亜印刷株式会社

ISBN978-4-8318-7509-9 C3015